COURS COMPLET

D'ORTHOGRAPHE.

(SECOND DEGRÉ.)

PREMIÈRE SECTION.

OUVRAGES DE Mmes CHARRIER ET BOBLET.

COURS COMPLET D'ORTHOGRAPHE.

Recueils de dictées graduées, et classées méthodiquement, pour graver dans la mémoire les principes de l'orthographe et de la grammaire française.

L'Orthographe enseignée par la pratique aux enfants de cinq à sept ans: exercices et dictées très-élémentaires, où l'orthographe de chaque son est méthodiquement enseignée. — Nouvelle édition. In-12, cartonné.   1 fr. 50 c.

Premiers Éléments d'orthographe d'usage, pour les enfants de 5 à 7 ans, cartonné.   40 c.

L'Orthographe enseignée par la pratique aux enfants de 7 à 9 ans. Nouvelle édition. In-12, cartonné.   1 fr. 50 c.

Recueil de 300 dictées graduées AUTORISÉ PAR L'UNIVERSITÉ, — AUTORISÉ ET EMPLOYÉ DANS LES MAISONS D'ÉDUCATION DE LA LÉGION-D'HONNEUR; — honoré d'une MENTION HONORABLE de la Société pour l'Instruction élémentaire; — enfin qualifié par la Société grammaticale de *Livre excellent, qui doit contribuer puissamment à faciliter l'étude de la langue française.*

Éléments de Grammaire pratique, pour les enfants de sept à neuf ans. In-12, cartonné.   75 c.

L'Orthographe du Participe enseignée par la pratique; 140 dictées graduées, où la cacographie est remplacée avec avantage. (*Partie de l'Élève.*) In-12, cartonné.   1 fr. 50 c.

Corrigé raisonné du même ouvrage, avec *remarques, notes,* etc. (*Partie du Maître.*) In-12, cartonné.   1 fr. 50 c.

Traité complet de l'Accord du Participe passé, avec de nombreux exemples raisonnés, etc. 4e édition.   60 c.

La Ponctuation enseignée par la pratique; 150 dictées puisées dans les chefs-d'œuvre de notre littérature, et *régulièrement ponctuées.* 1 vol. 12, cartonné.   1 fr. 50 c.

Principes logiques de Ponctuation, avec de nombreux exemples raisonnés. In-12, cartonné.   60 c.

Analyse grammaticale simplifiée et raisonnée, avec modèles d'analyses et exercices. In-12, cartonné.   2 fr.

Ouvrage dont l'Académie française a ordonné le dépôt dans la bibliothèque de l'Institut.

L'Analyse logique enseignée par la pratique; théorie, — modèles d'analyses, et exercices gradués.

Traité complet de l'emploi de la Majuscule, de l'Accent, du Tiret, etc. 90 c. — **Formation du pluriel dans les substantifs,** renfermant tous les pluriels irréguliers. 30 c. — **Formation du féminin dans les adjectifs,** exposant la manière de former le féminin des adjectifs en *eur,* et renfermant tous les adjectifs irréguliers. 40 c. — **Formation du pluriel dans les adjectifs,** renfermant la manière de former le pluriel de tous les adjectifs en *al.* 30 c.

Chronologie des Rois de France, présentant en 15 tableaux, d'un siècle chacun, la date d'avénement et de mort des rois de France, leur filiation, et un *aperçu* de leurs règnes. In-8°. *Nouvelle édition.* 50 c.

Aperçu chronologique de l'Histoire d'Angleterre, comparée à la chronologie des rois de France, présentant, outre la date d'avénement et de mort des rois d'Angleterre, le nom de leurs femmes, et un *abrégé succinct* de leurs règnes, etc. In-8°.   75 c.

COURS COMPLET D'ORTHOGRAPHE.

(SECOND DEGRÉ.)

L'ORTHOGRAPHE
ENSEIGNÉE PAR LA PRATIQUE

AUX ENFANTS DE 7 A 9 ANS,

RECUEIL

de 300 dictées faciles, et d'exercices gradués,
propres à graver dans la mémoire les notions les plus essentielles
de notre orthographe;

Par Mᵐᵉ CHARRIER-BOBLET,

L'UNE DES FONDATRICES DU COURS D'ÉMULATION.

NOUVELLE ÉDITION,

Autorisée par le Conseil de l'Université de France,

Autorisée dans les Maisons de la Légion-d'Honneur,

ET MISE EN HARMONIE AVEC TOUTES LES GRAMMAIRES.

La science ne doit entrer que goutte à
goutte dans le cerveau de l'enfance.
ROLLIN.

PARIS
DEZOBRY, E. MAGDELEINE ET Cie, LIBRAIRES-ÉDITEURS
Rue des Écoles, 78
(Près du Musée de Cluny et de la Sorbonne).

1858

Tout exemplaire de cet ouvrage non revêtu de notre griffe, sera réputé contrefait.

PLAN ET BUT DE L'OUVRAGE.

Un fait existe, évident pour tous ceux qui s'occupent d'instruction, c'est l'excessive difficulté qu'éprouvent la plupart des enfants très-jeunes à appliquer des règles d'orthographe qu'ils ont mainte et mainte fois étudiées, dont ils savent parfaitement reproduire le texte : d'où naît cette difficulté? Selon nous, de trois causes principales : 1° de la faiblesse d'un cerveau où depuis longtemps déjà se gravent des images, mais qui n'est pas apte encore à saisir l'abstraction (et toute règle est une abstraction) ; 2° de la légèreté, de la mobilité d'esprit de l'enfant; 3° peut-être aussi d'un peu de sécheresse, d'aridité dans les livres d'étude.

C'est sous l'empire de cette préoccupation que nous avons composé et ce livre dont nous offrons aujourd'hui une édition nouvelle, et la plupart de nos ouvrages : **l'Autorisation** dont le **Conseil de l'Université,** comme M. le Grand-Chancelier de la Légion-d'Honneur, a honoré notre œuvre modeste, la bienveillance toujours croissante dont le corps enseignant a bien voulu l'entourer, nous donnent le juste orgueil de penser que nous avons contribué pour notre part à combler une lacune qui existait dans les livres de classe.

La science ne devant entrer que goutte à goutte dans le cerveau de l'enfance, nous nous sommes bornée à y présenter les notions les plus usuelles et les plus indispensables de notre orthographe : Le pluriel dans le substantif, l'accord de l'adjectif, l'orthographe et l'accord du verbe, quelques notions élémentaires sur l'orthographe d'usage, et sur le participe : voilà presque exclusivement les difficultés dont traite ce petit livre; difficultés dont une seule forme toute la matière d'une leçon au moins.

Disons maintenant avec quelques détails comment nous avons procédé :

1° L'enfant, avide d'images, reste froid, inerte en présence de l'abstraction; il faut pourtant lui en donner l'intelligence et le goût. — Pour arriver à ce but, en tête de chaque leçon, avant la règle, et comme pour la *matérialiser* en quelque sorte, nous avons, suivant l'exemple de Lhomond, placé une sorte de modèle que nous appelons phrase-type, et dans lequel, par un mélange combiné des caractères typographiques, les yeux de l'enfant sont frappés de l'objet qui va faire le sujet de la règle : celle-ci suit immédiatement, courte, simple autant que nous l'avons pu : l'enfant la doit apprendre avec fruit désormais, il peut la comprendre, il en a comme l'intuition.

2° L'enfant est léger : il faut pour fixer son esprit revenir, revenir encore, revenir sans cesse sur ce qui fait le sujet de ses études :—après chaque règle nous avons placé une quantité assez notable de matières de **COPIES** et de **DICTÉES** renfermant des applications nombreuses de la règle, et dans lesquelles reparaît ce mélange de caractères par lequel l'attention du jeune élève éveillée déjà doit être réveillée de nouveau; et enfin des **THÈMES** propres plus que tout autre exercice à fixer l'esprit de l'enfant, quelque léger qu'on le suppose, puisqu'ils sont disposés de telle sorte que l'élève attentif les doit faire *seul* et sans faute.

3° Enfin nous avons cherché à donner quelque attrait à l'étude par le choix et surtout la variété des matières de dictées et de copies : qui toutes, nous l'espérons, sont à la portée des intelligences les moins développées, qui toutes offrent des applications réitérées de la règle qui fait le sujet de la leçon, et des règles précédemment étudiées.

Un mot sur nos thèmes : Afin d'éviter l'emploi de la cacographie dont tous les esprits justes reconnaissent maintenant les dangers, tantôt dans les thèmes nous avons présenté seulement les premières lettres d'un mot que l'élève doit finir en y appliquant la règle qu'il étudie ; d'autres fois, lorsque la clarté l'exigeait, nous nous sommes servie d'un système de chiffration phonique, mettant en place de tel ou tel son un chiffre conventionnel que l'élève doit remplacer par les lettres qu'exige la règle : mais nous avons eu soin de placer au haut de chaque page la clef de ces chiffres, dont au reste les plus jeunes élèves ont l'intelligence en quelques minutes : ainsi l'enfant n'a jamais sous les yeux de forme défectueuse, chose très-importante ! et chose bien importante aussi, il peut apprendre à travailler seul, et bien !

Nous avons placé dans nos exercices-pratiques, outre un nombre considérable de noms propres, une multitude d'homonymes, de mots variés, d'expressions qui, étendant le vocabulaire de l'enfant, l'instruisent dans la langue aussi bien que dans l'orthographe, enfin nous espérons avoir disposé ces exercices de telle sorte qu'ils produiront des résultats certains, quelle que soit la grammaire que les élèves étudient ou doivent étudier ; — et pour ceux qui n'en auraient encore étudié aucune, nous indiquons en tête de chaque leçon quelle est la partie de nos **ÉLÉMENTS DE GRAMMAIRE-PRATIQUE** que l'élève doit étudier comme préparation.

Profitant de notre propre expérience, comme des avis qu'on a bien voulu nous donner *et que nous réclamons toujours*, nous avons dans cette édition nouvelle ajouté les principes généraux de l'orthographe du participe passé, et nous y avons fait toutes les corrections et les modifications que nous avons jugées utiles pour la rendre plus digne encore que les précédentes des sympathies des professeurs, et des élèves.

Nous ne terminerons pas cette préface sans témoigner aux instituteurs et aux parents, notre gratitude pour la bienveillance avec laquelle ils ont accueilli les premières éditions de cet ouvrage, et sans les prier de vouloir bien conserver la même bienveillance à cette édition nouvelle.

PREMIÈRE SECTION.

AVIS TRÈS-ESSENTIEL.

Avant de faire commencer l'étude d'une leçon, et pendant le temps qu'on y consacre, on devra toujours :

1° Expliquer et faire étudier à l'élève dans les ÉLÉMENTS DE GRAMMAIRE PRATIQUE, par Mᵐᵉ CHARRIER (chez Dezobry, etc.) les notions de grammaire indispensables pour l'intelligence de la leçon qui va suivre (nous en donnerons l'indication à chaque leçon), — et faire faire les verbes indiqués ;

2° Faire copier correctement et apprendre par cœur la *phrase-type* destinée à rappeler la règle que l'élève va étudier, en lui faisant remarquer l'application qu'elle renferme de cette règle (application qui est toujours rendue sensible par une différence de caractère);

3° Expliquer ensuite, et faire bien comprendre la règle dont la phrase-type a présenté une première application;

4° Faire faire à l'élève les thèmes qui suivent la règle et en sont l'application la plus élémentaire, — en les lui laissant écrire *seul*, et sans aucune aide, dès qu'il le pourra;

5° Enfin, faire passer aux copies ou aux dictées (1) que renferme cette leçon, remarquant qu'il pourrait être bon de ne faire faire d'abord que la moitié de ces exercices, afin de revenir quelque temps après, en en faisant faire l'autre moitié, sur la difficulté qui y est appliquée.

Nota. Il faut dicter à l'élève la ponctuation, et exiger qu'il la mette telle qu'on la lui a dictée, ou qu'il la copie exactement; — et il faut également exiger toujours une accentuation correcte, que l'élève doit mettre de lui-même.

---

(1) Tous les devoirs intitulés *dictées* pourront être indifféremment ou copiés, ou *écrits* sous la *dictée*; — mais on devra préférer la *copie* pour les élèves qui ont une orthographe très-incorrecte, — pour ceux qui, dépourvus de la mémoire des yeux, feraient par trop de fautes en écrivant sous la dictée.

COURS COMPLET
D'ORTHOGRAPHE.
(SECOND DEGRÉ)

PREMIÈRE SECTION.

PREMIÈRE LEÇON. — DES GRANDES LETTRES OU MAJUSCULES.

Prendre les 14 premiers nᵒˢ, et surtout les nᵒˢ 12 et 13, dans : ÉLÉMENTS GRAMMAIRE PRATIQUE de Mme CHARRIER (chez Desobry, E. Magdeleine .)

THÈME-TYPE. *Voici l'hiver. Tu vas apprendre l'ortho-*
... Caroline (1).

RÈGL. 1ᵒ On commence par une grande (ou majuscule) le premier mot qu'on ... dans une dictée, une lettre, etc., etc. ;

On commence aussi par une grande let-... premier mot qui est après un point (.);

On commence encore par une grande ... tous les noms propres de personnes, ... faux, de peuples, de villes, de mers, de ... de montagnes, de fêtes, etc.

1ʳᵉ Dictée ou Copie.

Faire mettre S sous chaque substantif.

... (2), je voudrais bien apprendre l'orthographe et la ... jolie. Quand ma sœur travaille et que mon frère est à la ... je m'ennuie. Je ferai bien tous mes devoirs. J'appren-... mes leçons. Mon papa sera content de moi. Tu ver-

... remarquer à l'élève les grandes lettres qui figurent dans la phrase-... qui sont dans la dictée ou la copie qu'il fait; — et surtout lui faire ... prendre pourquoi on a dû les employer.
... remarquer que le premier mot de chaque alinéa rentre un peu, et faire ... rentrer.

ras que je suis assez grande et assez raisonnable pour étudier.

2ᵉ **Dictée** ou **Copie.**

Faire revoir les nᵒˢ 12, 13, 14 de : ÉLÉMENTS DE GRAMMAIRE, etc.

Dans toutes les dictées de cette première leçon, faire mettre : **N. C.** sous chaque substantif nom commun ; — **N. P.** sous chaque substantif nom propre.

Ta sœur Marie est une bonne petite fille. Le martyr algérien, Géronimo, était un homme bien courageux. Ta tante Irène vient de perdre Diamant, son chien favori. Le mois de Novembre est commencé, l'hiver arrive. La France est une contrée de l'Europe, et ceux qui y sont nés sont des Français; vous, Jean, vous êtes un français. (*Attention à la note* A.) Les hommes qui sont nés dans l'Angleterre se nomment les Anglais. John est anglais.

3ᵉ Dictée ou **Copie**. — Voilà Victor qui arrive de l'école; et puis Jules, Émile, Jacques. Ah! voilà aussi vo cousines. Bonjour, ma bonne Thérèse; bonjour, ma chère Zoé; bonjour, Cécile. Vous venez passer ici la soirée? Je su bien aise de vous voir tous. Si je vous faisais voir la lanter magique? Ce sont les Savoyards qui montrent à Paris lanterne magique. Chut!... J'entends précisément un s voyard (A) qui annonce son petit spectacle. Je vais le fai monter.

4ᵉ Dictée ou **Copie**. — Regarde, mon papa, il neig — Voulez-vous bien vous amuser, mes enfants, allez dans jardin, ton frère Félix et toi; vous y ferez des boules de neig

Ma tante Émilie, voilà une grosse boule de neige. Apporte-la près du feu. — Ah! comme elle fond! Il n'y plus de neige. Mais que d'eau sur le foyer! — C'est la ne qui a fondu. La neige c'est de l'eau congelée.

5ᵉ Dictée ou **Copie**. — Angélique, toi qui es une pa sienne, regarde sur ma carte la capitale de la France, Par

---

(A) PHRASE-TYPE. *Voilà un savoyard qui passe.*
On ne doit pas mettre de grande lettre au substantif qui désigne un seul nat d'un pays, d'une province, etc.; — on n'en met pas non plus au substantif qu désigne qu'un petit nombre de ces naturels.

sur ce fleuve appelé la Seine. Vois-tu aussi la capitale des Iles-Britanniques (*Attention à la note* B), Londres, sur la Tamise? et celle de la Suède, Stockholm, près de la Mer-Baltique (B)? — Mais, Pauline, comment reconnais-tu sur ta carte ici Paris, là Londres, là Stockholm? ces petits ronds ne ressemblent guère à des villes. — C'est maman qui m'a dit que ces ronds indiquent des villes.

6e Dictée ou Copie. — Ma tante, j'étudie depuis huit jours la chronologie des rois de France, avec Herminie. — Eh bien, Alexandre, que sais-tu déjà? — Je sais que la France se nommait autrefois la Gaule. Je sais que Pharamond, chef des Francs, s'avança vers la Gaule. Je sais aussi que Clovis, le mari de sainte Clotilde, est le premier de nos rois qui ait adoré Jésus-Christ. — Tout cela est fort bien, continue.

SUPPLÉMENT, *sur la remarque placée dans la note* C.

7e Dictée ou Copie. — BLANCHE. Oh! si tu savais, Marguerite (*Attention à la note* C), le joli livre que mon oncle Narcisse (C) m'a donné! C'est le livre de mademoiselle Bonne (C); je le lis avec Désirée.

MARGUERITE. Qu'est-ce que mademoiselle Bonne?

BLANCHE. Une bien bonne institutrice : elle dit à ses élèves des contes qui sont jolis, jolis, si tu savais! — le prince Chéri, la Belle et la Bête... et puis elle instruit, vois-tu; il y a dans son livre l'histoire d'Adam et d'Ève, l'histoire de Noé, d'Abraham, d'Isaac.

DÉSIRÉE. Moi, ce qui m'amuse, ce sont les petites élèves de mademoiselle Bonne; elles ont de si drôles de noms : lady Sensée, lady Babiole, lady Tempête...

8e Dictée ou Copie. — BLANCHE. Lady Tempête (C)! fi! la méchante!..... Et cette lady Spirituelle qui se vantait

(B) PHRASE-TYPE. *La capitale des Iles-Britanniques est Londres.* Quand un nom propre se forme de deux mots, on y met deux grandes lettres,—et on unit les deux mots par un tiret.

(C) PHRASE-TYPE. *Faisons pour Marguerite une couronne de marguerites.* Quand un nom commun est employé comme un nom propre, il prend la grande lettre.

toujours de ce qu'elle savait!..... Papa m'a dit que ce n'est
qu'une sotte pédante.

MARGUERITE. Une pédante? Qu'est-ce que c'est?

BLANCHE et DÉSIRÉE. Des pédantes... c'est.. Mademoiselle Aimée, qu'appelle-t-on des pédantes?

MADEMOISELLE AIMÉE. On nomme pédantes les femmes ou
les petites filles qui parlent sans cesse de ce qu'elles croient
savoir, qui font ce que vous avez fait hier avec Hyacinthe et
Céleste, lorsque vous rameniez toujours la conversation sur les
Pays-Bas dont vous veniez d'étudier la géographie. Si vous
commettiez encore cette faute je serais forcée de vous appeler
lady Pédante; — mais vous ne le ferez plus, n'est-ce pas, et je
pourrai toujours vous nommer lady Modeste.

2ᵉ LEÇON. — DU PLURIEL DANS LES SUBSTANTIFS.

Faire étudier les nᵒˢ 30, 31, 32 et 33 de : ÉLÉMENTS, etc.

PHRASE-TYPE. *Dieu est le Roi des rois, le Seigneur des
seigneurs.*

RÈGLE IIᵉ. **On met généralement un S à la
fin d'un substantif,** *ou d'un pronom,* **quand il
désigne plusieurs personnes, plusieurs animaux, plusieurs choses;** *enfin quand il est pluriel* (1).

1ᵉʳ Thème.

Ce thème (comme les suivants) consiste à faire copier très-exactement à l'élève le
mot de la première colonne, — et à lui faire écrire en face le même mot au
pluriel.

Écrire au singulier,	— puis au pluriel.
Une dragée,	quatre d—.
Le compliment,	plusieurs c—.
Un chien,	deux ch—.
Une chienne,	sept ch—.
Son éventail,	ses é—.
Une vieille,	plusieurs v—.
La vieille,	les v—.
Un clou,	huit c—.

---

(1) Les substantifs qui font exception à cette règle sont jugés par la règle 3ᵉ,
la 4ᵉ, et la 5ᵉ; — ou indiqués dans des notes, page 27.

2ᵉ Thème.

Nom au singulier,	— puis au pluriel :
Un enfant,	cinq en—.
Le caneton,	les c—.
L'automne,	les au—.
Un canard,	trois c—.
Une oie,	six oi—.
Son champ,	ses ch—.
Ce chant,	ces ch—.
Un bœuf,	sept b—.

3ᵉ Thème.

Mon chat,	mes ch—.
Ma tourterelle,	mes t—.
Ton œuf,	tes œ—.
Ta hutte,	tes h—.
Son chêne,	ses ch—.
Sa chaîne,	ses ch—.
Notre chevreuil,	nos ch—.
Votre haricot,	vos h—.
Leur porc,	leurs p—.

4ᵉ Thème.

Ce sou,	ces s—.
Cet habit,	ces h—.
Cette harpe,	ces h—.
Un parapluie,	plusieurs p—.
Une basse-cour,	des basses-c—.
Un camail,	sept c—.
Leur poupée,	leurs p—.
Certain ramier,	certains r—.

5ᵉ Thème.

Cette garenne,	ces g—.
Cet abricot,	ces a—.
Sa sœur,	ses s—.
Votre pigeon,	vos p—.
Quel verrou?	quels v—?
Quelle couronne!	quelles c—!
Quelque bécasse,	quelques b—.
Leur levraut,	leurs l—.

6ᵉ Thème (1).

Un faisan,	deux f—.

---

(1) Attirer l'attention de l'élève sur l'orthographe des adjectifs numéraux; — observation pour le 7ᵉ thème et les suivants.

Un coquelicot,	trois c—.
Un gouvernail,	quatre g—.
Un coq,	cinq c—.
Un cahier,	six c—.
Un hanneton,	sept h—.
Une oseraie,	huit o—.
Un bambou,	neuf b—.
Un papillon,	dix p—.

9ᵉ Dictée ou Copie.

Dans toutes les dictées de cette deuxième leçon, mettre :
S. s. sous chaque substantif singulier ; — S. pl. sous chaque substantif pluriel.

Comme ma petite Anaïs a été bien sage, elle recevra des macarons, des croquignoles, des biscuits, des meringues, des figues, des fruits confits ; puis des dragées, des pralines, des marrons glacés ; enfin des bonbons de toutes les sortes. — Mais, maman, tu crois donc que ton Anaïs est une gourmande? Anaïs aime bien les bonbons, mais elle aime beaucoup mieux les caresses et les baisers de sa bonne petite mère...

10ᵉ Dictée ou Copie. — Dis donc, Marianne, ma cousine Mecthilde qui a depuis hier quatre petits chats ; est-elle heureuse! Mais sa maman ne veut pas qu'elle garde toutes ces bêtes ; elle dit qu'elle craint les distractions, puis les morsures et les égratignures ; Mecthilde ne conservera que sa chatte Zizi.

Ma bonne Jeannette, voulez-vous arracher tous ces vilains clous qui ont fait des trous à mon tablier brodé ; prenez dans la boîte les tenailles de mon papa pour arracher ces clous.

11ᵉ Dictée ou Copie. — Adèle et Constance, voyez ces trois femmes qui ramassent des épis laissés dans les chaumes après la moisson, et en font des gerbes ; on les appelle des glaneuses. Les glaneuses ont bien de la peine pour ramasser quelques épis, avec lesquels elles nourrissent un jour ou deux leurs enfants et leurs maris ; et souvent aussi leurs pères, leurs mères, leurs frères et leurs sœurs.

12ᵉ Dictée ou Copie. — La chaleur est accablante.

heureusement, on a pour se rafraîchir les cerises, les groseilles, les fraises et les framboises. Bientôt on aura les melons, les abricots, les figues ; et puis cet automne viendront les poires, les pêches, le raisin, et enfin les pommes. Avec les pommes, on fera des compotes, des marmelades, et surtout de ces bonnes charlottes que ma petite Charlotte aime tant.

13ᵉ Dictée ou **Copie.** — Arthur, dis à Lise et à Nicolas qu'ils jettent du grain à tes poulets ; nous, nous donnerons du lait à notre chat, et il prendra les rats qui font des trous dans nos parquets. Ensuite, nous irons cueillir des marguerites, des coquelicots et des bluets ; et nous ferons des couronnes pour Alix et Marguerite : mais nous aurons soin de ne pas casser un seul épi, car c'est dans les épis que viendront les grains avec lesquels les boulangers feront notre pain.

14ᵉ Dictée ou **Copie.** — Nous voici dans le mois de Novembre (1), mon petit Armand. Les pluies, les gelées blanches, les brouillards sont fréquents. Maintenant, les chasseurs doivent parcourir péniblement les garennes, les forêts, les plaines, les champs et les vignes pour se procurer les lapins, les lièvres et leurs levrauts, les chevreuils, les cailles, les ramiers, les grives, les faisans, les alouettes, les bécasses et les ortolans, qui sont si recherchés des gastronomes.

15ᵉ Dictée ou **Copie.** — *Un Athénien dit :* Nos figues, lorsqu'elles sont récemment cueillies, font les délices des habitants de l'Attique (pays) ; après qu'elles ont été séchées avec soin, on les transporte dans les contrées les plus éloignées : nos olives confites à la saumure irritent l'appétit ; l'art de greffer procure aux poires et à la plupart de nos fruits les qualités que la nature leur avait refusées : l'île d'Eubée nous donne de très-bonnes pommes, la Phénicie des dattes, Corinthe des coings dont la douceur égale la beauté ; et l'île de

(1) Selon *la Grammaire des Grammaires*, les noms particuliers des mois et des jours sont des noms propres, et doivent prendre la majuscule.

Naxos ces amandes si renommées dans la Grèce. (*L'abbé Barthélemy.*)

3e LEÇON. — DU PLURIEL DANS LES SUBSTANTIFS EN AU, ET EN EU.

Faire revoir les nos de 1 à 14, — puis de 30 à 34, — et étudier les nos 40, 41, 42, 43, dans : ÉLÉMENTS, etc.

PHRASE-TYPE. *Les tombereaux roulaient, j'entendais le bruit des moyeux sur les essieux.*

RÈGLE IIIe. **Le substantif qui finit au singulier par AU, ou par EU, prend un X à la fin** (*au lieu d'un S*) **quand il désigne plusieurs êtres ou plusieurs choses,** *enfin quand il est pluriel* (1).

7e Thème.

Écrire au singulier,	—	puis au pluriel.
Un aloyau,		onze a—.
Un ciseau,		douze c—.
Un noyau,		treize n—.
Un veau,		quatorze v—.
Un tableau,		quinze t—.
Un fabliau,		seize f—.
Un cheveu,		dix-sept (2) ch—.
Un pieu,		dix-huit p—.
Un moyeu,		dix-neuf m—.
Un essieu,		vingt e—.

8e Thème.

Une histoire,	vingt et une h—.
Un neveu,	vingt-deux n—.
Une queue,	vingt-trois qu—.
Un coucou,	vingt-quatre c—.
Un rameau,	vingt-cinq r—.
Un chevreau,	vingt-six ch—.
Un poitrail,	vingt-sept p—.
Un ottoman,	vingt-huit o—.
Un appartement,	vingt-neuf a—.
Une scie,	trente s—.

(1) 1re EXCEPTION : L'Académie écrit : Un landau, des landaus.
(2) Faire attention aux tirets dans les noms de nombre.

9ᵉ Thème.

(Mets au singulier,	puis au pluriel.
Un boyau,	trente et un b—.
Une haridelle,	trente-deux h—.
Un hameau,	trente-trois h—.
Un hébreu,	trente-quatre h—.
Un écureuil,	trente-cinq é—.
Un tilleul,	trente-six t—.
Un fion,	trente-sept f—.
Un seau (d'eau),	trente-huit s—d'eau.
Un paon,	trente-neuf p—.
Un paonneau,	quarante p—.

10ᵉ Thème.

Un hôte,	quarante et un h—.
Une hotte,	quarante-deux h—.
Un réseau,	quarante-trois r—.
Un dromadaire,	quarante-quatre d—.
Un tramail (sorte de filet),	quarante-cinq t—.
Un bisaïeul,	quarante-six b—.
Un marronnier,	quarante-sept m—.
Une lieue,	quarante-huit l—.
Un lien,	quarante-neuf l—.
Un gâteau,	cinquante g—.

11ᵉ Thème.

Un fauteuil,	cinquante et un f—.
Une aiguille,	cinquante-deux ai—.
Un manteau,	soixante m—.
Un épieu,	soixante-neuf é—.
Un portail,	soixante et dix p—.
Un singe,	soixante et onze s—.
Une guenon,	soixante-douze g—.
Un dindonneau,	quatre-vingts d—.
Un écrou,	quatre-vingt-un é—.

12ᵉ Thème.

Un caïeu,	quatre-vingt-quatorze c—.
Un cerceau,	quatre-vingt-quinze c—.
Une pelisse,	quatre-vingt-seize p—.
Un sapajou,	quatre-vingt-dix-sept s—.
Un piano,	quatre-vingt-dix-huit p—.
Un agneau,	quatre-vingt-dix-neuf a—.
Un boa,	cent b—.
Un franc,	mille f—.

16e Dictée ou Copie.

Dans toutes les dictées de cette troisième leçon, mettre : S. s. sous chaque substantif singulier; — S. pl. sous chaque substantif pluriel.

Agathe, vous brûlez vos cheveux, éloignez-vous vite des bougies. Venez près de moi, je vous donnerai des gâteaux et des fruits. Voulez-vous des cerises, une figue, des cerneaux, ou bien un abricot ou des pruneaux? choisissez. — Madame, je voudrais bien avoir des cerises. — En voilà, ma petite amie, mais n'avalez pas les noyaux; cueillez aussi des groseilles sur ces groseilliers.

17e Dictée ou **Copie.** — Ah! voilà le petit Robert. Dites-moi, Robert, combien les ânes ont-ils de jambes? — Quatre, comme les chiens et les chats. — Et les taureaux? — Quatre. — Et les chameaux? — Quatre. — Très-bien. Et les autruches? — Oh! les autruches, elles n'ont que deux jambes. — Hé bien, les pigeons et les pigeonneaux, les moineaux, les fauvettes, les corbeaux, les coucous, les paons, les tourterelles et leurs tourtereaux, enfin tous les oiseaux n'ont que deux jambes ou plutôt deux pattes.

18e Dictée ou **Copie** *(suite).* — Attention, Robert! Comment nomme-t-on les bêtes qui ont quatre jambes ou quatre pattes, comme les taureaux, les veaux, les moutons, les agneaux, les pourceaux, les lapins et leurs lapereaux, etc.? — Des quadrupèdes. — Et celles qui n'ont que deux pattes, comme les moineaux, les vanneaux, les faisans et leurs faisandeaux, les paons et leurs paonneaux? — Des bipèdes, ou bien encore des volatiles, ou des oiseaux.

19e Dictée ou **Copie** *(fin).* — Et certaines bêtes qui rampent, comme les vipères, les couleuvres, les serpents, etc., on les nomme? — Des reptiles. — Fort bien, Robert! Tenez, voici des cerneaux, de la galette, des gâteaux, allez goûter avec mes neveux.

On voit des roseaux sur le bord des rivières, des lacs, des étangs, et dans d'autres lieux encore; mais on détruit ces plantes dans les eaux des fleuves et des rivières, car elles gênent la circulation des bateaux.

20ᵉ Dictée ou Copie. — Les fermiers et les fermières ont dans leurs écuries, dans leurs étables, sous leurs toits, et dans leurs basses-cours, des juments et des poulains ; — des taur**eaux**, des vaches, des génisses et des v**eaux** ; — des béliers, des moutons et des agn**eaux** ; — des pourc**eaux** avec leurs petits ; — des dindons, des dindes et des dindon-**neaux** ; — des coqs, des poules, des poulets et des poussins ; — puis des canards et des canes avec leurs canetons ; des oies, etc., etc.

21ᵉ Dictée ou Copie. — Les j**eux** des enfants sont gracieux. — Voyez Élise, comme elle joue de bon cœur avec sa chatte grise, sa Bichette ! — Voyez Amédée, quelles belles courses il fait avec Thisbé, la chienne de son père ! Et Julienne, comme elle court en tous li**eux** après les moutons, les agn**eaux** et les jeunes chevr**eaux** ! Et Victorine, comme elle se plaît à donner à manger à ses ois**eaux**, et à voir son joli petit serin se poser sur ses épaules et becqueter ses che-v**eux** !

4ᵉ LEÇON. — DU PLURIEL DANS LES SUBSTANTIFS EN *AL*.

Faire revoir les nᵒˢ 40, 41, 42, 43, — faire étudier les nᵒˢ 44, 45, 48 de : ÉLÉMENTS ; — et faire copier les nᵒˢ 75 et 79, — 76 et 80 de : ÉLÉMENTS, etc.

PHRASE-TYPE. On dit : *C'est mon* égal, *et ce sont mes* **égaux.**

RÈGLE IVᵉ. Les substantifs qui se terminent au singulier par AL finissent par AUX quand ils désignent plusieurs êtres ou plusieurs choses, *enfin quand ils sont pluriels* (1).

13ᵉ Thème.

Écrire au singulier, — puis au pluriel.
Un général, cent g—.

---

(1) 2ᵉ EXCEPTION. — On dit et l'on écrit :

Un aval,	des avalS.	Un chacal,	des chacalS.
Un bal,	des balS.	Un nopal,	des nopalS.
Un cal,	des calS.	Un pal,	des palS (ou des paux).
Un cantal,	des cantalS (fromages).	Un régal,	des régalS.
Un carnaval,	des carnavalS.	Un serval,	des servalS, etc.

Tous les autres substantifs en *al* font leur pluriel en *aux*.

QUATRIÈME LEÇON.

Écrire au singulier, — puis au pluriel :

Un hôpital,	deux cents h—.
Un bocal,	quatre cents b—.
Un minéral,	cinq cents m—.
Un maréchal,	deux cent deux m—.
Un caporal,	quatre cent six c—.
Un journal,	cinq cent neuf j—.

14e Thème.

Un canal,	six cents c—.
Un madrigal,	huit cent quatre m—.
Un animal,	quatre mille a—.
Un cheval,	cent mille ch—.
Ce sénéchal,	ces s—.
Un cardinal,	sept c—.
Le vrai Dieu,	quatre faux d—.

15e Thème.

Un amiral,	cinq a—.
Leur rideau,	leurs r—.
Notre métal,	nos m—.
Cette grenouille,	ces g—.
Ce camaïeu,	ces c—.
Son mal,	ses m—.
Un phare,	six ph—.
Un licou,	sept l—.

16e Thème.

Un vice-sénéchal,	huit vice-s—.
Un oiseau-mouche,	vingt oi—m—.
Quel vœu !	quels v—!
Quelle femme ?	quelles f—?
Un tel bouvreuil,	de tels b—.
Une telle halle,	de telles h—.
Tout le sérail,	tous les s—.
Tout l'arsenal,	tous les a—.

17e Thème.

Tout mon jeu,	tous mes j—.
Toute mon amitié,	toutes mes a—.
Toute ma peine,	toutes mes p—.
Tout ton piédestal,	tous tes p—.
Toute ton ean,	toutes tes e—.
Toute ta tribu,	toutes tes t—.
Tout son cristal,	tous ses c—.

à votre singulier,	mis au pluriel.
Toute son affection,	toutes ses a—.
Toute sa prospérité,	toutes ses p—.

18e Thème.

Tout notre fil,	tous nos f—.
Toute notre herbe,	toutes nos h—.
Tout votre enjeu,	tous vos en—.
Toute votre bonté,	toutes vos b—.
Tout leur tribunal,	tous leurs t—.
Toute leur richesse,	toutes leurs r—.
Ce même lapereau,	ces mêmes l—.
Cet autre jaguar,	ces autres j—.
Cette même espérance,	ces mêmes e—.

22e Dictée ou Copie.

Dans toutes les dictées de cette 4e leçon mettre un V. sous chaque verbe.

HIPPOLYTE. Mon ami Sylvestre, n'y a-t-il pas sur le bord du *canal* un *maréchal*-ferrant? Mon *cheval* est déferré.

SYLVESTRE. Ce n'est guère sur les bords des **canaux**, c'est plutôt sur les routes qu'on trouve des maréch**aux** : rappelle-le-toi bien ; c'est toujours sur les routes que tu as vu ces travails, ces pieux ou ces anneaux énormes auxquels on attache les chev**aux** vicieux pour les panser ou les ferrer : les pauvres anim**aux** ! ils n'y sont pas à leur aise !

23e Dictée ou Copie.

(Attention à la note D.)

ADOLPHE. Ah! voilà mon papa qui prend son *journal* ; j'aimerais bien mieux le voir monter à *cheval*, c'est si beau à voir un beau cheval (D) !

CHARLES. Oh! oui, les chev**aux** sont de bien beaux (D) anim**aux** (D) ! mais les journ**aux**, je suis comme toi, je les déteste.

ADOLPHE. — Moi, j'aimerais les journ**aux** s'ils nous donnaient l'histoire des hommes remarquables, des soldats et des capor**aux** qui sont devenus génér**aux** et maréch**aux**.

(*) PHRASE-TYPE. *Que ce cheval est beau! Oh! que ces chevaux sont donc beaux!* Les mots en al font leur pluriel en aux, — et les mots en eau font leur pluriel en eaux.

24e Dictée ou Copie. — ADÉLAÏDE. Maman, que brûle-t-on sur les côtes? Vois donc tous ces feux, ils éblouissent mes yeux.

MADAME BERTRAND. Ce ne sont point des feux, ce sont des phares ou des fanaux, d'où l'on fait la nuit toutes sortes de signaux aux vaisseaux ou aux bateaux (D). Les fanaux sont de grosses lanternes fixées par des clous sur des pieux, des colonnes, des piédestaux; on en met sur les bords de la mer, des fleuves, et même quelquefois des rivières et des canaux.

25e Dictée ou Copie. — On partage souvent en trois règnes toutes les productions de la nature. Le règne végétal renferme tous les végétaux : les arbres, les plantes, les roseaux des lieux marécageux, etc., etc. — Le règne minéral renferme tous les minéraux : les pierres, les métaux, les diamants, les cristaux, etc., etc. — Le règne animal renferme tous les animaux : les quadrupèdes, comme les éléphants, les chameaux, les chevaux, etc., etc.; les volatiles, comme les coucous, les oiseaux-mouches, les cardinaux, etc.; puis les reptiles, les poissons, etc.

26e Dictée ou Copie. — Georgette, étudie les noms de tous les canaux de la France et des Pays-Bas. Vous, Héloïse, donnez-moi mes lettres, mes journaux, et ce recueil de madrigaux nouveaux; puis dites à Mathieu qu'il range tous mes bocaux.

Sophie, mon père a acheté à Madrid pour cent quatre-vingts réaux deux camaïeux des plus précieux; — puis, d'un portugais, un de ces beaux et gigantesques confessionnaux gothiques si bien sculptés qui ornaient autrefois les cathédrales; il pèse plusieurs quintaux !

27e Dictée ou Copie. — Au temps de la féodalité, on nommait sénéchaux et vice-sénéchaux certains chefs rendant la justice comme les juges la rendent dans nos tribunaux; les sénéchaux étaient aussi chargés de convoquer les vassaux que les seigneurs voulaient conduire à la guerre; on appelait alors ducs, marquis, comtes, etc., les chefs militaires que nous

appelons maréchaux, généraux, etc.; il n'y avait pas de caporaux, de sergents ni de capitaines; et nos aïeux ne connaissaient pas non plus les amiraux, qui sont les chefs généraux
des armées navales, parce que les rois de France n'avaient
alors ni vaisseaux de guerre, ni arsenaux de marine.

28e Dictée ou **Copie.** — Excepté ceux qui habitent
leurs terres et leurs châteaux, les Européens vivent en général réunis dans des villes, des bourgs, des villages ou des hameaux; mais il y a, loin de l'Europe, des peuples entiers qui
sont nomades, c'est-à-dire errants. Montés sur des chevaux
ou des chameaux ces hommes conduisent leurs troupeaux dans
tous les lieux où l'on trouve des pâturages; ils habitent des
huttes faites de branches d'arbres; ou bien encore, chaque
soir, ils fixent dans la terre des pieux, étendent par-dessus des
peaux de moutons, de chevreaux, ou d'autres animaux, et se
font ainsi des demeures qu'on appelle des tentes.

**5e LEÇON. — DU PLURIEL DANS LES SUBSTANTIFS
EN *S*, EN *X*, ET EN *Z*.**

Faire étudier encore les nos de 5 à 14, — 30 à 34, — et de 40 à 48 de : ÉLÉMENTS;
— et faire copier les nos 77 et 83, — 78 et 84 de : ÉLÉMENTS.

PHRASE-TYPE. *L'ours a-t-il dans les bois la guerre avec les ours ?*

RÈGLE Ve. **Le substantif qui finit au singulier par un S, un X, ou un Z, doit s'écrire de
la même manière quand il est pluriel.**

19e **Thème.**

Écrire au singulier,	—	puis au pluriel.
A l'ananas,		aux (1) a—.
A la vis,		aux (1) v—.
Au rhinocéros,		aux (1) rh—.
De l'index,		des (1) in—.
De la perdrix,		des (1) p—.
Du velours,		des (1) v—.
Du houx,		des (1) h—.

(1)   *aux* est le pluriel de : *à l',* — *à la,* — *au.*
         des est le pluriel de : *de l',* — *de la,* — *du.*

CINQUIÈME LEÇON.

20e **Thème.**

Écrire au singulier, —	puis au pluriel.
Quel propos ?	quels p—?
Quelque souris,	quelques s—.
Leur puits,	leurs p—.
Tout le procès-verbal,	tous les p—v—.
Un phénix,	des ph—.
Votre larynx,	vos l—.
Maint gaz,	maints g—.

21e **Thème.**

Notre cours (d'émulation),	nos c—.
Toute la cour (pavée),	toutes les c—.
A la faux,	aux f—.
Au piédestal,	aux p—.
Quel rez-de-chaussée ?	quels r—de-chaussée ?
L'autre encrier,	les autres en—.
La même écritoire,	les mêmes é—.

22e **Thème.**

Quelque époux,	q—é—.
Maint chef-lieu,	m—chefs-l—.
A la croix,	a—c—.
Le même œillet,	l—m—œ—.
Certain original,	c—o—.
Son prix,	s—p—.
Cet autre nez,	c—a—n—.
Un sphinx,	huit s—.

23e **Thème.**

Quel cou !	q—!
Du homard,	d—.
A la pyramide,	a—.
Tout le feu,	t—.
Leur autre éléphant,	l—.
Ce même concours,	c—.
Son autre rival,	s—.

24e **Thème.**

Un loup-garou,	plusieurs loups-g—.
Quel faon !	q—!
Quelle brebis ?	q—?

Écrire au singulier,   puis au pluriel.
Quelque noix,   q—.
A la chauve-souris,   a— chauves-s—.
Cet acajou,   c— (1).
Quelque autre mail,   q— (1).

29e Dictée ou Copie.

Dans toutes les dictées de cette cinquième leçon, mettre :
V. sous chaque mot-verbe; — A. sous chaque mot-adjectif.

Nos premiers parents, et les premiers époux, Adam et Ève, habitaient l'Asie, ainsi que leurs trois fils : Caïn, Abel et Seth. Noé habitait également l'Asie avec ses trois fils : Sem, Cham et Japhet.

Dans les temps anciens, nos aïeux élevaient très-souvent des croix sur le bord des chemins; malheureusement tous leurs fils ne sont plus aussi pieux.

Les nez qu'Elvire a dessinés ne sont pas trop bien faits.

30e Dictée ou Copie. — Vois-tu, Lucile, ces oiseaux

---

(1)   REMARQUES.
Quelques substantifs qui devraient former leur pluriel par l'addition d'un S font exception à la règle, on écrit :

3e EXCEPTION.

Un bijou,	des bijoux.	Un hibou,	des hiboux.
Un caillou,	des cailloux.	Un joujou,	des joujoux.
Un chou,	des choux.	Un pou,	des poux.
Un genou,	des genoux.		

(Tous les autres mots en ou forment leur pluriel en ous.)

4e EXCEPTION. — On écrit :

L'ail,	les aulx.	Le soupirail, les soupiraux.
Le bail,	les baux.	Le travail, les travaux (généralement).
Le corail,	les coraux.	Le vantail, les vantaux (d'une porte).
L'émail,	les émaux.	Le ventail, les ventaux (en blason).

On peut encore placer ici le pluriel bestiaux, qui a le même sens que bétail; — et vitraux, pluriel de l'ancien mot vitrail.

(Tous les autres mots en ail font leur pluriel en ails.)

5e EXCEPTION.

Un aïeul fait le plus souvent au pluriel des aïeux.
Le ciel fait le plus souvent au pluriel les cieux.
L'œil fait le plus souvent au pluriel les yeux.

NOTA. — Faire consulter souvent (mais non apprendre par cœur) cette note, et celle de la page 21.

qui volent sur les marais ? ce sont des canards sauvages. Ces
animaux nous annoncent le froid. Bientôt les brebis et les
moutons ne trouveront plus d'herbe pour leurs repas. Les perdrix et leurs perdreaux se cacheront dans les chaumes, et les
grives dans les vignes ; mais les chasseurs et les chiens sau-
ront les y trouver ; ils trouvent bien les sangliers et les cerfs
dans les bois.

C'est surtout dans les caves et les rez-de-chaussée que les
chats prennent des souris et des rats.

31ᵉ Dictée ou Copie. — Les ours errent sur les montagnes et dans les neiges. Les sangliers et les loups vivent dans
les bois ; les cerfs, les daims, les biches et leurs faons, les
chevreuils avec leurs chevrettes et leurs faons habitent aussi
les bois et les forêts, et les chamois gravissent les rochers.

Alphonse et Marcel, vous qui vous croyez des phénix, savez-vous qu'en décomposant l'air que nous respirons les chi-
mistes y trouvent trois gaz différents ?

Serrez vos noix, Benoîte, ou les souris les mangeront !

32ᵉ Dictée ou Copie. — Ah ! voici trois, quatre noix
au pied de ce noyer ! là, dans la direction de mes deux index ;
vous les avez, apportez-les-moi. — Prêtez-moi votre couteau,
Edmond, je les ouvrirai ; nous les mangerons, et je vous en donnerai les coquilles pour en faire des bateaux, avec mes deux
neveux, Édouard et Prosper. Mais la lame de votre couteau
vacille, les vis en sont relâchées, c'est votre faute ; malgré tous
les avis, vous avez voulu Lundi vous en servir pour tailler des
houx : — je ne puis ouvrir ces noix, passons-nous-en.

33ᵉ Dictée ou Copie. — Dans l'Égypte, un des plus
beaux pays de l'Afrique, on admire des monuments anciens et
des édifices fort beaux, tels que des obélisques, des pyramides
qui étaient les tombeaux des rois, des colonnes avec leurs cha-
piteaux, des temples même, et surtout des sphinx gigantesques : ces sphinx, animaux imaginaires moitié femme moitié
lion, sont toujours représentés couchés sur le ventre, les jam-

bes étendues, et la tête droite; j'ignore si l'on trouve en Égypte des lynx sculptés ou peints.

6e LEÇON. — DE LA MAJUSCULE APRÈS LE DEUX-POINTS.

Faire conjuguer : *pêcher*, *sonner*, d'après le verbe-modèle *donner*, page 42 de : ÉLÉMENTS, etc.; — puis faire étudier les nos 52, 53, 54, 55 de : ÉLÉMENTS, etc.

PHRASE-TYPE. *Dieu dit* : **Q**ue la lumière soit ! — *et la lumière fut*.

RÈGLE VIe. On met toujours une grande lettre au premier mot du discours d'une personne, lorsque ce discours commence après le deux-points (:).

34e Dictée ou Copie.

Dans toutes les dictées de cette sixième leçon, mettre : A. s. sous chaque adjectif au singulier ; — A. pl. sous chaque adjectif au pluriel,

Ferdinand allait souvent à la pêche ; son petit frère Alphée, qui n'avait que cinq ans, dit un jour : **M**aman, y a-t-il des poissons vivants dans le puits? je voudrais bien pêcher. Madame Dulac lui répondit : **N**on, mon enfant, il y a des poissons vivants dans la mer, dans les fleuves, dans les rivières, dans les ruisseaux, dans les étangs et dans les viviers ; mais il n'y en a pas dans les puits. Alors le petit garçon répliqua : **H**é bien, maman, si tu le veux, j'irai pêcher au bord de la rivière.

35e Dictée ou Copie. — Madame Derville voulant récompenser Clotilde et Théodore qui avaient bien lu leur dit : **V**enez, mes bons amis, je veux vous dire une historiette qui vous amusera ; écoutez-moi : **U**n chevalier espagnol qui cherchait toujours aventure, don Quichotte, aperçut un jour en rase campagne trente à quarante moulins à vent ; les prenant pour des ennemis, il dit à son écuyer : **A**mi Sancho, vois-tu ces géants? je vais les vaincre et je t'enrichirai de leurs dépouilles! l'écuyer ouvrit de grands yeux étonnés, et demanda : **O**ù des géants? — Don Quichotte reprit : **L**à, avec ces grands bras qui ont peut-être deux lieues de long ! Le bon Sancho répliqua : Mais, je ne vois que des moulins à vent...

36ᵉ Dictée ou **Copie** (*suite*). — Cependant don Quichotte, ce roi des originaux, insistait en disant : Quoi, mon ami, tu ne distingues pas ces géants ? je vais... et mettant la lance en arrêt, il s'apprêtait à partir ; effrayé, Sancho s'écria : Maître, n'avancez pas..... les moulins..... Mais le chevalier en colère l'interrompit : Ce sont des géants, te dis-je ! Alors, piquant des deux, il court affronter ses prétendus ennemis, une des ailes du moulin enlève don Quichotte et Rossinante son cheval qu'elle jette au loin, et les voilà étendus sur l'herbe à vingt pas l'un de l'autre. Jugez de l'état où fut le pauvre chevalier !

37ᵉ Dictée ou **Copie**. — Les deux premiers fils d'Adam et d'Ève furent Caïn et Abel. Caïn était jaloux ; il dit un jour à son frère Abel : Sortons ! et lorsqu'ils furent dans les champs, Caïn se jeta sur son frère Abel et le tua. Le Seigneur dit à Caïn : Où est votre frère Abel ? Il répondit : Je ne sais. Puis il ajouta avec insolence : Suis-je le gardien de mon frère ? Le Seigneur repartit : Qu'avez-vous fait ? La voix du sang de votre frère crie vengeance : vous serez maudit sur la terre, vous y serez fugitif et vagabond. — Voyez combien la jalousie peut rendre coupable, et malheureux !

38ᵉ Dictée ou **Copie**. — Vous devenez grande, Madeleine, il faut que vous appreniez maintenant quelles sont les vertus que les Chrétiens doivent surtout pratiquer ; écoutez : Un jour, un des docteurs de la loi se levant dit à Jésus : Maître, que dois-je faire pour posséder la vie éternelle ? Jésus lui répondit : Qu'y a-t-il d'écrit dans la loi ? qu'y lisez-vous ? Il repartit : Vous aimerez le Seigneur votre Dieu de tout votre cœur, de toute votre âme, de toutes vos forces, et de tout votre esprit ; et votre prochain comme vous-même. Jésus lui dit : Vous avez fort bien répondu ; faites cela, et vous vivrez.

28ᵉ **Thème** (renfermant des invariables).

Ne jamais changer l'orthographe des invariables.

Écrire au singulier, —   puis au pluriel.

Oh ! (*inv.*) quel joli cheval arabe !	oh ! q—!
Ah ! (*inv.*) quelle bonne sœur !	ah ! q—!
L'autre artichaut tout (*inv.*) frit,	l—.
Le signal mal (*inv.*) donné,	l—.
Une histoire fort (*inv.*) gaie,	d—.
Quelque trou assez (*inv.*) profond,	q—.

29ᵉ **Thème.**

Un organe peu (*inv.*) enchanteur,	d—.
Un vert rameau,	d—(1).
Un fort (*inv.*) joli lichen,	de f—.
Quel magnifique portail !	q—!
Un mal extrêmement (*inv.*) cruel,	d—.
L'hyène fort cruelle,	l—.
Une oasis grande et fertile,	deux o—.

30ᵉ **Thème.**

Oh ! quelle belle pêche rouge!	oh ! q—!
Cette fraise un peu (*inv.*) parfumée,	c—.
Leur puits creusé trop (*inv.*) profondément (*inv.*),	l—.
Ma bien (*inv.*) gentille petite sœur,	m—.
Un fort joli perroquet vert,	d—.
Quelque gentil petit rosier,	q—.
Son dahlia jaune mal (*inv.*) jaspé,	s—.

39ᵉ **Dictée** ou **Copie.**

Dans toutes les dictées de cette septième leçon, mettre encore :
A. s. sous chaque adjectif au singulier; — A. pl. sous chaque adjectif au pluriel.

L'Inde, pays des Indous, nourrit des animaux remarquables : des tapirs paisibles, des éléphants énormes, des antilopes légères, et des civettes odorantes. Les bois y sont pleins de perroquets jaseurs, et de perruches coquettes ; de paons fiers, et de paonnes orgueilleuses; de singes malins, et de malicieuses guenons. — Maman, y a-t-il dans ce pays des chameaux bossus, des hérons bleus, et des cardinaux empourprés?

40ᵉ Dictée ou **Copie.** — Dans l'Inde on trouve souvent des tigres superbes, mais dont les dents cruelles déchi-

(1) Voir note 2, page 31.

rent parfois les pauvres voyageurs ; des lions féroces , à la crinière hérissée ; des léopards marquetés, tachetés ; des chacals agiles ; des rhinocéros énormes ; etc. , etc. Des eaux pures comme le cristal y nourrissent des crocodiles altérés de sang ; et de belles herbes hautes et touffues y cachent des boas gigantesques, et de redoutables serpents.

Les perdrix rouges sont plus rares que les perdrix grises.

41e Dictée ou Copie. — Mes enfants, nos trois aimables petites voisines viendront jouer tous les jours avec vous quand leurs leçons seront bien sues, leurs pages bien écrites, et tous leurs devoirs d'orthographe bien faits : nous vous mènerons tous faire des promenades charmantes sur le Rhône; et nous verrons voguer, sur les eaux de ce fleuve, tantôt ces jolis batelets verts ou bleus , tantôt des canots élégants et légers, qui seront bientôt entraînés loin de nous par leurs voiles gonflées.

42e Dictée ou Copie. — Ma Clary, je te donnerai deux poupées bien habillées, ou des marrons glacés et des bonbons excellents , ou bien des livres superbes remplis d'histoires très-amusantes et de belles images, si tu écris sans une seule faute tous les mots suivants : « Les plus longs et les meilleurs règnes sont trop courts et trop imparfaits pour réparer les maux de la guerre, qui rendent les peuples si misérables, si malheureux même (*inv.*). »

Les gaz sont généralement incolores et invisibles.

43e Dictée ou Copie. — Dans les montagnes appelées les Alpes, et qui sont situées entre la France, la Suisse et l'Italie , la température est si différente selon le versant où l'on se trouve que le voyageur peut croire qu'il passe dans le même jour des ardentes chaleurs du Sénégal aux régions glacées du Spitzberg; il peut y recueillir, ici les riches végétaux de l'Amérique-Méridionale, là les tristes lichens de l'Islande; il croit entendre tantôt les chants vifs et gais de la cigale , tantôt le bruit des dangereuses avalanches.

44° Dictée ou Copie. — On trouve, dit monsieur de Chateaubriand, dans l'Amérique-Septentrionale, une multitude d'animaux qui répandent l'enchantement dans ces lieux favorisés du Ciel : des ours enivrés de raisin qui chancellent sur les branches des ormeaux, des troupes nombreuses de caribous, des écureuils noirs, etc., etc. Là des oiseaux moqueurs, des colombes virginiennes descendent sur les gazons rougis par les fraises; des perroquets verts à tête jaune, des piverts empourprés, des cardinaux de feu grimpent au haut des sombres cyprès; des colibris étincellent sur les jasmins des Florides, et des serpents oiseleurs sifflent suspendus aux dômes des bois.

8° LEÇON. — DU PLURIEL DANS LES ADJECTIFS EN *AU*.

Faire continuer la conjugaison des verbes en *er*, tels que *pirouetter*, *remuer*, *copier*, etc.; — puis faire étudier les n°s 66, 67, 68, 69, 70 de ÉLÉMENTS, etc.; — et faire repasser les n°s de 52 à 55.

PHRASE-TYPE. *Ésaü et Jacob étaient deux frères* jumeaux.

RÈGLE VIII°. **L'adjectif qui finit au singulier par AU doit prendre à la fin un X** (*au lieu d'un S*) **lorsque le substantif,** *ou le pronom,* **auquel il est ajouté est pluriel.**

31° Thème.

Écrire au singulier, — puis au pluriel (sauf l'invariable qui ne change pas).

Quelque beau palais égyptien,	q—.
Un mot utile, tout (*inv.*) nouveau,	d—.
Un violent mal de dents,	d—.
Cet être souffrant, mais (*inv.*) résigné,	c—.
Ce hêtre tout (*inv.*) déraciné,	c—.
Un lynx extrêmement (*inv.*) cruel,	d—.
L'autre chauve-souris peu (*inv.*) désirée,	l—.

32e Thème.

(Désormais l'élève devra distinguer lui-même les mots invariables).

Un spectacle nouveau,	d—.
Quel brave caporal!	q—!
Un jeune ours blanc,	d—.
Une ourse blanche fort grosse,	d—.
Quelque héros très-vaillant,	q—.

— Écrire au singulier, — puis au pluriel (excepté l'invariable).

Ce héraut (d'armes) magnifiquement vêtu,	c—.
Quelque petit animal amphibie,	q—.

33° Thème.

Cet autre fléau destructeur,	c—.
Le gaz permanent,	l—.
Quelque requin bien vorace,	q—.
Quel beau, quel superbe prix !	q—!
Voilà un tour bien étonnant,	v—.
Voici une tour très-haute, mais inclinée,	v—.
Un œil bleu languissant,	des yeux b—.

(Voy. 5° sole., page 37.)

34° Thème.

Renfermant, avec des invariables, des verbes dont nous indiquons le pluriel.

Le renard est fin et rusé (1),	les renards sont f—.
Son frère jumeau est très-blond,	s—.
Cet oiseau-mouche est charmant,	c—.
Cet hippopotame est par trop laid,	c—.
Le mort est enterré,	l—.
Le beau mors de ce cheval est bien doré,	l—.
Votre éventail est cassé,	v—.

35° Thème.

Votre grande ancre *était* rouillée,	v—g—n— *étaient* r—.
Cette encre était trop blanche,	c—.
Notre pauvre tante était bien affligée,	n—.
Sa tente neuve était fort mal dressée,	s—.
Mon ancien canot était déjà brûlé,	m—.
Le canal était couvert de bateaux,	l—.
Ce nez était beaucoup trop long,	c—.

45° Dictée ou Copie.

Dans toutes les dictées de cette leçon, mettre : Inv. sous chaque invariable.

SUZANNE. J'ai un joli petit mouton tout blanc, moi !

ÉLISABETH. Et moi, j'ai deux jolis petits agneaux jumeaux qui sont blancs aussi ; ils sont attachés dans ces prés aux deux nouveaux pieux que Thomas a plantés.

---

(1) Parfois on n'exprime pas le substantif auquel l'adjectif est ajouté.

HONORINE. Je les vois; ah! qu'ils sont donc beaux! ils sont si blancs qu'ils éblouissent les yeux.

ALFRED. Moi, je préfère les chiens et les chevaux à tous ces animaux que vous trouvez si beaux.

46ᵉ Dictée ou **Copie** (*suite*). — ANNE. Oui, les chevaux et les chiens sont fort beaux; mais ces énormes éléphants, ces rhinocéros difformes, ces laids hippopotames, voilà de bien vilaines bêtes.

LAURENTINE. J'aime encore moins les ours stupides et carnassiers, les sangliers destructeurs, les loups et les tigres féroces, les hyènes cruelles, les redoutables serpents à sonnettes, les voraces requins, et tous les autres animaux nuisibles.

47ᵉ Dictée ou **Copie** (*fin*).— LA MAMAN. Vous ne parlez que de laids quadrupèdes ou de reptiles repoussants; mais il y a bien des animaux qui sont beaux, et d'autres qui sont utiles. Les lions, par exemple, les léopards, sont magnifiques; certains lézards sont fort jolis; et les perroquets, les faisans dorés, les paons, les oiseaux-mouches! et les infatigables bœufs, toujours prêts à se livrer à de nouveaux travaux (*voir 4ᵉ excep.*, p. 27); et les ânes si patients, et les chiens si intelligents et si fidèles!

48ᵉ Dictée ou **Copie**. — Ces deux nègres jumeaux se croient fort beaux; regardez-les bien, Harlette : ils ont des cheveux crépus et frisés comme la laine des moutons; ils ont des lèvres épaisses et rondes comme des bourrelets, des nez larges, courts et épatés; ne les trouvez-vous pas très-laids? — Mais tous les Africains ne sont pas noirs : les Hottentots qui vivent près du Cap de Bonne-Espérance sont couleur de suie; — les Égyptiens, les Berbères sont seulement basanés.

49ᵉ Dictée ou **Copie** (*suite*). — Ma petite Harlette, écrivez quelques nouveaux détails sur les nations africaines : Quoique les Hottentots ne soient pas noirs, ils ne sont guère plus beaux que les nègres; ils ont la tête petite, le menton court et pointu, les os des joues saillants, et les lèvres grosses; eurs yeux, plutôt verts que bleus, sont enfoncés et ronds comme deux petits trous; ils sont aussi peu attrayants que les sphinx égyptiens. Quant **aux** Kabyles, **aux** Marocains, et **aux** autres Berbères, qui sont bruns ou plutôt basanés, leurs traits sont réguliers comme ceux des Européens.

9e LEÇON. — **DU PLURIEL DANS LES ADJECTIFS EN** *AL.*

Faire conjuguer : *s'amuser, délier, s'enrouer*, etc.; — puis faire étudier du nº 66 au nº 73 de : ÉLÉMENTS, etc.

PHRASE-TYPE. *Louis XIV a bâti le château royal de Versailles, le plus beau de tous les châteaux roy**aux***.

RÈGLE IXᵉ. **L'adjectif qui se termine au singulier par AL devra généralement finir par AUX quand il sera ajouté à un substantif,** *ou à un pronom,* **pluriel.**

36e Thème.

Écrire au singulier,	—	puis au pluriel.
L'aigle royal *est* superbe,		l—a—r— *sont* s—.
Votre bocal est égal au mien,		v—.
Leur four banal est fermé,		l—.
Je ne vous punirai pas cette fois-ci,		j—.
Notre beau fouet est mal emmanché,		n—.
Le foie de veau est mangé,		l—.

37e Thème.

Son détail *était* trivial,		s—d— *étaient* t—.
Leur nouveau dais était mal brodé,		l—.
Le dey d'Alger était déloyal,		l—.
Mon thuya était pyramidal,		m—.
Ce jardin public était très-original,		c—.
L'arc triomphal était près de la place publique,		l—.

38e Thème.

Votre discours ne *fut* pas trop loyal,		vos d— ne *furent* p—.
Ce château gothique fut seigneurial,		c—.
Ce droit féodal fut aboli,		c—.
Le filou brutal fut arrêté,		l—.
Le même chemin vicinal fut aperçu,		l—.
L'applaudissement fut général,		l—.

39ᵉ Thème.

Écrire au singulier, —   puis au pluriel.

Ce lycée *est*-il impérial ou communal ?   c—l— sont-ils im—?
La Norvége est un pays septentrional,   la N. et l'Islande—.
Dix est un nombre décimal,   dix et cent—.
Votre saphir était oriental,   v—.
Tout mon bien était rural,   t—.
Pierre fut rival de Tony,   P— et T— f—r—.

50ᵉ Dictée ou Copie.

Dans ces deux dictées mettre : S. sous chaque substantif ;—A. sous chaque adjectif.

LA MAMAN. Qu'as-tu fait aujourd'hui, mon Alice ?

ALICE. Maman, j'ai appris les noms des quatre points cardinaux, et des quatre points collatéraux ; puis, j'ai fait, avec mademoiselle Bertrand, des exercices verbaux sur les principes généraux de l'analyse, et sur l'orthographe des noms de nombres cardinaux et des ordinaux ; enfin j'ai lu l'histoire des deux fils d'Isaac et de Rébecca, qui étaient rivaux et ennemis, quoique frères et jumeaux.

51ᵉ Dictée ou Copie. — Les habits sacerdotaux sont certainement riches et beaux ; mais les vêtements épiscopaux, archiépiscopaux, ou les ornements pontificaux, qu'on admire dans nos cathédrales aux jours des grandes solennités, ceux-ci ne sont pas seulement riches et beaux, ils sont magnifiques : néanmoins, les habits et les manteaux royaux ou impériaux ne leur cèdent en rien sous le rapport de la richesse et de l'éclat ; l'industrie et les arts libéraux concourent à l'envi à les rendre tous admirables.

52ᵉ Dictée ou Copie.

Dans ces trois dictées mettre : V. sous chaque verbe ;—Inv. sous chaque invariable.

Dans certains pays méridionaux, les lauriers, les citronniers, les orangers, les myrtes, et beaucoup d'autres arbres et arbrisseaux rares et délicats croissent sans culture, et y forment d'eux-mêmes des bosquets touffus, et des berceaux magnifiques, dignes des parcs roy**aux** ; mais on n'y trouve ni les ifs toujours verts, ni les beaux pins, ni les mélèzes aux rameaux flexibles, ni les sapins ou les thuyas pyramid**aux** des pays septentrion**aux**.

53ᵉ Dictée ou **Copie** (*suite*).—Ces orangers, ces citronniers, ces grenadiers, ces limoniers croissent et prospèrent dans beaucoup de pays méridion**aux**, voisins de la Méditerranée, comme nos vignes prospèrent sur le penchant des monts et des coteaux, dans nos pays occident**aux** : mais les prairies y sont presque nues lorsqu'elles ne sont pas arrosées par des canaux ; et des bestiaux maigres, languissants, et dont les mouvements deviennent lents et inég**aux**, errent maladifs et exténués dans ces lieux arides et presque stériles.

54ᵉ Dictée ou **Copie**. — Nous avons vu et entendu des caporaux, réveillés dès l'aube du jour par les sons ég**aux** et stridents du tambour ou du clairon, commander rudement, ou faire des signaux très-impératifs ; parfois nous les avons trouvés un tant soit peu brut**aux** envers les soldats qui, placés sous leurs ordres, sont presque leurs égaux ; parfois aussi nous les avons entendus tenir des discours non-seulement ban**aux** ou trivi**aux**, mais même par trop jovi**aux**, et qui nous ont déplu : mais mon oncle Mathurin nous a assuré qu'au fond la plupart d'entre eux sont des chefs imparti**aux**, ne se permettant point d'actes illég**aux** ; et que ce sont en outre de bons et loy**aux** serviteurs de la patrie.

55ᵉ Dictée ou **Copie**. — Lorsque Rome fut, par la valeur et l'habileté de César, devenue maîtresse de la Gaule, elle chercha à se faire pardonner les exactions de ses gouverneurs et les triomphes de ses généraux ; les Romains, déjà très-versés dans les arts libér**aux**, élevèrent, particulièrement dans ses villes et dans ses bourgs méridion**aux**, des temples magnifiques, des arcs triomph**aux**, de vastes amphithéâtres, d'immenses aqueducs ; enfin ils y ouvrirent beaucoup de larges routes, et sans doute quelques chemins vicin**aux**.

10ᵉ LEÇON. — DU PLURIEL DANS LES ADJECTIFS EN *S* ET EN *X*.

Faire conjuguer : *raisonner, résonner, dénouer, lier, s'impatienter ;*
— interroger l'élève sur tout ce qu'il a appris dans : ÉLÉMENTS, etc.

PHRASE-TYPE. *Ah! Claude qui a un habit* gris *et des bas* gris !

RÈGLE Xᵉ. **L'adjectif qui finit au singulier par S ou par X s'écrit de la même manière quand il est au pluriel.**

40ᵉ Thème.

Écrire au singulier, —	puis au pluriel.
Notre arsenal *sera* spacieux,	nos a— *seront* s—.
Un délicieux mets sera servi,	d—.
L'œuf de cette cane sera frais,	l—.
Le tigre royal sera furieux,	l—.
Tout chevalier français sera courtois,	t—.
Que ce perdreau sera exquis !	q—!

41ᵉ Thème.

Son pin *serait* déraciné, si...,	ses pins *seraient* d—.
Ce pain bis serait trop rassis,	c—.
Ce vieux cerf serait lancé et tué,	c—.
Leur serf serait insoumis et rebelle,	l—.
Quel sénéchal serait vil, bas et déloyal?	q—?
L'hébreu serait très-surpris,	l—.

42ᵉ Thème.

Je souhaite que leur petit palet *soit* bien rond, peu gros, et très-plat,	je souhaite que (1) leurs p— p— *soient* b—.
J'aime qu'un palais soit bien décoré,	j'aime que les p—.
Je désire que votre pieu soit aigu,	je désire que (1) vos p—.
On veut que tout garde municipal soit pieux,	on veut que tous les g—.
Je demande que ce noyau me soit remis,	je demande que ces n—.

43ᵉ Thème.

Je voudrais que cet automne *fût* moins pluvieux,	je voudrais ces a— *fussent* m— p—.

(1) Ne rien changer à ce qui est placé avant le mot *que*.

Écrire au singulier,	puis au pluriel.
Je voulais que leur vêtement pontifical fût plus beau, plus riche encore,	je v—.
Je voudrais que mon verrou bronzé fût posé aujourd'hui,	je v—.
On voulait que son caillou (1) fût anguleux,	on v—.

56e Dictée ou Copie.

Dans les dictées de cette dixième leçon, mettre :
V. sous chaque verbe ; — **V. inf.** lorsque le verbe est à l'infinitif.

Zélime, mettez à ma grande poupée sa robe bleue brodée d'or et d'argent, et toute parsemée de paillettes légères ; lissez et frisez ses cheveux épais, blonds, dorés et soyeux ; et qu'au gré des vents ils flottent épars et onduleux sur ses épaules : puis tressez pour elle une couronne avec ces frais et gracieux bluets ; vous y placerez quelques coquelicots ; et deux, trois, ou quatre épis au plus : les épis trop nombreux sont quelquefois disgracieux.

57e Dictée ou Copie. — Alphonsine et Raoul, étendez vos deux petits index, et montrez-moi sur vos cartes les divers pays d'où ont été rapportés les deux beaux éventails chinois, et tous les objets curieux qui sont épars sur vos jolies étagères : l'Inde, où croissent ces légers bambous qui supportent votre miroir ; la Chine, d'où viennent ces deux magots hideux, assis sur leurs talons ; la Saxe, où l'on a fabriqué vos porcelaines et vos vases précieux ; et la Belgique, d'où votre oncle a rapporté vos deux vieux crucifix d'ivoire.

58e Dictée ou Copie. — Les plantes des pays méridionaux de l'Europe croissent dans la Barbarie avec celles de l'Afrique ; l'amandier, le figuier, l'oranger, y produisent des fruits savoureux, exquis même (*inv.*); la vigne y porte des grappes et des grains énormes ; ce pays renferme dans une partie des déserts sablonneux, dans une autre des terrains fertiles, entrecoupés de haies épaisses formées d'arbustes épineux ; là errent

(1) Voyez la troisième exception, page 27.

2.

et se cachent des multitudes d'animaux venimeux et féroces,
ou dangereux du moins.

59ᵉ Dictée ou **Copie**. — Les jeunes chats sont gracieux,
gais, vifs, agiles, charmants enfin; ils seraient très-précieux
pour amuser les jeunes enfants s'ils étaient plus soumis et
plus doux.

Comme tous les mortels sont jaloux du bonheur, la nature
leur a fait des plaisirs vrais, simples, doux, tranquilles et ai-
sés : les hommes pervers s'en font qui sont faux, embarras-
sants, incertains, difficiles à acquérir; et ils sont surpris de
se trouver malheureux !

RÉCAPITULATION. — DU PLURIEL DANS LES SUBSTANTIFS ET DANS LES ADJECTIFS.

PRINCIPES GÉNÉRAUX D'ORTHOGRAPHE.

1° Tout substantif pluriel finit par un S, un
X, ou un Z.

2° Tout adjectif pluriel finit par un S, ou un
X (*excepté les adjectifs numéraux, quatre, cinq, sept, etc.
Voir pages* 16, 18, 19, 21 et 22).

60ᵉ Dictée ou **Copie**. — Don Quichotte, le premier de
tous les originaux, arriva un soir très-fatigué dans une hôtel-
lerie; une laide servante espagnole, nommée Maritorne, lui
dressa un lit formé de quatre planches non rabotées, posées
sur deux bancs inégaux que des pieds vermoulus suppor-
taient assez mal ; deux vieux matelas durs comme des cailloux (*exception*), deux draps plus gris que blancs, et une
couverture où l'on ne voyait que des trous et des taches :
voilà le confortable lit qu'obtint le gentilhomme harassé !

61ᵉ Dictée ou **Copie**. — Il y avait autrefois une fille de
roi très-belle, très-belle ; on la nommait la Belle aux Cheveux

d'Or (1), parce que ses beaux cheveux égaux, souples et fins, étaient blonds, et plus éblouissants que l'or; ils étaient tout (*inv.*) bouclés, et si longs qu'ils lui tombaient jusque sur les chevilles : elle avait de magnifiques yeux bleus très-grands, très-expressifs, mais surtout très-doux; des lèvres vermeilles, et des joues roses.

62e Dictée ou Copie.— Lorsque la Belle aux Cheveux d'Or se promenait dans les allées riantes, fraîches, et délicieusement ombragées des beaux et magnifiques parcs royaux que possédait son père, ses cheveux dorés, soyeux, et bien égaux, flottaient en boucles gracieuses sur ses épaules; elle portait des vêtements brodés par une bonne fée, et qui étaient tout brillants de beaux et gros diamants, de perles fines superbes, de saphirs orientaux, et de rubis balais, que la fée, sa marraine, lui avait donnés.

63e Dictée ou Copie. — Oui, Clarisse, je te le redis, les yeux noirs sont les plus beaux, surtout quand ils sont bien égaux de force et de nuance : ils sont plus brillants, plus vifs, plus expressifs, plus spirituels, je crois.

— Non, Armandine, les yeux bleus sont certainement beaucoup plus beaux encore : d'abord ils sont plus doux que les yeux noirs; ils sont plus tendres, plus modestes aussi; ils sont angéliques enfin, car les anges ont tous les yeux bleus, je l'ai bien vu, moi, dans les tableaux.

— Mes chères enfants, il y a beaucoup de vanité dans cette discussion; cessez-la : Armandine prétend que les yeux noirs sont spirituels; hé bien! qu'elle fasse preuve d'un véritable esprit en ne tirant point vanité des dons physiques que Dieu lui a accordés; quant à Clarisse qui trouve les yeux bleus jolis et angéliques, qu'elle s'attache à conserver dans toutes les occasions la douceur, la modestie, la simplicité des bons et saints anges !

64e Dictée ou Copie. — Un voyageur a dit autrefois :

---

(1) Indiquer à l'élève les trois majuscules de ce nom propre.

Les diverses cités de la Grèce ont des cultes locaux : à Athènes, par exemple, plusieurs jours de l'année sont consacrés au culte de Bacchus ; alors son nom retentit dans la ville, dans les bourgs voisins, et dans les campagnes environnantes. On voit des troupes nombreuses de femmes échevelées et couronnées de lierre, qu'on appelle bacchantes, déchirer de leurs ongles et de leurs dents les entrailles saignantes des victimes, serrer dans leurs mains de venimeux serpents, et les entortiller de leurs cheveux.

65e Dictée ou **Copie** (*suite*). — Le même voyageur dit encore : Ces extravagances dégradantes, qui constituent chez les Grecs des rites nationaux, ont lieu surtout au printemps. Dans ces fêtes, prétendues religieuses, au milieu de satyres chancelants, on voit des hommes demi-ivres, dont les uns traînent des boucs pour les immoler, et les autres sont montés sur des ânes ; — puis on voit de jeunes filles qui portent sur leurs têtes des corbeilles sacrées, remplies de gâteaux délicieux.

66e Dictée ou **Copie** (*fin*). — Ce voyageur ajouta : Les Athéniens sont tellement avides de semblables spectacles qu'ils leur paraissent toujours nouveaux : ainsi, pendant qu'on célèbre ces fêtes solennelles, les toits de leurs maisons sont couverts de spectateurs curieux, avec des lampes allumées et des flambeaux étincelants ; lorsque le cortége s'arrête dans les principaux carrefours, et dans les places publiques, où l'on fait de fréquentes libations en l'honneur des dieux, la joie se manifeste par des acclamations bruyantes.

11ᵉ LEÇON. — DE LA MAJUSCULE AU COMMENCEMENT DES VERS.

Faire conjuguer : *chanter, plier, huer, s'étonner* ;
— puis faire repasser les nᵒˢ de 15 à 20 de : ÉLÉMENTS, etc.;—et faire apprendre
les nᵒˢ de 110 à 116.

PHRASE-TYPE. *Dans certains pays de l'Asie*
On révère les éléphants,
Surtout les blancs.

RÈGLE XIᵉ. **On met une grande lettre au premier mot de chaque vers** (*et l'on commence chaque nouveau vers à une ligne nouvelle*).

67ᵉ Dictée ou Copie.

Dans les dictées de cette onzième leçon, mettre :
V. inf. sous chaque verbe à l'infinitif.

Deux enfants d'un fermier, gentils, espiègles, beaux,
Mais un peu gâtés par leur père,
Cherchaient des nids dans leur enclos ;
Ils trouvent deux petits perdreaux
Qui voletaient après leur mère.   (*Imité de Florian.*)
L'éléphant aux larges oreilles
Casse les bambous dans les bois.   (*V. Hugo.*)
Sur la rive du Nil, un jour, deux beaux enfants
S'amusaient à faire sur l'onde
Avec des cailloux (3ᵉ *exc.*) plats, ronds, légers et tranchants,
Les plus beaux ricochets du monde.   (*Florian.*)

68ᵉ Dictée ou Copie.

O bienheureux mille fois
L'enfant que le Seigneur aime,
Qui de bonne heure entend sa voix,
Et que ce Dieu daigne instruire lui-même !
Loin du monde élevé, de tous les dons des cieux
Il est orné dès sa naissance,

Et du méchant l'abord contagieux
N'altère point son innocence.   *(Jean Racine.)*

69ᵉ **Dictée** ou **Copie**.

L'Oreiller d'un enfant.

Cher petit oreiller doux et chaud sur ma tête,
Plein de plume choisie, et blanc ! et fait pour moi !
Quand on a peur du vent, des loups, de la tempête,
Cher petit oreiller, que je dors bien sur toi !

Beaucoup, beaucoup d'enfants pauvres et nus, sans mère,
Sans maison, n'ont jamais d'oreiller pour dormir ;
Ils ont toujours sommeil ! ô destinée amère !
Maman, douce maman ! cela me fait gémir !

70ᵉ **Dictée** ou **Copie** *(suite)*.

Et quand j'ai prié Dieu pour tous ces petits anges
Qui n'ont pas d'oreiller, moi, j'embrasse le mien ;
Et seule en mon doux nid, qu'à tes pieds tu m'arranges,
Je te bénis, ma mère, et je touche le tien.

Je ne m'éveillerai qu'à la lueur première
De l'aube au rideau bleu : c'est si gai de la voir !
Je vais dire tout bas ma plus tendre prière,
Donne encore un baiser, douce maman ; bonsoir !

71ᵉ **Dictée** ou **Copie** *(fin)*.

Prière.

Dieu des enfants, le cœur d'une petite fille
Plein de prière (écoute) est ici sous mes mains.
Hélas ! on m'a parlé d'orphelins sans famille !...
Dans l'avenir, bon Dieu, ne fais plus d'orphelins !

Laisse descendre au soir un ange qui pardonne,
Pour répondre à des voix que l'on entend gémir ;

Mets sous l'enfant perdu, que sa mère abandonne,
Un petit oreiller qui le fera dormir !

(Mme *Desbordes-Valmore*.)

12e LEÇON. — DU VERBE AJOUTÉ A *TU*.

Faire conjuguer : *crier, suer, éternuer, s'entêter ;*
— puis faire étudier les n^{os} de 110 à 122 de : ÉLÉMENTS, etc.

PHRASE-TYPE. *A présent tu souris, il sourit;*
Tu tends vers lui (le miroir) *les bras, il te les tend de même.*

**RÈGLE XIIe. Le mot-verbe ajouté au substan-
tif,** *ou pronom,* **TU finit toujours par un S (1).**

44e Thème.

Copier ce qui est écrit en entier, — puis finir le verbe qui n'est que commencé.

1 Demain je coudrai,	et tu coudras (imiter ce mot.)
Demain je crierai,	toi aussi tu cr—.
Demain je courrai,	et toi tu c—.
Ce soir je me récréerai,	et tu te r—.
2 *Si je le voulais,* je me promènerais,	et tu te promènerais.
Si je sortais, je m'enrouerais,	et tu t'en— aussi.
Si je courais, je suerais,	et tu s—.
Si je sautais, je grandirais,	et tu gr—.

45e Thème.

3 Maintenant je parle,	et tu parles. (A imiter).
A présent je joue,	et tu j— également.
Aujourd'hui j'étudie,	et tu é—.
Chaque matin je prie Dieu,	et tu p— Dieu aussi.
5 *Quand je le voulais,* je sortais,	et tu s—.
Quand tu me faisais mal, je criais,	et toi tu c—.
Quand on lisait, je bâillais,	et tu b—.
Quand tu venais, je me récréais,	et tu te r—.

46e Thème.

6 *Il faut que* je ploie,	et *que* tu p—.
Il faudra que je rie,	et *que* tu r—.

---

(1) Par exception, on termine par un X : tu peuX, tu veuX; tu prévauX, tu vauX.

Copier exactement ceci,	—	puis finir le mot commencé.

7 Hier j'éternuai,   et tu éternuas aussi (Imiter).
   L'an passé je me secouai,   et tu te s—.
   Avant-hier je criai,   et tu c— également.
8 *Il fallait que* je ne m'enrhumasse pas,   et *que* tu ne t'en—.
   Il faudrait que je gémisse,   et *que* tu g— aussi.
   On exigerait que je vinsse,   et *que* tu v— avec moi.

47ᵉ Thème.

Copier exactement ces phrases ; — puis les écrire en face en changeant *je* en *tu*, et mettant au pluriel les substantifs et les adjectifs.

1 J'habillerai ma sœur,   et tu habilleras tes s—.
   Je déshabillerai cette poupée,   et tu d—.
   Je regarderai le crucifix,   et tu r—.
2 Je casserais du cristal,   et tu c—.
   J'égarerais mon fuseau,   et tu é—.
   Je ferais un hiatus,   et tu f—.
3 Je panse notre cheval,   et tu p—.
   Je pense à ce joyau,   et tu p—.

48ᵉ Thème.

   Je m'écrie : Ah ! quelle peine !   et tu t'écries : Ah ! q—!
   J'écris une longue lettre,   et tu é—.
   Je suis un enfant docile,   et tu es un en—.
   J'ai un gros sou,   et tu as vingt g—s—.
5 Je contemplais un kanguroo,   et tu c—.
   J'agréais leur compliment,   et tu a—.
6 *Il faut que* je vernisse ce banc rustique,   et *que* tu v—.
   Il faut que je désennuie mon neveu,   et *que* tu d—.

49ᵉ Thème.

   Il faut que j'écoute son hurlement,   et *que* tu é—.
   Il faut que je salue cet amiral,   et *que* tu s—.
7 J'achetai un joli parapluie,   et tu a—.
   Je plantai ce petit héliotrope,   et tu p—.
8 *Il faudrait que* je remportasse le prix,   et *que* tu r—.
   On voudrait que je lusse un autre fabliau,   et *que* tu l—.
   Il faudrait que j'obtinsse un beau minéral,   et *que* tu o—.

72ᵉ Dictée ou Copie.

Dans toutes les dictées de cette douzième leçon, mettre :

S. a.	sous chaque substantif absolu.
S. a. (ou *pronom*) ind.	sous chaque substantif absolu (ou *pronom*) indéfini.
S. r. (ou *pronom*)	sous chaque substantif relatif (ou *pronom*).

Toutes les fois que *tu* travailleras sérieusement, ma Jenny, *tu* te prépareras un nouveau plaisir : par exemple, si *tu* étudies bien la géographie, *tu* connaîtras la place de tous les pays du monde, et *tu* sauras dire le nom de leurs habitants ; si *tu* conjugues tous les verbes avec attention, et si *tu* fais souvent de bonnes analyses grammaticales, *tu* pourras bientôt écrire de longues dictées presque sans fautes, et *tu* enverras à tes amies de gentilles petites lettres.

73ᵉ Dictée ou **Copie** (*suite*). — Lorsque *tu* liras attentivement l'histoire, *tu* y verras les grandes actions qui ont été faites dans les temps anciens ; si *tu* t'appliques à jouer du piano en mesure, *tu* pourras bientôt étudier deux ou trois quadrilles nouveaux ; *tu* feras danser tes petites amies toutes les fois que *tu* les recevras ; alors *tu* les recevras plus souvent, et *tu* t'amuseras beaucoup : enfin, par ton application, *tu* contribueras surtout au bonheur de tes chers parents.

74ᵉ Dictée ou **Copie** (*fin*). — Mais, Jenny, *tu* ne remplirais pas encore tous tes devoirs si *tu* te contentais de bien étudier ; *tu* dois avant tout réformer ton caractère, et chercher à plaire au bon Dieu, à ton papa et à ta maman, que *tu* prétends aimer beaucoup : or, *tu* ne montreras que *tu* aimes le bon Dieu et tes parents que lorsque *tu* travailleras sérieusement à te corriger de tous tes défauts, et que *tu* obéiras aux commandements de Dieu et à mes ordres.

75ᵉ Dictée ou **Copie**. — Écoute bien, Jenny, voici les principaux commandements de Dieu : Je suis le Seigneur ton Dieu : *tu* n'adoreras pas les dieux étrangers, les faux dieux. *Tu* ne jureras pas par mon nom. *Tu* sanctifieras le saint jour du Sabbat (*nom propre*). *Tu* honoreras ton père et ta mère afin que *tu* vives longtemps. *Tu* ne déroberas rien. *Tu* ne diras aucun mensonge. *Tu* ne désireras pas les biens de ton prochain.

76ᵉ Dictée ou **Copie**. — Aglaé, *tu* le liras dans la Bible, lorsque Adam eut désobéi, Dieu lui dit : Puisque *tu* as écouté les conseils de ta femme et que *tu* as mangé du fruit défendu, la terre sera maudite à cause de toi, *tu* la cultiveras tous les jours de ta vie, elle te produira des épines et des ronces, e *tu* mangeras ton pain à la sueur de ton front, jusqu'à ce que *tu* retournes dans cette terre dont *tu* as été formé ; car *tu* es poussière, et *tu* retourneras en poussière.

77ᵉ Dictée ou Copie. — Le Seigneur avait dit au serpent : Parce que *tu* as entraîné l'homme dans la désobéissance, *tu* seras maudit entre tous les animaux terrestres ; *tu* ramperas sur le ventre, et MANGERAS (E) la terre tous les jours de ta vie : la femme t'écrasera la tête, et *tu* tâcheras de la mordre par le talon.

Que *tu* es léger, Calixte ! *tu* écris sous la dictée et regardes (E) en l'air ! *Tu* t'occupes d'une chose et penses (E) à une autre ! *Tu* es naturellement fort distrait, et *tu* t'abandonnes à ta distraction, et *tu* ne cherches pas à te vaincre ! *tu* as grand tort : jamais un élève inappliqué ne devient un homme capable.

78ᵉ Dictée ou Copie. — Adrienne, il faut que *tu* finisses promptement ton ourlet, et le fasses (E) bien cependant ; *tu* ne trouveras jamais le temps de jouer si *tu* continues à bayer continuellement aux corneilles : *tu* as fini ; — bien, *tu* vas copier quelques jolis vers, et après cela *tu* joueras.

On dit, mon Dieu, que *tu* fais naître
Les petits oiseaux dans les champs,
Et donnes (E) aux petits enfants
Une âme aussi pour te connaître. (Imité de *Lamartine*.)

C'est assez. *Tu* écriras la suite demain.

(E) PHRASE-TYPE. *Tu ramperas sur le ventre, et* mangeraS *la terre*.

Le verbe ajouté au mot *tu* finit généralement par un *s*, lors même que ce mot *tu* est sous-entendu.

(1) Parfois on n'exprime pas le substantif (ou le *pronom*) auquel un verbe est ajouté.

13e LEÇON. — DÉVELOPPEMENT DE LA RÈGLE XII.

A présent tu souris, il sourit ;
Tu tends vers lui les bras, il te les tend de même. (Page 47.)

Faire conjuguer : *diminuer, recréer, s'associer,* etc. ;
— puis dans : ÉLÉMENTS, etc., faire étudier du n° 123 au n° 127.

50e Thème.

Copier tout le singulier ; — puis remplacer *je* par *tu*, etc., et mettre au pluriel
les substantifs et les adjectifs.

J'enfoncerais mal ce clou,	et tu en — mal ces c—.
Je fais un ennuyeux pensum,	et tu f—.
Quel agneau je tonds!	q—a— tu t—!
Quelle gazelle je poursuivis hier!	q—g— tu p—!
J'aperçus un vautour cruel,	tu a—.
Je revins bientôt de ce lieu désert,	tu r—.

51e Thème.

Je longerai le nouveau canal,	tu longeras les—.
J'amarrerai ici notre petit canot,	tu a—,
Je porterai l'éventail de ma sœur,	tu p—.
J'achetai hier un onyx fort remarquable,	tu a—.
J'avalai sans doute quelque noyau,	tu a—,
Je dessinai bien ce nez,	tu d—.

52e Thème.

Quel beau lilas je découvre!	q—b—!
Quelle belle cerise je cueille!	q—b—!
Il faut que je secoue fortement ce prunier,	*que tu* s—.
Il faudrait que je tuasse le veau gras,	*que tu* t—,
Il exigerait que je rinçasse son bocal,	*que tu* r—.
On voulait que je fisse tout le concours,	*que tu* f—.

53e Thème.

Je montrerais un point cardinal,	tu m— les p—.
Je lui présenterai mon poing fermé,	tu l—,
Je revis hier le compte de sa dépense,	tu r—.
Je saluerai ce vieux et respectable comte,	tu s—.
Je lisais un conte très-amusant,	tu l—.
J'atteins le léger chamois,	tu a—.

54e Thème.

Je contemple ce sphinx monstrueux,	tu c—.
Je dépeçai un tout jeune pigeonneau,	tu d—.

Copier le singulier, — puis écrire une phrase analogue avec *tu* et le *pluriel.*

Je recouds mon tablier vert,	tu r—.
J'écrasai un énorme ver,	tu é—.
Je copie un fort joli vers de Florian,	tu c—.
Je cassai hier un verre de cristal,	tu c—.

55ᵉ Thème.

(Attention aux remarques placées dans les notes.)

Écrivis-je (ᴘ) un nombre décimal (1) ?	écrivis-tu (ᴘ) des n—?
Quoi ! déracinerai-je ce pin si jeune, si vert?	q—d—?
Mangerai-je son bon petit pain de gruau?	m—?
Fermai-je hier le gros verrou?	f—?
Demain nettoierai-je ce long tuyau?	d—?
Dois-je recevoir un aussi beau joujou? *(V. 3ᵉ exc., p. 27.)*	d—?

56ᵉ Thème.

Maintenant que regardé-je (ɢ) (prés. indic.)? Notre mérinos,	que regardes-tu ? Nos m—.
Joué-je maintenant avec leur cerceau neuf?	j—tu m—?
Qu'écouté-je maintenant? — Une voix humaine,	qu'—tu? Des v—.
Je marchai (passé indic.) sur une voie romaine,	tu m—.
Que trouvai-je hier au désert? Une oasis délicieuse,	que tr—tu h— ?

57ᵉ Thème.

Puisé-je maintenant le seau tout plein?	p—?
Hier, ne gravai-je pas le sceau royal?	h—, n—?
Visiterai-je un malade dans l'hôpital?	v—?
Irai-je dans ce grand bal *(V. 2ᵉ exc., p. 21)?*	i—?

(ᴘ) PHRASE-TYPE. *Toi qui parles, qu'eS-tu?*

Le verbe ajouté à *tu* finit toujours par un *s*, lors même que le mot *tu* est placé après lui.

——

(ɢ) PHRASE-TYPE. Veillé-je? *et n'est-ce point un songe que je vois?*

On doit toujours mettre un tiret (-) entre le mot-verbe et le substantif-*pronom*, tel que : *je, tu, il, nous*, etc., etc ; *moi, toi*, etc. ; *ce, on*, etc., qui est placé après le verbe.

(1) Remarquer le point d'interrogation (?) qui termine ces phrases, et l'y mettre toujours.

Copier le singulier, — puis écrire une phrase analogue avec *tu* et le *pluriel*.

Ai-je un groseillier dans mon jardin?   a—?

Ne suis-je pas toujours indécis ?   n—?

Nota. On ne finit jamais par un s le mot de l'impératif (4ᵉ groupe) des verbes en *er* qui a rapport au mot *toi* (pour *tu*) sous-entendu.

79ᵉ **Dictée** ou **Copie**.

Dans ces dictées, comme dans les précédentes, mettre :

S. a. — S. a. ind. — S. r. — (ou S. *pron.*) sous chaque substantif (ou *pronom*).

Ma petite Camille, lorsque *tu* sortiras, *tu* auras soin d'emporter de la tapisserie, car je veux que *tu* travailles chez ta tante ; *tu* ne dois plus, à ton âge, passer la journée dans l'oisiveté. Maintenant que *tu* sais lire, que *tu* commences à écrire assez bien, que *tu* étudies l'orthographe et le calcul, *tu* éprouverais de l'ennui si *tu* restais inoccupée ; et puis voudrais-*tu* être confondue avec les tout (*inv.*) petits enfants qui ne savent rien faire, et ne sais-*tu* pas que c'est le bon Dieu lui-même qui a imposé, aux enfants comme aux hommes, l'obligation du travail ?

80ᵉ Dictée ou **Copie**. — Une dame dit un jour à un petit écolier : Mon cher Antoine, puisque *tu* travailles avec zèle et que *tu* as obtenu deux prix, *tu* mérites une récompense : *tu* aimes les animaux, choisis parmi mes oiseaux celui que *tu* voudras ; ou bien préfères-*tu* les chiens ? je te donnerai un des petits de Médor. — Antoine, d'un caractère indécis, réfléchit assez longtemps, enfin il dit : Madame,… mais,… je voudrais bien avoir… l'oiseau… et le chien. — Tous les deux ? dit la dame, cela serait beaucoup ; *tu* ne pourrais pas bien soigner ces deux animaux, attendons à demain, peut-être alors sauras-*tu* ce que *tu* préfères.

81ᵉ Dictée ou **Copie** (*suite*). — Le lendemain matin la bonne dame dit à l'indécis Antoine : Eh bien ! es-*tu* décidé maintenant? — L'enfant répondit : Oui, madame, je voudrais… un oiseau. — Comment ne préfères-*tu* pas un de ces petits chiens si beaux, si gais, et si vifs, Diamant, par exem-

ple? Ignores-*tu* combien *tu* t'amuserais en jouant avec lui
et ne sais-*tu* pas que les oiseaux sont presque dépourvus d'instinct, tandis qu'un chien connaît et aime son maître? — Oh!
si,... mais,... alors,... peut-être,... balbutia l'enfant.....

82ᵉ Dictée ou Copie (*fin*). — La dame sourit, et répliqua à Antoine : *Tu* me montres par tes hésitations que *tu*
n'es pas suffisamment décidé : réfléchis de nouveau, et demain *tu* viendras me dire enfin quel animal *tu* préfères :
entends-*tu*, demain ! — Cependant trois jours s'écoulèrent
et l'enfant n'était pas encore fixé; alors la bonne dame lui dit:
Tu restes si longtemps indécis entre un oiseau et un chien
que je te les donnerai tous les deux; mais je te gâte, vois-*tu*,
en agissant ainsi; et — si *tu* aspires à réussir dans ce que *tu*
entreprendras , *tu* dois t'habituer à prendre des décisions
promptes, quoique réfléchies.

83ᵉ Dictée ou Copie. — Qu'as-*tu* donc, César, pour
être si rouge? demanda M. de Saint-Clair à son fils, qui arri-
vait à lui en courant. — Si *tu* savais, mon papa, combien
Jacqueline est impertinente! lui répondit César. Croirais-*tu*
qu'en passant près de moi, dans le parc, elle a eu l'insolence
de me dire : Bonjour, mon petit ami ! — Et que vois-*tu* donc
là de si malhonnête? répliqua le père. — Comment, papa, *tu*
ne trouves pas cela bien impertinent? Moi, le fils d'un brave
général, je serais l'ami d'une servante de basse-cour? Aussi,
je n'ai pas même mis la main à ma casquette; j'ai regardé
Jacqueline en face, et je ne lui ai pas dit un seul mot; j'étais
trop en colère.

84ᵉ Dictée ou Copie (*suite*). — Mon fils, dit M. de
Saint-Clair, *tu* as commis plusieurs fautes graves dont *tu*
devras demander pardon au bon Dieu : d'abord pourquoi
t'es-*tu* abandonné à la colère? la colère est un péché; —
ensuite pourquoi n'as-*tu* pas répondu à l'honnêteté que cette
pauvre femme te faisait à sa manière, et as-*tu* cherché à l'humilier? ne sais-*tu* pas qu'un salut en vaut toujours un autre,
et que tous les hommes sont égaux aux yeux de Dieu?—enfin,

c'est envers une femme que *tu* as été grossier; et c'est ce qu'un homme bien né ne doit jamais se permettre. Quand *tu* étudieras l'histoire de France, *tu* apprendras que le grand roi Louis XIV ne passait jamais devant une femme, même de service, sans porter la main à son chapeau.

85° Dictée ou Copie.—André, *tu* vas écrire aujourd'hui sous la dictée une petite fable où *tu* trouveras un exemple très-frappant de vanité et de sottise; *tu* riras de l'importance que se donnent parfois les êtres les plus inutiles de la création. **Es-***tu* prêt? as-*tu* ton cahier? Bien!

La Fourmi (*Fable*).

Sur les cornes d'un bœuf revenant du labeur
    Une fourmi s'était nichée :
    — D'où viens-*tu*? lui cria sa sœur,
    Et que fais-*tu* si haut perchée?
    — D'où je viens! dois-*tu* l'ignorer?
    Hé, nous venons de labourer.   (Imité de *Villers*.)

86° Dictée ou Copie.

    Pâle lampe du sanctuaire,
    Pourquoi dans l'ombre du saint lieu...
    Te consumes-*tu* devant Dieu ?...

    Et c'est ainsi, dis-je à mon âme,
    Que de l'ombre de ce bas lieu
    Tu brûles, invisible flamme,
    En la présence de ton Dieu;
    Et jamais, jamais, *tu* n'oublies
    De diriger vers lui mon cœur...
    Quel que soit le vent, *tu* regardes
    Ce pôle, (*Dieu*) objet de tous tes vœux,
    Et, comme un nuage, *tu* gardes
    Toujours ton côté lumineux.....
    Et quand sous l'œil qui te contemple,
    O mon âme, *tu* t'éteindras....
    Tu brilleras de sa lumière. (Imité de *Lamartine*.)

Désormais dans les thèmes, nous remplacerons par un chiffre le son qui fait le sujet de la difficulté ; — nous indiquerons au haut de chaque page quel est le son que le chiffre représente : — l'élève devra toujours recourir à cette indication ; et remplacer le chiffre du thème par la lettre ou les lettres que la règle indique.

14ᵉ LEÇON. — DU VERBE AJOUTÉ A *VOUS.*

Faire conjuguer ... scier, s'engouer, se récréer ;
— puis faire étudier dans ÉLÉMENTS, etc., du nº 142 au nº 147.

PHRASE-TYPE. *Vous* aimer**ez** *le Seigneur votre Dieu de tout votre cœur.*

RÈGLE XIIIᵉ Le mot-verbe ajouté au substantif, *ou pronom,* **VOUS finit toujours par EZ, quand il se termine par le son de l'É** (*é fermé*).

58ᵉ Thème.

1º Copier *vous* et le commencement du verbe ; — 2º remplacer le chiffre 5 par *ez* ; — 3º mettre au pluriel les substantifs et les adjectifs, après les avoir écrits au singulier.

Le nº 5 représente le son *é* (qui doit ici s'écrire par *ez*).

1 Vous ne *manger*-5 qu'un seul petit pois, *ou plutôt :*   que deux p—.
2 Si... vous *pèseri*-5 avec le nouveau poids,   avec l —.
  Si... vous vous *guériri*-5 bien sans ce grand emplâtre de poix,   sans c—.
3 Vous *entend*-5 chanter son coq bruyant ?   ses c—?
  Quoi ! vous *mord*-5 dans cette coque verte !   dans c—!

59ᵉ Thème.

5 Vous *soigni*-5 trop peu votre rhume,   vos r—.
  Vous *lii*-5 sa grosse botte d'asperges,   s—g—.
6 *Il faut que* vous *dénoui*-5 ce lacet, Aglaé,   c—l—
  Il faut que vous *ay*-5 ici une bibliothèque,   deux b—.
8 *Il faudrait que* vous *prononçassi*-5 votre discours sans hésiter (1), et que vous ne vous *embarrassassi*-5 de rien,   v—d—.

---

(1) L'infinitif du verbe conserve toujours la même orthographe.

N° 5, son *é*. —— N° 8, *e (e muet)*.

PHRASE-TYPE. *Éliacin, vous avez su me plaire;*
Vous n'êtes point sans doute un enfant ordinaire.

RÈGLE XIVe. **Le mot-verbe ajouté au substan-**
tif, *ou pronom,* **VOUS doit finir par ES** (*au lieu de*
EZ) **quand il se termine par le son E** (e *muet*).

60e Thème.

A faire comme les deux thèmes précédents, en y remplaçant le chiffre 8 par *es*
(comme on remplace le chiffre 5 par *ez*).

7 Vous *couronnât*-8 un zélé lauréat, *ou plutôt* .	cinq zé—.
Vous me *dictât*-8 hier un mot latin,	quatre m—.
Vous *guérît*-8 un affreux mal de dents,	d'a—m—.
Vous *fait*-8 une trop vilaine grimace,	d—t—v—.
Vous *sût*-8 obtenir (1) son désaveu formel,	s—d—.
Vous *obtînt*-8 hier un fort beau prix,	d—f—.

61e Thème.

Vous *fît*-8 une bonne lieue ensemble *(inv.)*, *ou plutôt* :	deux b—.
Vous *vînt*-8 vous reposer (1) dans un lieu sûr,	dans d—l—.
Il faudrait que vous ne *fronçassi*-5 pas le sourcil,	l—s—.
Vous *gravît*-8 le coteau septentrional,	l—c—.
Vous me *dir*-5 le titre du nouveau ballet-pantomime,	l—t—.
Vous *balayât*-8 avec un balai neuf,	d—b—.

62e Thème.

Vous me *dédommager*-5 de toute ma peine,	de t—m—.
Vous me *posât*-8 un pêne tout rouillé,	d—p—.
Vous *fer*-5 un régal (*V.* 2e *exc.*, p. 21) excellent,	d—r—.
Quel beau cristal vous nous *montr*-5, Guillaume !	q—b—!
Vous *parcourût*-8 un véritable labyrinthe,	d—v—.
Quel surprenant pygmée vous *visitât*-8 !	q—s—!

63e Thème.

Grenadier, vous *obtînt*-8 la plus forte paye,	l—plus f—.
Vous *signer*-5 demain le traité de paix,	l—t—.
Ma chère bru, vous *fer*-5 votre total général,	m—ch—.

(1) L'infinitif du verbe conserve toujours la même orthographe.

3

N° 5, son *é*. —— N° 8, *e* (*e* muet).

Vous *conservât*-8 ce joli caillou (*V.* 3ᵉ *exc.*, p. 27),   c—j—c—.
Suppose-t-on que vous *ay*-5 un catarrhe, ou que   d—c—?
vous *soy*-5 simplement enrhumé?

87ᵉ Dictée ou Copie.

Dans toutes les dictées de cette quatorzième leçon, unir par un trait de conduite le
verbe au substantif (ou au *pronom*) auquel il est ajouté : (ainsi, conduire un trait
du verbe *es* au pronom *tu* auquel le verbe *es* est ajouté ; — conduire un autre
trait du verbe *as* au pronom *tu*, etc., etc.)

Tu es mal portante aujourd'hui, Radegonde, parce que tu
as été gourmande hier; tu souffres la peine de ta désobéissance,
ainsi tu dois te résigner : — pour vous, mes enfants, quoique
vous eussiez une grande envie de manger toutes vos pralines,
vos marrons glacés, etc., *vous* avez su résister à la tentation,
vous vous êtes montrés soumis; aussi *vous* vous portez
bien : *vous* viendrez avec moi au Jardin-des-Plantes ; et *vous*
y mangerez des plaisirs, pendant que la gourmande boira de
la tisane.

88ᵉ **Dictée** ou **Copie.** — Que me dit-on de vous,
Ivan? Quoi ! *vous* vous amusâtes à gauler mes noix, *vous*
en abattîtes un grand nombre sans ma permission, *vous*
remplîtes mon salon des débris de leurs écales, et de toutes
leurs coquilles, lorsque *vous* cherchâtes à vous faire des
balances ; enfin *vous* osâtes vous enfermer sous les verrous
pour faire toutes ces sottises, et après cela *vous* vîntes
m'aborder d'un air satisfait? *Vous* méritez une punition
très-sévère. *Vous* ne sortirez pas avec moi pendant quatre
jours.

89ᵉ **Dictée** ou **Copie.** — Berthe, Georgina, *vous* écri-
rez aujourd'hui, avec votre cousin Timothée, une des extravagances de ce don Quichotte, qui, *vous* le savez, prenait des
moulins pour des géants. Ce fou, voyageant pendant la nuit,
aperçut à la lueur de leurs flambeaux une vingtaine de grandes

figures blanches ; il les prit pour des spectres, des fantômes, et dit à Sancho, son écuyer : Tu vas voir si ton maître a du courage. Alors il s'avança vers les prétendus fantômes, et leur cria d'une voix forte et sonore : Arrêtez, qui que *vous* soyez ! Je veux que *vous* me disiez qui *vous* êtes, et pourquoi *vous* voyagez à cette heure !...

90ᵉ Dictée ou Copie (*fin*). — Don Quichotte cria donc aux voyageurs : Je veux que *vous* me disiez qui *vous* êtes, d'où *vous* venez, où *vous* allez, quels lieux *vous* traversâtes avant d'arriver jusqu'ici ; je veux savoir aussi qui *vous* conduisez dans cette litière ; et si *vous* ne me le dites pas, **je vous** FERAI (H) bien voir qui je suis, **je vous** PASSERAI tous au fil de mon épée. — Or, ceux que don Quichotte prenait pour des spectres étaient des religieux qui portaient en terre le corps d'un noble défunt.

SUPPLÉMENT

Sur la remarque placée dans la note H.

91ᵉ Dictée ou Copie. — Clémence et Geneviève, si vous finissez promptement votre dictée, **je** vous promènerai (H) aux Tuileries, où vous vous amuserez beaucoup, j'en suis sûre, car **je** vous y réunirai à Jeanne et à Betsy : — ou, si vous le préférez, **je** vous mènerai voir le nain Tom Pouce, ce petit pygmée si extraordinaire ; ou bien **je** vous ferai connaître le géant espagnol : enfin, **je** vous conduirai partout où vous voudrez, si vous êtes prêtes de bonne heure ; mais il faut que vous ayez fini vos devoirs.

92ᵉ Dictée ou Copie. — Le prophète Ézéchiel annonça en ces mots les miséricordes du Seigneur aux Israélites captifs : Voici ce que dit notre Dieu : **Je** vous tirerai du milieu des nations, **je** vous rassemblerai de tous les pays, et **je** vous

(H) PHRASE-TYPE. *Je vous* enseignerAI *les pâtis les plus gras.*
Le mot-verbe placé après *je vous* est toujours ajouté à *je* (jamais à *vous*).

ramène**rai** dans votre terre, si vous invoquez mon nom. Je
vous purifie**rai** de toutes vos souillures, **je** vous ôte**rai** votre
cœur de pierre, et **je** vous donne**rai** un cœur de chair; **je**
vous fe**rai** marcher selon mes commandements... Vous serez
mon peuple, et je serai votre Dieu.

15ᵉ LEÇON. — **DU VERBE AJOUTÉ A** *NOUS.*

Faire conjuguer : *clouer, s'évertuer, agréer*, etc.;
— faire étudier dans : ÉLÉMENTS, etc., les nᵒˢ 166, 167, — puis de 148 à 150,
— enfin faire copier le verbe *ranger*, p. 54 de ÉLÉMENTS, etc.

PHRASE-TYPE. *Nous vous voiture***rons** *par l'air en Amérique.*

RÈGLE XVᵉ. **Le mot-verbe ajouté au substantif,** *ou pronom,* **NOUS finit généralement par ONS.**

64ᵉ Thème.

Comme dans les précédents : 1° copier *nous* et le commencement du verbe; — 2° remplacer le chiffre 18 par *ons* ; — 3° mettre au pluriel les substantifs et les adjectifs, après les avoir écrits au singulier.

1 Nous *manger*-18 un bigarreau, écrivez : Nous mangerons un bigarreau, *ou plutôt :* douze b—.
Nous *ressentir*-18 un grand cahot dans cette ornière, d—.
2 Nous *débrouilleri*-18 un chaos épouvantable, d—.
Si... nous *mépriseri*-18 tout ce vain appareil, t—.
3 Nous *buv*-18 du vin exquis, des v—.
Nous *récré*-18 notre petit neveu Rodolphe, n—.

65ᵉ Thème.

5 Ce matin nous *plii*-18 le genou (3ᵉ *exc.*, p. 27), *ou :* les g—.
Nous *guérissi*-18 l'asthme de ce vieillard, l—.
6 *Il faut que* nous *obéissi*-18 à notre grand'tante, à n—.
Il faut que nous nous *réfugii*-18 sous cette tente, sous c—.
On ne veut pas que nous *ay*-18 ce joli fusil, c—.
Il faudrait que nous *employassi*-18 ce gaz, c—.

Le n° 8 représente l'*e* muet (qui doit ici se peindre par *es*).
Le n° 18 représente le son nasal *on* (qui doit ici s'écrire par *ons*).

PHRASE-TYPE. *Nous quittâmes à regret le rivage, nous nous embrassâmes.*

RÈGLE XVIᵉ. Le mot-verbe ajouté au substantif, *ou pronom,* **NOUS doit finir par ES** (*au lieu de* **ONS**) **quand il se termine par le son E** (*par l'e muet*).

66ᵉ Thème.

A faire comme les deux précédents, en y remplaçant le chiffre 8 par *es* (comme on remplace le chiffre 18 par *ons*).

7 Nous *triomphâm*-8 (1) de notre rival, écrivez : nous triomphâmes de notre rival, ou *plutôt* :   de nos r—.
Nous *prîm*-8 un oiseau fauve,   des oi—.
Nous *visitâm*-8 votre musée national,   v—.
Nous *obtînm*-8 son dernier mot,   s—.
Nous *somm*-8 accablés d'un mal affreux,   d—.
Nous *courûm*-8 vers ce soupirail (4ᵉ *exc.*, p. 27),   vers c—.

67ᵉ Thème.

Nous *naviguâm*-8 sur ce nouveau canal,   sur c—.
Nous *achèter*-18 votre petit canot vert,   v—.
Nous *aperçûm*-8 une louve et son louveteau,   d—.
Nous *parvînm*-8 enfin à ce plateau élevé,   à c—.
Nous *sentîm*-8 hier l'aiguillon d'une abeille,   l— ai—.
Quelle pêche succulente nous *mange*-18 !   q—!

68ᵉ Thème.

Nous *regard*-18 toujours avec plaisir un front calme et serein,   *ou plutôt* : des f—c—.
Nous *entendîm*-8 hier le chant harmonieux d'un rossignol, et celui d'un joli petit serin vert,   les ch—.
Nous nous *promenâm*-8 avec ma sœur Félicité dans ce champ tout émaillé de fleurs,   dans c—.
Nous *avi*-18 campos tout le Dimanche,   t—.

---

(1) Ne pas oublier l'accent circonflexe dans les terminaisons *âmes, îmes, ûmes, înmes,* — (*âtes, îtes, ûtes, întes*).

Nº 8, e (e muet), — Nº 18, son on.

60ᵉ Thème.

À faire comme les précédents.

Il faut que nous voyi-48 le maréchal,   l—.
Nous entonnâm-8 un chœur, et nous fûm-8 applaudis,   des ch-.
Maintenant nous ri-48 de son ingénuité, comme nous   de s-.
      rii-48 hier de son mot favori,
Il faut que nous peigni-48 ce géranium tricolore,   n—.
Nous croyi-48 ce matin pouvoir visiter tout le sérail,   t—.

93ᵉ Dictée ou Copie.

Dans toutes les dictées de cette quinzième leçon, unir par un trait chaque verbe au substantif, ou au pronom, auquel il est ajouté.

Lorsque *nous* trouvons dans une plaine une belle maison avec des appartements commodes et somptueux, *nous* disons : Des hommes sont venus ici bâtir et orner cette maison. — Quand *nous* voyons une pendule, *nous* disons : Un horloger l'a faite : hé bien, en regardant les cieux et les étoiles, le soleil si brillant et la terre si richement parée, *nous* devons dire aussi : C'est le bon Dieu qui a créé tout cela, jamais les hommes ne pourraient faire d'aussi belles choses.

94ᵉ Dictée ou Copie. — C'est le bon Dieu qui a créé toutes les choses que *nous* voyons : le ciel et tous les astres; la terre avec tous les arbres, toutes les plantes, toutes les herbes; les eaux et tous les poissons, et tous les coquillages; l'air et tous les oiseaux; tous les animaux, enfin; mais par-dessus tout il a créé l'homme, son œuvre de prédilection : *nous* ne pouvons pas voir le bon Dieu, mais *nous* devons reconnaître sa puissance, *nous* devons admirer sa bonté; *nous* devons lui témoigner notre reconnaissance, l'adorer, l'aimer, et lui obéir en tout.

95ᵉ Dictée ou Copie. — *Nous* vous attendons impatiemment à Saint-Cloud, ma chère Paule : *nous* nous amuserons beaucoup ensemble, *nous* ferons de longues promenades, *nous* irons à âne, puis *nous* nous promène-rons en bateau sur la Seine;— mais, je vous l'avouerai, ma-man exige que Léontine et moi *nous* employions utilement quelques heures : ainsi *nous* lirons ou *nous* coudrons, *nous* étudierons la géographie ou *nous* calculerons, *nous* ferons une dictée ou *nous* dessinerons un peu chaque jour; — mais notre tâche finie *nous* jouerons et *nous* nous ré-créerons tout à loisir.

96e Dictée ou **Copie**. — *Nous* lisons dans la Bible que les Israélites, parvenus dans les déserts de l'Arabie, après avoir traversé la Mer-Rouge, murmurèrent tous en ces termes contre Moïse et Aaron : Plût à Dieu que *nous* fussions morts dans l'Égypte, lorsque *nous* étions assis près de marmites remplies de viandes succulentes, et que *nous* mangions du pain tant que *nous* en voulions !... Ils eussent volontiers dit encore : *Nous* ne savons pas pourquoi vous nous avez ame-nés dans les lieux où *nous* sommes, nous... — Mais le Sei-gneur fit pleuvoir la manne du ciel, alors ils se turent.

97e Dictée ou **Copie**. — Ma gentille Emma, te sou-viens-tu du péril affreux où Robinson se trouva lorsqu'il était tout près de revoir sa patrie? et toi, René, te le rappelles-tu ? Vous l'avez oublié ? hé bien je vous le redirai encore : Robin-son le raconte ainsi : Vendredi et moi *nous* revenions de mon île déserte, déjà *nous* avions abordé sur le continent, déjà *nous* touchions à la France, nous et douze compagnons de voyage que *nous* avions recueillis en route, lorsqu'au mo-ment où *nous* traversions les Pyrénées *nous* vîmes paraî-tre en même temps trois troupes de loups : le jour tombait, *nous* fûmes saisis de frayeur, et *nous* jugeâmes à propos de fuir aussi vite que *nous* le pouvions; heureusement *nous* découvrîmes un défilé et *nous* nous y précipitâmes.

98e Dictée ou **Copie**. — Hier encore *nous* écrivîmes de la prose, je vous dicterai aujourd'hui quelques vers : y sommes-*nous*

Le n° 5 représente le son é (l'é fermé). — Le n° 8 représente e (ou l'e muet).
Le n° 18 représente le son nasal on.

Deux enfants presque nus, et pâles de souffrance,
Appelaient des passants la sourde indifférence :
« Nous voici deux enfants, *nous* n'av**ons** plus de mère ;
Elle mourut hier en nous donnant son pain ;
      Elle dort où dort notre père.
Venez, *nous* av**ons** froid, *nous* expir**ons** de faim.
L'étranger nous a dit : Allez, j'ai ma famille ;
      Est-ce vous que je dois nourrir ?
      Nous av**ons** vu pleurer sa fille,
      Et pourtant *nous* all**ons** mourir ! »... (*Belmontet.*)

16e LEÇON. — DU VERBE AJOUTÉ A *VOUS*, ET A *NOUS*.
(SUITE.)

Faire conjuguer. — en imitant le verbe-modèle *ranger* : — *manger, vendanger, se
purger, forger*, etc.:
— puis faire étudier dans : ÉLÉMENTS, etc., les n°ˢ de 151 à 154.

70e Thème.

1° Copier tout ce qui est écrit ; — 2° remplacer les chiffres par les lettres exigées ;
— 3° mettre au pluriel les substantifs et les adjectifs, après les avoir écrits au
singulier.

Néglig-5 (1) ce détail trivial, écrivez : négligez ce...
                            ou plutôt : ces d—.
Ten-5-vous debout ! — *Regard*-5 ce vieux créneau,   c—.
Song-5 à payer le tribut qui vous est imposé,   l—.
Arabes, *apparten*-5-vous tous à la même tribu?   aux m—?
Sign-5 sans hésiter votre nouveau bail (V. 4e exc., p. 27),   v—.
Racont-5-nous ingénument cette aventure,   c—.

71e Thème.

Dit-S (1)-nous maintenant ce conte si merveilleux,   c—.
Nous *présentât*-S (1)-vous un compte bien exact?   d—?
N'*outrageât*-S-vous pas le puissant comte de F***?   l—?

---

(1) PHRASE-TYPE. Regard**EZ** bien, ma sœur. — Est-ce assez, dit**ES**-moi ?
Le mot-verbe ajouté au substantif, ou pronom, *vous* finit toujours par *ez*, ou
es, et lorsque le mot *vous* n'est exprimé qu'après le verbe, — et lors même que le
mot *vous* est sous-entendu.

N° 5, son *é*. —— N° 8, *c* (*e* muet). —— N° 18, son *ou*.

A faire comme les thèmes précédents.

Où *transportât*-8-vous le corps de cette énorme baleine? de c—?
Hier *entendit*-8-vous un cor dans la plaine? des c—?
Vit-8-vous jamais une face plus pleine? d—?

72ᵉ Thème.

Saluer-18 (J)-nous ce fou ridicule? écrivez saluerons-
    nous ce... *ou plutôt :* ces f—?
N'*écras*-18-nous pas ici un joli scarabée? d—?
Encage-18 ensemble ce serin jaune, ce cardinal rouge, c—.
    ce perroquet vert, et cette perruche grise,
Fuy-18 constamment l'homme impie, l—.
Ne *néglige*-18 pas de fermer cet éventail (4ᵉ *exc.* p. 27), c—.

73ᵉ Thème.

Rangeâm-8 (J)-nous hier ce petit album? c—?
Somm-8 (J)-nous admis auprès du pieux ermite? auprès d—?
Ne *vîm*-8-nous pas déjà un semblable mausolée? d—?
Ne *convînm*-8-nous pas de ce prix? d—?
Ne *dérangeâm*-8-nous pas notre commensal? n—?
Reçûm-8-nous hier ce joujou (3ᵉ *exc.*, p. 27)? c—?

74ᵉ Thème.

Vendangeâm-8-nous aussitôt l'automne dernier? l—?
N'*apprendr*-18-nous pas ce chant mélodieux? c—?
Ensemencer-18-nous bientôt notre champ? n—?
Songe-18 à notre travail (*V.* 4ᵉ *exc.* p. 27), à n—.
Quoi! *désobligeâm*-8-nous sa charmante bru? s—?
Appuy-18-nous contre la paroi de ce mur, contre l—.

75ᵉ Thème.

Reçût-8-vous hier son dernier adieu? s—?
Que ne *retînm*-8-nous hier notre grand' mère? nos gr. m—?
Jet-5 dans le ruisseau ce plein seau d'eau, c—.

(J) PHRASE-TYPE. ArrachONS (dîmES-nous), déchirONS *tous ces vains ornements*
— *Qui parent notre tête.*

Le mot-verbe ajouté au substantif, ou *pronom*, *nous* finit toujours par *ons*, ou
par *es*, et lorsque le mot *nous* n'est exprimé qu'après le verbe, — et lors même
que le mot *nous* est sous-entendu.

N° 5, son é. — N° 8, e (e muet). — N° 18, son on.

A faire comme les thèmes précédents. — Voir au 70°.

Hier, *fîm*-8-nous un aussi grand saut ?   d—?
Corrigeât-8-vous ce petit sot, ce vaurien ?   c—?
Appos-5 sur son brevet le sceau royal,   sur s—.

99ᵉ Dictée ou Copie.

Dans les dictées de cette seizième leçon, unir par un trait chaque verbe au substantif, ou au *pronom*, auquel il est ajouté; et rétablir entre parenthèse le substantif, ou le *pronom*, quand il est sous-entendu :

Louise, Hélène, Eugénie, Mathilde, quittez vos plumes et vos devoirs, serrez vos ciseaux et vos aiguilles, venez vous asseoir près de moi, et je vous conterai une jolie fable : écoutez : « Deux beaux pigeons vivaient ensemble dans un magnifique... » On sonne ! recommencez vos travaux accoutumés, reprenez vos cahiers, vos livres et vos ourlets; faites avec soin vos verbes et vos analyses : lorsque nous serons seules, vous me les montrerez, je vous les corrigerai, et puis je vous finirai ma fable.

100ᵉ Dictée ou Copie. — A quoi vous occupez-*vous*,

Albert et Clovis ? Vous ne faites pas de bruit, vous ne dites rien, vous ricanez en dessous, vous étouffez... Feriez-*vous* quelque malice ? — Mais qu'avez-*vous*, mon petit Irénée ? vous ne jouez pas, vous êtes sérieux... Mes fils, taquineriez-*vous* ce pauvre enfant que vous engageâtes à venir ici ? ce serait mal, fort mal, comprenez-le bien. Soyez aimables comme vous le fûtes Jeudi, amusez Irénée; êtes-*vous* donc de petits sauvages, dites-le-moi, pour vous montrer aussi inhospitaliers ?

101ᵉ Dictée ou Copie. — Les fils et les petits-fils de

Noé étant descendus dans le pays de Sennaar, se dirent : Venez, faisons des briques, cuisons-les au feu... construisons-nous une ville, élevons une tour qui monte jusqu'au ciel; rendons notre nom célèbre avant que nous nous dispersions par toute la terre. Or le Seigneur, irrité de ce dessein plein d'orgueil, dit : « Descendons en ce lieu, et confondons-y tellement leur langage qu'ils ne s'entendent plus les uns les autres. » — Les fils de Noé se répandant par toutes les régions du monde devinrent ainsi les pères de tous les peuples : des septentrionaux comme des méridionaux, des orientaux aussi bien que des occidentaux.

102ᵉ Dictée ou **Copie.** — Venez, Wilhelmine, écrivons un joli conte, et tâchons de ne pas faire de fautes. Il y avait autrefois une pauvre reine si vieille, si vieille, qu'elle n'avait plus de dents, plus de cheveux, que sa tête branlait comme les feuilles des arbres, et que le bout de son nez et celui de son menton se touchaient presque ; or, écoutez bien. Un jour que cette reine se lamentait d'avoir cent ans, une bonne fée s'approcha et lui dit : « Pourquoi pleurez-*vous*, madame ? Voudriez-*vous* rajeunir ? — Oui, volontiers, fit la reine. — Hé bien, je vous dirai ce qu'il faut faire. »

103ᵉ Dictée ou **Copie** (*suite*). — La fée dit : « Vous voulez rajeunir, faites chercher quelque femme qui consente à vous donner sa jeunesse et à prendre vos cent ans ; promettez une forte récompense, et vous trouverez quelque personne de bonne volonté. Cherchez de votre côté, moi je vous aiderai, je chercherai du mien : mais arrangeons-nous toutes les deux pour trouver promptement. » Le lendemain l'avis suivant était placardé sur tous les murs : « Mes enfants, seriez-*vous* contents d'être riches, riches, venez me demander ce qu'il faut faire.   MOI, VOTRE REINE. »

104ᵉ Dictée ou **Copie** (*suite*). — Beaucoup d'ambitieux accoururent à l'appel de leur reine, mais en apprenant à quelle condition ils obtiendraient la richesse ils s'enfuirent au plus vite. Enfin, une jeune et belle villageoise nommée Péronnelle dit à la vieille : — Grande reine, changeons ; donnez moi votre couronne, et je vous donnerai ma jeunesse et ma santé. — Tu me demandes beaucoup trop, répondit la vieille, parta-

geons ; tu auras bien assez de la moitié de mon royaume.—
Non, reprit Péronnelle, donnez-le-moi tout entier, ou gardez
vos cent ans... Voyons, à quoi vous décidez-vous ? — Mais,
mes enfants, il se fait tard, cessons ; je vous finirai ce conte
un autre jour.

105ᵉ Dictée ou Copie. — Venez, Lucien et Philippine,
je vous dicterai des vers de Racine et de M. de Fontanes;
commençons :

> Arrachons, déchirons tous ces vains ornements
> Qui parent notre tête ;
> Revêtons-nous d'habillements
> Conformes à l'horrible fête
> Que l'impie Aman nous apprête.   (*Racine.*)

Quel est ce jeune enfant qui flotte sur les eaux ?
C'est lui qui des Hébreux finira l'esclavage.
Fille des Pharaons, courez sur le rivage,
Préparez un abri loin d'un père cruel
A ce berceau chargé des destins d'Israël.   (*De Fontanes.*)

Dites-moi le nom de ce jeune enfant : --- y êtes-vous ?

106ᵉ Dictée ou Copie. --- Écrivez encore aujourd'hui
des vers, ma Gabrielle.

> Voici venir, mes sœurs, le dernier mois d'automne :
> Un beau jour, maintenant, est rare et passager ;
> Le pauvre, demi-nu, des premiers froids s'étonne,
> Travaillons pour le soulager...
> Appliquons-nous, mes sœurs : faisons de beaux ouvrages
> Que les pauvres vendront aux riches de Paris ;
> Nous, à Dieu seulement demandons-en le prix,
> Sans rechercher d'autres suffrages...
> Donnons, mais sans éclat, et même avec mystère.

Comprenez-vous bien ces jolis vers de M. Guiraud ?

17ᵉ LEÇON. — DU VERBE AJOUTÉ A *ILS*, ET A *ELLES*.

Faire conjuguer : *juger, supplier, prolonger, s'insurger* ;
— puis faire étudier dans : ÉLÉMENTS, etc., les nᵒˢ de 155 à 160.

PHRASE-TYPE. *Considérez les oiseaux du ciel ; ils ne sèment point, ils ne moisonnent point...*

RÈGLE XVIIᵉ. **Le mot-verbe ajouté au substantif,** *ou pronom,* **pluriel ILS, ou ELLES, finit toujours par NT.**

76ᵉ Thème.

Copier la phrase ici donnée ; — puis l'écrire au pluriel, en changeant *il ou on* en *ils* ; — *elle* en *elles,* etc.

3 Il parle à son beau-père, *ou plutôt :*   ils parlent à
   leurs beaux-pères,   (A imiter.)
   Elle cueille un fort beau dahlia,   elles c—.
   On s'amuse, on chante en chœur une ronde, ils s'a—, ils ch—.
6 *Il faut* qu'elle puise un plein seau,   qu'elles p—d—.
   Il faudra qu'il récompense la vertu, qu'ils r—.
   On exige qu'il pêche un esturgeon, qu'ils p—.

77ᵉ Thème.

2 Il rirait de ce hideux orang-outang, ils riraient de c—.
                        (A imiter.)
   Elle achèterait un canezou neuf, elles a—.
   Elle cueillerait un bluet (*ou* bleuet), elles c—.
5 Il abattait un cyprès pyramidal, ils a—.
   Personne ne dénouait son lacs, elles ne d—.
   Il achevait son travail (4ᵉ *exc.*, p. 27), ils a—.

78ᵉ Thème.

4 Elle dansera un galop, elle courra, elles danseront des—.
                        (A imiter.)
   Il éprouvera dans cette voiture un rude cahot, ils é—.
   Qui débrouillera ce chaos ? elles d—.
7 Elle chanta un hymne pieux, elles chantèrent des—.
                        (A imiter.)
   Elle visa la cime du chêne le plus haut (*adj.*) ; elles v—.
   Chacun acheta une chaîne de montre, ils a—.

79ᵉ Thème.

7 Hier on atteignit l'ours pesant, ils atteignirent les—.
                    (A imiter.)

Copier la phrase. — l'écrire ensuite au pluriel, comme dans les thèmes précédents.

Quelqu'un recueillit le pauvre orphelin,	ils r—.
Hier il sut parfaitement sa leçon,	ils surent p—. (Imiter.)
Elle courut vers ma petite nièce,	elles c—.
On contint un jour les rebelles,	ils c—.
Personne ne vint regarder cette fourmi,	ils ne v— pas r—.

80e Thème.

8 *Voudrait-il qu'*on logeât ainsi un général ?	qu'ils logeassent d—? (A imiter.)
*On exigeait qu'*il excitât le lion,	qu'ils exc—.
*Il faudrait qu'*il gravit ce talus,	qu'ils gravissent c—. (A imiter.)
*Voudriez-vous qu'*on bût cette eau fétide?	qu'ils b—?
*On voulait qu'*elle obtînt un congé,	qu'elles o—.
*Voulait-on qu'*il prévînt son parent?	qu'ils p—?

81e Thème. (*Récapitulation.*)

Il crie, il demande du secours,	ils c—.
*Je veux qu'*on accomplisse cette bonne œuvre,	qu'ils a—,
On admirerait cette silhouette,	ils a—.
Elle accordera son luth,	elles a—.
Il soulagea son frère jumeau,	ils s—.
Chacun tut longtemps ce secret.	ils t—.

82e Thème.

(*Les mots des temps de verbes seront désormais présentés en désordre.*)

Elle détache une feuille de son cahier,	elles d—.
Qui dirigera bien son obus?	ils d—.
Elle convint naïvement de son tort,	elles c—.
*Pensait-on qu'*il saccageât sa maison?	qu'ils s—?
Chacun reçut un coup très-fort,	ils r—.
Elle cassait sa raquette neuve et son joujou,	elles c—.
(3e exc., page 27.)	

83e Thème.

On entendit un coucou dans le bois.	ils en—.
Chacun aiguise sa faux pour faucher,	ils ai—.
Elle étudiera une dynastie entière,	elles é—.
Qui disséqua cet animal amphibie?	ils d—.
Il obtint ce précieux émail (4e exc., page 27),	ils o—.
*Il faudrait qu'*on poursuivit un chacal (2e exc., page 24).	qu'ils p—.

84ᵉ Thème.

Copier la phrase, — puis l'écrire au pluriel.

Il regarde attentivement ce sphinx,	ils r—.
Il fallait qu'on découpât cet aloyau,	qu'ils d—.
Elle récrée sa petite sœur,	elles r—.
Je voudrais qu'on entendît crier le paon, la	qu'ils en—.
paonne et le paonneau ; qu'on s'aperçût que	
leur voix est aigre, et qu'on en convînt,	

107ᵉ Dictée ou Copie.

Dans toutes les dictées de cette dix-septième leçon, conduire un trait de plume du verbe au substantif, ou au pronom, auquel il est ajouté, — et mettre V. inf. sous chaque verbe à l'infinitif.

Quand les papas et les mamans sont contents de leurs petits enfants, *ils* inventent pour eux toutes sortes de divertissements et de jeux ; et puis *ils* invitent des petits garçons et des petites filles, *ils* mènent la bande joyeuse dans les champs, ou bien *ils* la promènent sur les boulevards, aux Champs-Élysées, au bois de Boulogne : les petits enfants sont bien heureux, *ils* admirent de riches équipages, *ils* voient des chevaux fringants et bien dressés ; — et quelquefois *ils* rapportent à la maison des joujoux (3ᵉ *exc.* ; p. 27), des bonbons, et d'excellents gâteaux.

108ᵉ Dictée ou **Copie.** — Vous voyez quelquefois aux Tuileries Nina et Chloé : oh ! que ces deux petites filles me déplaisent ! ne jouez jamais avec elles ; ce sont de petites sottes, et peut-être *elles* vous rendraient sottes aussi ; *elles* s'occupent toujours d'elles-mêmes ; *elles* parlent sans cesse de leur jolie figure, de leurs beaux cheveux, de leurs belles robes ; *elles* ennuient tout le monde : je vous le ferai remarquer la première fois que nous les rencontrerons.

109ᵉ Dictée ou **Copie** (*suite*). — Je vous entretiendrai encore de Nina et de Chloé : remarquez que lorsqu'*elles* cessent de parler de leur toilette, *elles* se mettent à discourir sur leurs études et leurs travaux ; qu'*elles* se vantent de leurs succès, qu'*elles* se louent, qu'*elles* s'admirent, que toujours *elles* cherche**nt** à se faire remarquer, et qu'*elles* veule**nt** fixer seules l'attention ; *elles* ne sero**nt** jamais que deux coquettes ou deux pédantes, si leurs parents ne les corrigent pas sévèrement.

110ᵉ Dictée ou **Copie** (*fin*). — Nina et Chloé d'ailleurs se montrent bien peu aimables pour leurs compagnes ; quand *elles* joue**nt** avec leurs petites amies, *elles* aime**nt** à choisir les jeux, *elles* veule**nt** être sans cesse les maîtresses : — chez leurs parents, *elles* traite**nt** les domestiques avec hauteur, *elles* les humilie**nt**, et *elles* leur parle**nt** avec aigreur et dureté ; *elles* n'écoute**nt** les avis de personne, car *elles* se croie**nt** assez sages pour se gouverner elles-mêmes : — fuyez-les comme la peste, mais prions tous le bon Dieu qu'il les rende plus raisonnables.

111ᵉ Dictée ou **Copie**. — Tu viens seule, Hélène ? Venez toutes, mes quatre petites amies, je vous dirai aujourd'hui cette fable que nous laissâmes inachevée il y a bien longtemps : — Deux beaux pigeons vivaient ensemble dans un colombier, *ils* fendaie**nt** l'air de leurs ailes, *ils* se jouaie**nt** en volant, *ils* allaie**nt** chercher du grain dans l'aire du fermier, ou bien *ils* voltigeaie**nt** dans la prairie, et *ils* se désaltéraie**nt** dans les ruisseaux qui coulaient au travers, puis *ils* revenaie**nt** remplir les petits trous de leur colombier.

112ᵉ Dictée ou **Copie** (*suite et fin*).— Un de nos deux pigeons se dégoûta pourtant de cette vie si douce, et résolut de voyager. Oh ! combien *ils* fure**nt** chagrins, ces deux amis, lorsqu'*ils* se séparère**nt** ! que de larmes *ils* répandire**nt** lorsqu'*ils* se fire**nt** leurs pénibles adieux ! combien *ils* se promire**nt** de s'écrire souvent ! Enfin, le pigeon inquiet et volage quitta son doux logis ; — mais, hélas ! un orage, un lacs, un enfant, une fronde ; des infortunes, des calamités sans nombre l'assaillirent : *elles* le ramenère**nt** au colombier, et il ne pensa plus jamais à quitter son ami.

113ᵉ Dictée ou **Copie**. — PAUL. Anica, qu'est-ce que

les Druides et les Druidesses, dont tu parlais ce matin avec Artus?

ANICA. Je vous l'expliquerai, à toi et à Mathilde, car je viens de l'apprendre. Les Druides étaient les prêtres des Gaulois, nos aïeux; *ils* ne connaissaient pas le bon Dieu, cependant *ils* cherchaient à rendre les hommes religieux, sages, justes et vaillants; *ils* enseignaient avant tout à leurs disciples ces trois principes fondamentaux : « Adorez les dieux, ne nuisez à personne, et soyez courageux. »

114ᵉ Dictée ou Copie (*suite*). — ANICA. Écoutez bien, Paul et Mathilde. Les Druides disaient : « Ne nuisez à personne, » cependant *ils* étaient quelquefois très-cruels : dans des forêts sombres et inaccessibles, *ils* immolaient des victimes humaines; ces victimes étaient des prisonniers qu'*ils* avaient faits à la guerre, ou des esclaves, ou même de pauvres petits enfants dont *ils* auraient dû être les protecteurs, et qu'*ils* égorgeaient sans pitié.

PAUL. Ah ! qu'*ils* étaient méchants !... Et les Druidesses?

ANICA. Une autre fois je vous parlerai d'elles; Mathilde bâille, elle s'ennuie, vois-tu. — Allons jouer.

115ᵉ Dictée ou Copie. — Jésus-Christ dit aux hommes qui s'inquiétaient de l'avenir : Considérez les oiseaux du ciel; *ils* ne sèment point, *ils* ne moissonnent point, *ils* n'amassent rien dans des greniers, mais votre père céleste les nourrit Ne valez-vous pas beaucoup mieux que les oiseaux?... Il leur dit encore : Voyez comment croissent les lis des champs : *ils* ne travaillent ni ne filent; et cependant Salomon même n'a jamais été aussi bien vêtu que l'un d'eux... Ne dites donc point : Que mangerons-nous? Que boirons-nous? De quoi nous vêtirons-nous? car votre père sait de quoi vous avez besoin.

116ᵉ Dictée ou Copie. (*Vers.*)

Un jour, deux pèlerins sur le sable rencontrent
Une huître que le flot y venait d'apporter;

Ils l'avalent des yeux, du doigt *ils* se la montrent. (*La Font.*)

Sur un pont voisin du collége,
A Saint-Lô, nombre d'écoliers
Faisaient, pendant les froids derniers,
Une grande femme de neige...
Je ne sais pas s'*ils* s'échauffaient,
Mais je suis sûr qu'*ils* s'amusaient.　　　(*Lemonnier.*)

18e LEÇON. — DU VERBE AJOUTÉ A *ILS*, A *ELLES* (SUITE), — ET A *ON*.

Faire conjuguer les verbes *ronger, guéer, fourrager, s'engager*, etc.;
— faire étudier dans ÉLÉMENTS, etc., les nᵒˢ 168, 169; puis de 161 à 165,
— et faire copier le verbe-modèle *se pincer*, page 55.

85e Thème.

Copier la phrase ici donnée, — l'écrire au pluriel comme dans la dix-septième
leçon, en mettant toujours pour sujet pluriel *ils* ou *elles*.

Lie-t-il bien cette gerbe?	lient-ils (к) b—?
Que demande-t-il? son arc?	que d—? l—?
Apprivoise-t-on l'hirondelle?	a— ils l—?
La fée n'avait-elle pas un char ailé?	les f—?
Se récréait-on bien dans ce parc?	s—?
Jouerait-il avec cet écureuil?	j—?

86e Thème.

Jenny achèvera-t-elle demain sa tâche?	achèveront-elles d—?
Cette tache disparaîtra-t-elle?	c—?
Se promènera-t-il sur le boulevard?	s—?
Dégorgea-t-on ce sale tuyau?	d—?
Le soldat blessé passa-t-il ce fleuve?	l—?
Explora-t-on cet hémisphère?	e—?

87e Thème.

Cuisit-elle ce chou (3e *exc.*, p. 27)?	cuisirent-elles c—?

(к) PHRASE-TYPE. *Et les lis des champs, comment* croisse**NT**-*ils* ?
Ils ne travaillent ni ne file**NT**.

Le verbe ajouté à *ils* ou *elles* finit toujours par *nt*, et lorsque le mot *ils*, ou *elles*,
n'est exprimé qu'après le verbe, — et lors même que le mot *ils*, ou *elles*, est sous-
entendu.

A faire comme les thèmes précédents. — Voir au 85°.

Votre mère reçut-elle toute sa ouate ?   v—?
Et la vieille sibylle, que devint-elle ?   et l—?
Votre bouchère n'a-t-elle qu'un étal ?   v—?
Rend-il au serrurier son étau ?   r—?
Ce grand portefeuille est-il commode ?   c—?

88° Thème.

Tire-t-il bien votre traîneau, ce renne ?   tirent-ils b—?
Endommageait-on ce joli camaïeu ?   en—?
Aura-t-elle bientôt fini son devoir ?   au—?
Avant-hier, aperçut-il ce sac plein ?   av—?
Cet enfant est déraisonnable, il pleure et (x., p. 74) c—?
    rit à la fois ; quand sera-t-il sage ?

89° Thème.

Quand il montera sur le noyer, le secouera-t-il ?   q—?
Secourra-t-elle le pauvre qu'elle rencontrera, et   s—?
    verra dans le dénûment ?
Ma sœur paie-t-elle au banquier l'enjeu qu'il   m—?
    lui réclame ?
Obtint-on le beau camée qu'on demandait ?   o—?

90° Thème.

Cultive-t-on ici le nopal (2° *exc.*, p. 21) ?   c—?
Quand cirera-t-on mon brodequin ?   q—?
Ma cousine est extraordinaire : elle me demande   m—?
    ce lézard, et crie quand elle le voit ; que dé-
    sire-t-elle donc ?
Ce juge n'interrogea-t-il pas le maréchal ?   c—?

91° Thème.

Sa migraine la fatigue-t-elle ?   s—?
Ce cristal ne se cassera-t-il pas facilement ?   c—?
Un franc, combien vaut-il de sous?   deux f—?
Notre tante nous montrera-t-elle cette après-   n—?
    dinée son élégante tente neuve ?
Où ce landau (*V.* 1re *exc.*, p. 18) va-t-il ?   où c—?

92° Thème.

Elle promet à son oncle d'être patiente et douce,   e—?
    et s'emporte dès qu'il la contrarie ; commet-
    tra-t-elle encore cette faute ?

A faire comme les thèmes précédents.

Etérnuerait-on chaque fois qu'on flairerait ce   é—?
bouquet et qu'on en respirerait l'odeur ?
Cette clématite, fleure-t-elle bon !   c—!

117ᵉ Dictée ou Copie.

Dans les dictées suivantes, unir toujours par un trait le verbe au substantif, ou au
 pronom, auquel il est ajouté; rétablir entre parenthèse ce substantif, ou ce
 pronom, lorsqu'il est sous-entendu; enfin mettre V. pl. sous les verbes qui sont
 au pluriel.

Pourquoi Pascal et Isidore ne reviennent-*ils* pas? à quoi
s'amusent-*ils*? ignorent-*ils* que nous les attendons pour
sortir? — Ma tante, si tu savais comme on s'amuse dans ton
parc! peut-être s'y balancent-*ils*? peut-être se promènent-
ils en bateau? peut-être tendent-*ils* des filets ou des gluaux,
et comment alors pourraient-*ils* ne pas oublier l'heure? —
C'est avec de bonnes intentions, Séverin, que tu prends la
défense de tes amis ; mais, tu dois le savoir, l'obéissance et la
ponctualité sont les premières qualités des enfants : aussi Pascal et Isidore sont-*ils* répréhensibles.

118ᵉ Dictée ou Copie. — NOÉMI. Maman, de quoi les
ours se nourrissent-*ils*? mangent-*ils* des animaux, ou vi-
vent-*ils* des plantes que la terre produit? Sont-*ils* féroces
comme les loups, sont-*ils* doux comme les brebis et les
agneaux ?

LA MAMAN. Ma bonne amie, les ours se nourrissent et de
chair et de végétaux, ils sont carnivores et herbivores.

NOÉMI. Mais enfin, que préfèrent-*ils*?

LA MAMAN. Les ours noirs et les ours bruns vivent princi-
palement de fruits et de racines, cependant lorsque la neige
couvre la terre, ils dévorent de la chair; aussi les naturalistes
les rangent-*ils* parmi les carnassiers.

119ᵉ Dictée ou Copie. — Maman, je m'ennuie, Augus-
tine et Solange viendront-*elles* aujourd'hui? — Je ne le pense
pas, que viendraient-*elles* faire ici? pourquoi s'exposeraient-
elles à ce que tu les négligeasses comme tu les as négligées

Jeudi? — Mais Jeudi j'avais ma cousine que j'aime beaucoup plus. — Tu as eu tort de le montrer à tes petites amies ; dis-moi, Anna, Clorinde et Pétronille qui ne t'ont pas dit un mot le jour où tu es venue avec moi chez madame Richard te semble**nt**-*elles* aimables ? te plaise**nt**-*elles ?* — Oh non, maman ; et je me suis fort ennuyée. — Hé bien, suis l'admirable précepte que le Seigneur nous a donné ; ne fais jamais à autrui ce que tu ne voudrais pas qui te fût fait.

120e Dictée ou **Copie.** — Séraphine, venez écouter un joli conte. Une princesse nommée Laidronnette ayant fait naufrage aborda dans un pays fort extraordinaire, appelé le royaume de Pagodie : aussitôt elle vit venir à elle une centaine de petites naines fort complaisantes : une d'elles la conduisit au bain ; là quelques naines chantèrent et jouèrent de divers instruments, et beaucoup d'autres s'empressèrent à la servir ; ainsi elles allaient et venaie**nt** autour de Laidronnette, elles la peignaient, la frisaie**nt**, la laçaient, l'habillaient, la paraie**nt** à l'envi ; puis, flatteuses, elles la regardaient, la louaie**nt**, l'applaudissaie**nt**, et exaltaie**nt** sa grâce. Je vous dirai la suite un autre jour.

121e Dictée ou **Copie.** — Les Lapons retirent les plus grands avantages des rennes apprivoisés : ces animaux servent pour tirer des traîneaux, ils s'attellent à des voitures, marche**nt** avec beaucoup de diligence, parcoure**nt** aisément trente lieues par jour, et s'avance**nt** avec autant d'assurance sur la neige gelée que sur une pelouse ; ils donnent à l'homme du lait, lui abandonnent leur chair, lui fournisse**nt** d'excellentes fourrures, et lui procure**nt** par leur peau des chaussures et des harnais : ainsi le renne donne seul tout ce que nous tirons du cheval, du bœuf, et de la brebis.

122e Dictée ou **Copie.** — JANE et LUCY Maman, les vers que tu lis nous conviennent-*ils ?* voudrais-tu nous en dicter quelques-uns ?

LA MAMAN. Je vous satisferai, chères petites :

... Pourquoi ce long silence (de nos amis morts),
Nous auraie**nt**-*ils* oubliés sans retour ?
N'aime**nt**-*ils* plus?..... Où vive**nt**-*ils?*.....
Vo**nt**-*ils* peupler ces îles de lumière,
Ou plane**nt**-*ils* entre le ciel et nous?
So**nt**-*ils* noyés dans l'éternelle flamme?
O**nt**-*ils* perdu ces doux noms d'ici-bas,
Ces noms de sœur, et d'amie, et de femme?
A ces appels ne répondro**nt**-*ils* pas?
Non, non, mon Dieu !.....
Nos pleurs sur eux coulerale**nt**-*ils* en vain?(*Lamartine.*)

Non, **ils** nous répondro**nt** (*attention à la remarque* L);
ces **amis** ne nous oublieront (L) pas.

123ᵉ Dictée ou **Copie**. — Vous devenez grand et raisonnable, cher Antony, je vous ferai aujourd'hui une dictée
plus sérieuse : les **notions** que nous dicterons ne nous amuseront pas comme des contes ; mais **elles** nous captiveront,
elles nous fero**nt** réfléchir, et cela a bien son importance.
Écrivez donc : Un animal domestique , tel que le chat, le
chien, le perroquet, le serin, la pie, l'écureuil, etc., est un
esclave qu'*on* emploie (*attention à la remarque* M) à son
service, dont *on* s'amuse, et dont *on* abuse même parfois ;
qu'*on* altère, qu'*on* dépayse, et que l'*on* dénature.

124ᵉ Dictée ou **Copie** — AGNÈS. Maman, Frédéric se
moque de moi!

FRÉDÉRIC. Mademoiselle Agnès me taquine, maman!

LA MAMAN. Vous avez tort tous les deux; je ne veux pas qu'*on*

(L) PHRASE-TYPE. *Retirez vos préteurs :* ILS *ne* nous apprendroNT
Que la mollesse.....

Le mot-verbe placé après *ils nous, elles nous, ces personnes nous, ces choses
nous,* etc., est toujours ajouté à *ils,* ou à *elles* (et jamais à *nous*).

(M) PHRASE-TYPE. *Cependant* ON *fricassE,* ON *se* ruE *en cuisine.*

Le verbe qui est ajouté au substantif, ou pronom, indéfini *on, quiconque, chacun,
personne, rien, tout,* etc., s'écrit comme s'il était ajouté au mot singulier *il* (ou à
elle).

se dispute ainsi, et je vous punirai si *cela* vous arrive encore.
J'aime à voir que *quiconque* joue s'amuse tranquillement et
paraisse heureux, que *chacun* cède dans les jeux, et sache se
priver de quelque plaisir plutôt que d'élever une discussion,
que *personne* ne prétende dominer ; enfin, que *rien* ne trouble l'harmonie qui doit toujours régner entre des frères : *tout*
contribue à l'établir ici, qu'*on* sache donc l'y conserver.

125e Dictée ou Copie. — Jésus-Christ mourant avait
chargé ses apôtres d'enseigner aux hommes et sa doctrine, et
sa morale divines. Bientôt Néron devient empereur de Rome :
alors *on* emprisonne Pierre et Paul ; alors *on* persécute les
Chrétiens ; *on* les exécute dans les provinces, *on* les crucifie
à Rome ; *on* les couvre de peaux de bêtes, puis *on* les abandonne aux chiens ; ou bien *on* les frotte de matières inflammables qu'*on* allume, et alors ils brûlent, et éclairent pendant la nuit les jardins du tyran cruel.

19e LEÇON. — DU VERBE AJOUTÉ A UN SUBSTANTIF PLURIEL.

D'après le verbe-modèle *pincer*, faire conjuguer : *glacer, froncer, s'avancer*, etc.;
— puis dans : ÉLÉMENTS, etc., interroger sur tout le ch. VI, — et faire apprendre
les nos de 172 à 177.

PHRASE-TYPE. *Un paon faisait la roue, et les autres*
oiseaux]

Admiraient son brillant plumage.

RÈGLE XVIIIe. **Le mot-verbe finit toujours
aussi par NT quand il est ajouté à un substantif,** *ou nom,* **pluriel.**

93e Thème.

Copier la phrase ici donnée, — puis l'écrire au pluriel.

Ce phénomène nous étonne beaucoup,	ces ph—,
Le prêtre s'avança vers l'autel,	les p—,
Ce voyageur logeait en hôtel garni,	ces v—,
Quel poète décrivit ce douloureux martyre?	quels p—?
Le saint martyr reçut une glorieuse couronne,	les s—,
La vertu peut seule rendre l'homme heureux,	les v—.

94e Thème.

Copier la phrase ici donnée, — puis l'écrire au pluriel.

Mon frère copie bien cette lithographie,   mes f—.
Ce nid tombera de l'arbre, et l'œuf se cassera,   ces n—.
Son couteau s'enfonça dans l'amande,   ses c—.
Le drogman condamné paya une forte amende, les d—.
Un gros rat sortit par ce soupirail (4e exc., p. 27),   cent g—.
La loi nous défendra (1) cette action,   les l—.

95e Thème.

Il faudrait que la jeune reine écoutât l'avis de   il f— que les j —.
  son ministre, et qu'elle visitât la cité,
Le renne habite une contrée septentrionale, il   les r—.
  s'y nourrit de lichen et de mousse,
La rène de notre cheval nous rompra dans la   les r—.
  main, que le sellier la consolide,

96e Thème.

Le bambou de mon neveu se gerça,   les b —.
Un ver rongeait ma boiserie,   des v—.
Le domestique rinça fort mal ce verre,   les d —.
Le fruit vert nous incommodera,   les f—.
Ce vers rime mal avec le suivant,   ces v—.
Croirait-on qu'un roquet pût glapir aussi fort ?   cr—?

97e Thème.

Depuis quand croassait (n) le corbeau ? —De-   depuis q—?
  puis quand coassait cette grenouille?
Dieu ne me verra pas : ainsi parle l'impie,   les anges ne nous v—.
Comment s'énonçait cet homme vil ?   comment s'é—?
Combien d'habitants renferme cette ville?   combien d'h— ?
Est-ce la vraie foi qu'embrassa ce païen ?   est-ce la vraie f— ?

98e Thème.

Qu'indiquerait votre doigt, votre index ?   qu'in—?

---

(1) Voir la remarque (L), page 78, et écrire par analogie :
     Les LOIS nous défendroNT ces actions.

(n) PHRASE-TYPE. Que peuveNT contre Dieu tous les NOIS de la terre ?

Le verbe ajouté à un substantif pluriel finit toujours par nt, et lorsque ce substantif pluriel n'est exprimé qu'après le verbe, — et lors même qu'il est sous-entendu.

Copier la phrase ici donnée, — puis l'écrire au pluriel.

Combien de fautes effaça le remords !　combien de f—!
Que de noix rongea cette souris !　que de n—!
Que d'arbres renferme son quinconce !　que d'arbres r—!
À quoi nous servira votre signet ?　à quoi nous s—?
Quel bond fit ce serval? (V. 2e exc., p. 24)　quels b—?

99e Thème.

L'homme qui aime (o) Dieu et qui le prie (o)　les hommes qui ai—.
　avec foi (1) sera toujours exaucé,
Le fermier rentre tout son bétail (V. p. 27,　les f—.
　aux remarques); entendez-vous le taureau qui
　mugit, la brebis qui bêle, le veau qui beugle,
　le cheval qui hennit, et l'âne qui brait?

100e Thème.

Rassasiez celui qui a (o) faim (1), et donnez à　rassasiez ceux q—.
　boire à celui qui a soif (1),
Celui qui plaça ce piédestal est maladroit,　ceux qui p—.
Celle qui te berçait te soignera,　celles qui te b—.
L'enfant qui travaille pour accomplir son de-　les enf—.
　voir mérite seul une récompense,

101e Thème.

Que deviendra cette société?— L'un exige une　que deviendront c—p
　obéissance (1) servile, l'autre se révolte ou-　les uns e—.
　vertement; — celui-ci prétend gouverner en
　despote, celui-là refuse absolument d'obéir.
Quelle est cette belle arme? demanda l'un. —　quelles sont c—?
　Un yatagan arabe, répondit l'autre,

126e Dictée ou Copie.

Dans toutes les dictées de cette dix-neuvième leçon, unir encore par un trait le
　verbe à son substantif, ou pronom, en rétablissant entre parenthèses ce substan-
　tif, ou ce pronom, lorsqu'il est sous-entendu.

Les *contes* plaise**nt** toujours aux enfants; je vous dirai

---

(o) PHRASE-TYPE. *Ceux qui* emploi**ENT** *mal leur temps se* plaign**ENT** *de sa
brièveté.*

Le mot-verbe finit toujours par *ni* quand il est ajouté à un substantif, ou *pronom,* qui fait penser à plusieurs êtres ou à plusieurs choses dont on parle (lors
même que ce mot n'est pas le nom des êtres ou des choses, et qu'il n'est ni *ils* ni
elles).

(1) Dans le pluriel de ces phrases, laisser *foi, faim, soif, obéissance,* au singulier.

4

donc de jolis contes, ils nous amuseront toutes, nous rirons. Nos *pères* croyaient que les *fées* étaient douées d'un pouvoir surnaturel; ils pensaient que ces *êtres* s'immisçaient dans les affaires de toutes les familles, protégeaient les hommes ou s'efforçaient de leur nuire, donnaient et retiraient tous les maux et tous les biens : car ils reconnaissaient de bonnes et de mauvaises *fées*.

127ᵉ Dictée ou **Copie** (*suite*). — Un de ces méchants génies, la fée Grognon, donna à une princesse nommée Gracieuse une boîte que les *fées* avaient défendu qu'on ouvrît : Gracieuse cependant en soulève un peu le couvercle; et voilà que de petits hommes, de petites femmes, de petits cuisiniers, de petits *musiciens* sortent de la boîte; aussitôt tous ces petits *bonshommes* courent dans le pré, toutes ces petites bonnes *femmes* dansent et folâtrent sur l'herbe, *tous* sautent, rient, et se répandent dans la campagne.

128ᵉ Dictée ou **Copie** (*suite*). — Ces petits *êtres*, devenus libres, s'organisèrent en bandes : alors les cuisiniers et les *marmitons* faisaient la cuisine, les *gourmands* mangeaient, les petits *violons* jouaient des airs fort gais, tous ces petits *nains* riaient, chantaient, dansaient, sautaient, gambadaient comme des fous; tout cela était fort joli : — enfin Gracieuse voulut que les petits *vauriens* rentrassent dans sa boîte, mais le firent-ils alors? Ah! bien loin de là! *tous* s'enfuirent et coururent à toutes jambes; *tous* se cachèrent dans les bois et dans les trous des rochers. — Et que devint la curieuse?

129ᵉ Dictée ou **Copie**.—D'autres *dictées* nous apprendront comment Gracieuse retrouva ses nains; aujourd'hui je vous commencerai l'histoire d'une petite fille appelée Noémi, et ses sottes *frayeurs* vous étonneront. — Noémi avait eu le malheur de perdre sa mère, son père était à l'armée, et deux vieilles *tantes* l'élevaient : c'est-à-dire que ces bonnes *personnes* la gardaient auprès d'elles, la gâtaient à l'envi, mais ne l'élèvent pas ; car on n'élève pas, ou du moins on n'élève pas bien, les enfants qu'on gâte.

130° Dictée ou **Copie** (*suite*) : — Noémi commençait à bien lire, son père lui envoya des livres fort beaux et très-amusants : mais ces *ouvrages* renfermaient beaucoup de fables et de contes invraisemblables ; et comme les personnes *qui* entouraient Noémi ne formaient pas son jugement, comme ses *tantes* ne lui expliquaient pas ses lectures, la pauvre petite crut que toutes ces *chimères* étaient des vérités, aussi l'effrayèrent-elles beaucoup. — Ces *lignes* nous suffiront pour aujourd'hui. Cessons, demain je vous dirai la suite.

131° Dictée ou **Copie** (*fin*). — Noémi crut donc que les *ogres* mangent les pauvres petits enfants, que des *rats* civils s'invitent à dîner, que des chiens et des *chats* causent raisonnablement de leurs affaires réciproques, que de vilaines *citrouilles* deviennent quelquefois d'élégants carrosses, que des *bottes* extraordinaires peuvent faire faire sept lieues en un seul pas ; toutes ces *extravagances* troublèrent ses idées, agitèrent son sommeil, et la rendirent malade ; — mais elle était bien déraisonnable aussi, car, quels *humains* virent jamais des ogres ? Où les rats parlent-ils ? Si vous pouvez nous le dire, ces *choses* nous seront bien nouvelles.

132° Dictée ou **Copie.** — Je vous décrirai aujourd'hui une maison de plaisance du plus riche de tous les rois ; on le nommait Crésus, et il régnait dans l'Asie-Mineure, près de six cents ans avant la naissance de Jésus-Christ. Les *murs* de cette maison étaient de jaspe, et les cloisons d'émeraude ; ses *toits* de cuivre poli éblouissaient les yeux ; quand on pénétrait dans l'intérieur, qu'embaumaient (N, p. 80) les *parfums* les plus suaves, on n'était pas moins émerveillé ; les *lits* étaient d'argent ; les *meubles* dont se servait le roi étaient d'or ; les perles, les rubis, les *améthystes* les ornaient de toutes parts, les *saphirs* orientaux y brillaient à l'envi ; et partout resplendissaient les *diamants* les plus beaux.

133ᵉ Dictée ou **Copie** (*suite*). — Parlons maintenant des immenses jardins de Crésus; ils nous émerveilleront comme son palais. Les *jardiniers* du roi savaient changer en un instant toute la décoration du jardin; ils déplaçaient et replaçaient en un clin d'œil de grands arbres avec toutes leurs racines : ainsi un jour, des grenadiers, des oliviers, des orangers, des *myrtes* paraissaient aux yeux du roi; et le lendemain, dans les mêmes lieux, des pins sauvages, des *sapins* pyramidaux s'offraient à ses regards. Tantôt, des gazons fleuris, des *prés* tout (*inv.*) émaillés de violettes et qu'arrosaient de petits *ruisseaux* réjouissaient sa vue et la charmaient; puis bientôt toutes ces fleurs, tous ces jolis *canaux* disparaissaient, et faisaient place à une grande rivière qu'on nommait le Pactole...

134ᵉ Dictée ou Copie.

Voyons, enfants, si ces quelques *vers* nous plairont.

(Lors de la création) Tous les *éléments* divers
> A sa voix (de Dieu) se séparèrent,
> Les *eaux* soudain s'écoulèrent
> Dans le lac creusé des mers,
> Les *montagnes* s'élevèrent,
> Et les *aquilons* volèrent
> Dans les libres champs des airs.

> Il (Dieu) sait pourquoi flottent les *mondes*,
> Il sait pourquoi coulent les *ondes* (ɴ, page 80),
> Pourquoi les *cieux* pendent sur nous,
> Pourquoi le jour brille et s'efface,
> Pourquoi l'homme soupire et passe;
> Et vous, mortels, que savez-vous? (*A. de Lamartine.*)

135ᵉ Dictée ou **Copie.** — C'est de la fée Grignote que je vous entretiendrai aujourd'hui, mon William, de cette malicieuse petite souris-fée dont les *tours* nous divertiront : son plus grand plaisir était de chatouiller les pieds des petits enfants, surtout de ceux *qui* travaillaient, de ceux *qui* étudiaient leurs leçons; et parmi les petites filles, de celles *qui* cousaient ou tricotaient ; jamais elle ne s'approchait de ceux *qui* jouaient, mais gare aux travailleurs ! et, la méchante ! si par hasard elle surprenait quelques petits écoliers *qui* bavardassent en classe, d'autres *qui* sussent mal leurs leçons, vite elle allait chatouiller les pieds de leurs camarades : les *uns* riaient sous cape, les *autres* éclataient tout haut ; *tous* passaient pour méchants, *tous* étaient punis !... et cela l'amusait beaucoup !...

20ᵉ LEÇON. — DU VERBE QUI PARAIT AJOUTÉ A PLUSIEURS SUBSTANTIFS,

ET

RÉCAPITULATION DU VERBE.

Faire conjuguer : *tracer, s'exercer, se remuer, abréger,* etc., etc. ; —puis dans : ÉLÉMENTS, etc., faire apprendre les n°ˢ 170, 171, 172 ; —et y faire copier le verbe-modèle : *aboyer,* page 57 (avec ses participes) ; — enfin faire apprendre du n° 178, au n° 182.

PHRASE-TYPE. *La mouche et la fourmi contestaient de leur prix.*

RÈGLE XIXᵉ. **Le mot-verbe finit toujours par NT lorsqu'il parait être ajouté à plusieurs substantifs désignant des êtres ou des choses dont on parle** (1).

102ᵉ Thème.

Copier exactement ce qui est écrit, — et remplacer chaque chiffre ou nombre par les lettres exigées, — mais ne point écrire ces phrases au pluriel.

Le rhinocéros et l'éléphant ne *sembl*-8 que des masses informes.
L'ibis et l'ichneumon *ét*-4 adorés en Égypte, à ce que *dis*-8 Léon et Zoé.
Le jardin public et la place publique s'*empliss*-4 de curieux.

(1) Quand le verbe parait être ajouté à plusieurs substantifs désignant des êtres, etc., dont on parle, il est toujours ajouté réellement au mot pluriel *ils*, à *elles*, ou à *qui* pluriel.

Le n° 4 représente le son *é*. —— Le n° 8 représente *e* (e muet).
Le n° 18 représente le son *on*.

Copier tout ce qui est écrit, — et remplacer les chiffres par les lettres exigées, — mais ne point écrire ces phrases au pluriel.

Le chêne majestueux, le pin toujours vert, et le bouleau flexible, *croiss*-8 en ces lieux ; ils nous *ombrager*-18.

Ce petit pain et cette pomme ne nous *suffir*-18 pas pour déjeuner.

103ᵉ Thème.

Un brick et sa chaloupe *err*-4 à la merci des flots.

Ni l'or ni la grandeur ne nous *rend*-8 heureux.

Une fluxion et la rougeole me *retinr*-8 plusieurs jours au lit, et me *fir*-8 garder la chambre six semaines entières.

Les quatre premiers rois de France : Pharamond, Clodion, Mérovée et Childéric Iᵉʳ *ét*-4 païens.

104ᵉ Thème.

Le loup vorace et la louve gloutonne *hurl*-4, et *rempliss*-4 la forêt de leurs hurlements affreux.

Rosine et Clary se *cotisér*-8, elles *secourur*-8 l'orphelin et l'orpheline qui *ét*-4 dénués de tout, et *implor*-4 leur charité.

Adam et Noé ne *viv*-4 pas dans le même temps, ils n'*ét*-4 pas contemporains (1) ; mais Moïse et Josué *ét*-4 contemporains (1).

105ᵉ Thème.

Le thé et le café m'*agit*-8 et m'*incommod*-8. (*Voir* la note 1, p. 85.)

Vénus et Jupiter *brill*-4 au firmament.

Ce singe et cet écureuil nous *récréer*-18 par leur agilité.

Le dahlia et le rhododendron *s*-18 inodores.

La boussole, le papier de linge, et l'imprimerie *fur*-8 inventés (1), dit-on, par les Chinois.

106ᵉ Thème.

Mon grand-père et ma grand'mère nous *gâter*-18 à l'envi.

Ce cor d'harmonie et ce flageolet *produis*-4 des effets agréables.

L'œillet et la tulipe ne *croiss*-8 et ne *prospér*-8 que par un travail assidu.

Sem, Cham et Japhet, fils de Noé, *repeuplér*-8 le monde après le Déluge.

---

(1) L'adjectif qui paraît être ajouté à plusieurs substantifs s'écrit au pluriel.

Le n° 4 représente le son é. — Le n° 8 représente e (e muet).
Le n° 18 représente le son on.

Copier tout ce qui est écrit, — et remplacer les chiffres par les lettres exigées.

Un éclair brillant et le tonnerre se *suivir*-8 presque immédiatement, et nous *contraignir*-8 à rentrer.
Élie et Élisée *prophétiser*-8 dans le royaume d'Israël.

107ᵉ Thème.

La géographie et l'histoire sainte nous *plaît*-18 également.
Votre générosité et votre fortune vous *donn-4* les moyens de soulager les malheureux, et vous *procur-4* ainsi un grand bonheur.
Papa et maman *acheter*-8 divers objets d'art, et *donner*-8 des arrhes.
Le saphir, le rubis, l'émeraude et le diamant se *tir*-8 du sein de la terre.
Les jonchets, le loto et le jeu de l'oie nous *amus-4* beaucoup.

108ᵉ Thème.

Une hermine, un castor, un jeune sanglier,
Quitter-8 leur forêt, leur étang, leur hallier...
Le compère Thomas et son ami Lubin
All-4 à pied tous deux à la ville prochaine.
Thérèse, Juliette et Pauline *demander*-8 à Dieu, avec ferveur, la guérison de ma fille qui était paralytique, et *fur*-8 exaucées.

136ᵉ Dictée ou Copie.

Dans cette dictée et dans les deux suivantes, mettre :

S. *masc.* sous les substantifs, ou les *pronoms*, du genre masculin.
A. *masc.* sous les adjectifs qui sont ajoutés à des mots masculins.

NELLY. Dimanche, au boulevard, j'ai vu beaucoup de masques, moi ; si tu savais, Esther, comme j'ai ri ! *Arlequin et Pierrot* poursuivaient un brigand napolitain, et un espagnol tout (*inv.*) crottés, et leur donnaient de grands coups, jusque sur la figure ; *Octave et Zoé* riaient comme des fous : est-ce que ton *papa et ta maman* ne vous mènent pas sur le boulevard ?

ESTHER. Si, ils nous y conduiront Mardi ; mais *Georges et Thérèse* pensent comme moi, les gens déguisés nous dégoûtent ; ils sont si sales, si insolents, si brutaux quelquefois ! Et

puis nous sommes tristes de voir que des hommes cachent sous
des masques hideux la noble figure que le bon Dieu leur a
donnée : une belle *cavalcade et* le *bœuf-gras* seuls nous
amusent.

137e Dictée ou **Copie**. — Pour les anciens Perses, le
feu, l'*eau*, la *terre*, l'*air*, étaient autant de divinités ; mais
le *soleil* et la *lune* recevaient plus particulièrement leurs
hommages : quant aux Égyptiens, l'*ibis*, le *faucon*, le *canard*,
remplissaient leurs temples ; le *bœuf*, le *chat*, le *chien*,
l'*ours*, le *loup*, partageaient cet honneur ; enfin le *crocodile*,
l'*ichneumon*, l'*hippopotame*, l'*anguille*, le *serpent*, étaient
les objets d'un culte superstitieux.

138e Dictée ou **Copie**. (*Vers.*)

Un bon *mari*, sa *femme*, *et* deux jolis *enfants*,
Coulaient en paix leurs jours dans le simple ermitage
Où, paisibles comme eux, vécurent leurs parents. (*Florian.*)

Un bon père cheval, veuf, et n'ayant qu'un fils,
    L'élevait dans un pâturage
      Où les *eaux*, les *fleurs*, *et* l'*ombrage*,
Présentaient à la fois tous les biens réunis.....
Le poulain tous les jours se gorgeait de sainfoin.   (*Florian.*)

139e Dictée ou **Copie**. (*Vers.*)

    Un *bœuf*, un *baudet*, un *cheval*,
    Se disputaient la préséance :
Un baudet ? direz-vous... eh, qui de nous ne pense
Valoir ceux que le *rang*, les *talents*, la *naissance*,
    Élèvent au-dessus de nous ?   (*Florian.*)

Quatre animaux divers : le *chat* grippe-fromage,
Triste oiseau le *hibou*, ronge-maille le *rat*,
    Dame *belette* au long corsage,
    Toutes gens d'esprit scélérat,
Hantaient le tronc pourri d'un pin vieux et sauvage.
                (*La Fontaine.*)

140ᵉ Dictée ou Copie.

Dans ces deux dictées, mettre :
S. fém. sous les substantifs, ou les *pronoms*, du genre féminin.
A. fém. sous les adjectifs qui sont ajoutés à des mots féminins.

Tous les animaux qui aiment la chair, et qui ont la force et des armes, chassent naturellement : le *lion*, le *tigre*, chassent seuls et sans art; le *loup*, le *renard*, le *chien* sauvage, se réunissent, s'entendent, s'aident, se relaient, et saisissent enfin une proie qu'ils se partagent ensuite... Par cette supériorité que donnent l'*exercice* et l'*éducation* le chien ne perd pas l'objet de sa poursuite.

Castor et Pollux, jumeaux, se distinguèrent parmi les héros des temps fabuleux de la Grèce.

141ᵉ Dictée ou Copie.

Maître *Singe* et le *Léopard*
Gagnaient de l'argent à la foire;
Ils affichaient chacun à part.
L'un d'eux disait : Messieurs, mon *mérite et* ma *gloire*
Sont connus en bon lieu; le roi m'a voulu voir.

(La Fontaine.)

Un cimetière aux champs, quel tableau! quel trésor!
Là ne se montrent point l'*airain*, le *marbre et* l'*or*;
Là ne s'élèvent point ces *tombes* fastueuses
Où dorment à grands frais les *ombres* orgueilleuses
De ces usurpateurs par la mort dévorés.   (*Legouvé.*)

RÉCAPITULATION. — DES NOTIONS ÉLÉMENTAIRES SUR L'ORTHOGRAPHE DU VERBE.

Faire conjuguer : *broyer, exiger, ployer, s'ennuyer, s'immiscer,* etc., avec leurs participes dans toutes leurs formes, d'après les nᵒˢ 180, 181.
— puis faire étudier le nᵒ 173, et interroger sur tout le chapitre VII de : ÉLÉMENTS, etc.

1ᵒ Le verbe ajouté à *tu* finit par S. (*Voir* page 47; — puis 50 et 52, aux notes, — enfin voir la note de la page 59.)

2ᵒ Le verbe ajouté à *vous* finit par EZ (ou par ES). (*Voir* pages 56, 57; — puis 64, à la note.)

4.

3° Le verbe ajouté à *nous* **finit par ONS (ou par ES).** (*Voir* pages 61 ; — puis 85, à la note.)

4° Le verbe ajouté à *ils*, **à** *elles*, etc., **ou à un substantif, ou nom, pluriel finit toujours par NT.** (*Voir* pages 69 ; — puis 74 et 78, aux notes ; — 79 ; — puis 80 et 81, aux notes ; — enfin voir la règle XIXe, (p. 85.)

142e Dictée ou Copie.

Dans cette dictée, mettre : 1re *pers.* sous les substantifs, ou *pronoms*, et sous les verbes de la première personne ; — et unir par un trait les verbes à leurs substantifs, ou *pronoms*.
— Se rappeler que l'infinitif conserve toujours la même orthographe.

Le Seigneur annonça en ces mots ses miséricordes aux Is-raélites : Enfants de Jacob, *je* vous porterai et *je* vous sauve-rai ; lorsque *vous* me chercherez de tout votre cœur, *vous* me trouverez, et *je* vous tirerai de la captivité. En effet, les *hommes* tiennent tout de Dieu ; aussi quels philosophes, quels *moralistes* nous diront jamais rien de plus consolant et de plus vrai que le proverbe par lequel *nous* finirons cette dictée : « Les petits *oiseaux* des champs ont le bon Dieu pour maître d'hôtel. »

143e Dictée ou Copie.

Dans les deux dictées qui suivent mettre 2e *pers.* sous les substantifs, ou *pronoms*, et sous les verbes de la deuxième personne ; — et unir par un trait les verbes à leurs substantifs, ou *pronoms*, à leurs *sujets* enfin.

LA MAMAN. Pourquoi ne vas-*tu* pas dans le parc avec Achille, Francisque et Pierre ? *tu* t'ennuieras tout seul...

AMÉDÉE. Maman, *je* te l'avouerai, puisque *tu* me le de-mandes : *nous* avons vu hier un crapaud dans l'allée cou-verte, et les *crapauds* me font peur ; *ils* sont si laids ! si dégoûtants !

LA MAMAN. *Tu* me sembles bien déraisonnable, mon ami : pourquoi crains-*tu* une aussi petite bête ? ne sais-*tu* pas qu'elle ne pourrait te faire aucun mal ? *tu* n'as qu'à ne pas la regarder, qu'à ne pas penser à elle, et *tu* joueras de bon cœur même près de l'endroit où elle est.

144e Dictée ou Copie (*suite*).

LA MAMAN. *Tu* trouves, Amédée, que les *crapauds* sont

laids, et *tu* n'as pas tort; mais toi et tes amis, *vous* verrez probablement dans le parc des grenouilles, des hiboux (*V.* 3° *exc.*, p. 27), des chauves-souris, des limaces, des araignées, etc.; tous ces *animaux* sont bien laids, certes, cependant, comme *ils* sont inoffensifs, *vous* auriez grand tort de vous priver à cause d'eux du plaisir de la promenade; — écoutez encore: *vous* avez tous été fort souvent piqués par les cousins, et cependant *vous* allez volontiers près des eaux, où *vous* êtes sûrs d'en trouver.

AMÉDÉE. C'est vrai, maman, j'avais tort: je vais aller au parc, et *j'essaierai* de n'avoir plus peur.

145e Dictée ou Copie.

Mettre, comme dans les trois précédentes dictées, 1re pers. — ou 2e pers. sous les verbes et sous leurs substantifs, ou leurs pronoms; — et unir par un trait les verbes à leurs sujets (substantifs ou pronoms);
— rétablir entre parenthèses les sujets qui seraient sous-entendus.

Mes chères filles, venez toutes les quatre prendre votre leçon d'orthographe: hier *nous* nous exerçâmes sur de la prose, aujourd'hui *nous* changerons, *je* vous dicterai des vers; et si *vous* les écrivez correctement, *je* vous louerai et *je* vous récompenserai. Allons, commençons, et faites en sorte de n'avoir guère de fautes. — Mais quoi, Léonie, *tu* viens sans ton cahier! toi, Louise, *tu* n'as pas ta plume! Et vos livres, où sont-*ils*, Thérèse? Que *vous* êtes légères, toutes! hier déjà *vous* fîtes la même étourderie, et *nous* perdîmes un gros quart d'heure; allez vite chercher toutes les choses *qui* vous manquent; et toi, Marthe, vois si *Maurice et Félicité* vous apportent vos encriers et vos poudrières.

146e Dictée ou Copie.

Dans cette dictée, mettre 3e pers. sous les substantifs, ou pronoms, et sous les verbes de la troisième personne; — et conduire un trait des verbes à leurs sujets.

On trouve des chiens sauvages dans les contrées dépeuplées: ces *animaux, qui* diffèrent peu des loups, se réunissent en troupes pour attaquer les sangliers, les taureaux sauvages, et même les lions et les tigres.

Les *Européens* **ont** transporté dans le Nouveau-Monde nos
chiens domestiques : *quelques-uns* ayant été abandonnés dans
des déserts s'y **sont** multipliés au point qu'*ils* se répande**nt**
par troupes dans les contrées habitées, où *ils* attaque**nt** les
bestiaux, et insulte**nt** même les hommes : mais, différents en
cela des loups, *ils* peuve**nt** être apprivoisés ; aussi s'adoucis-
se**nt**-*ils* , et devienne**nt**-*ils* , non-seulement familiers, mais
fidèles et affectueux même (*inv.*) envers ceux *qui* les traite**nt**
avec douceur et save**nt** se les attacher.

147e Dictée ou Copie. (*Vers.*)

Dès que *vous* verr**ez** que la terre
Sera couverte, et qu'à leurs blés
Les *gens* n'étant plus occupés
Fero**nt** aux oisillons la guerre ;...
Ne vol**ez** plus de place en place,
Demeur**ez** au logis, ou chang**ez** de climat ;
Imit**ez** le canard, la grue, ou la bécasse :
Mais *vous* n'ête**s** pas en état
De passer, comme nous, les déserts et les ondes... (*La Font.*)

148e Dictée ou Copie.

Pleur**ons**, et gémiss**ons**, mes fidèles compagnes,
A nos sanglots donn**ons** un libre cours ;
Jet**ons** les yeux vers les saintes montagnes
D'où l'innocence espère son secours... (*Racine.*)

Un vieillard près d'aller où la mort l'appelait :
Mes chers enfants, dit-il (à ses fils il parlait),
Voyez si *vous* rompr**ez** ces dards liés ensemble ;
Je vous expliquer**ai** le nœud qui les rassemble. (*La Font.*)

149e Dictée ou Copie

Dans ces deux dictées., mettre sous chaque verbe (excepté sous les infinitifs) :
1re *pers.*, — ou 2e *pers.*, — ou 3e *pers.* ; — unir par un trait les verbes à
leurs sujets , en rétablissant entre parenthèses les sujets qui seraient sous-
entendus.

Je vous parler**ai** encore aujourd'hui de Noémi-la-Crédule :

elle se trouvait un jour dans une auberge ; des *hommes* dont les *épaules*, la *poitrine* et la *tête* étaient couvertes de cuivre y entrèrent et dirent avec vivacité : Donnez-nous à manger sur-le-champ ! — De quoi rassasier**ons**-*nous* tous ces ogres-là ? s'écrièrent les *aubergistes*. — A ce mot d'ogres Noémi poussa des cris lamentables : « Des ogres ! des ogres ici ! *tu* es perdue, pauvre Noémi, *nous* sommes perdus, *nous* all**ons** être tous mangés, *ils* nous dévoreront, *nous* ne leur échapper**ons** pas ! » — Or, ces *hommes* que Noémi prenait pour des ogres étaient tout simplement des cuirassiers ; et c'était le père de la petite peureuse qui les commandait.

150e Dictée ou **Copie** (*suite*). — *On* mena Noémi à son père ; mais la petite folle, croyant qu'*on* la conduis**ait** vers un ogre, se débattait, et n'y voulait point aller ; son *père* et sa *bonne* se moquèrent d'elle, et rirent beaucoup de sa méprise : alors, pendant quelque temps, elle refusa de croire les choses les plus vraies. Lorsqu'*on* lui dis**ait** : « Quand *tu* seras grande *tu* feras telle chose. — Moi, grande ! reprenait-elle, oh ! *je* ne ser**ai** jamais grande ! » Elle croyait que les *enfants* restaient toujours de petits hommes, comme les *colibris* restent toujours de petits oiseaux. — Si *on* lui dis**ait** : « *Tu* n'as qu'à planter ce noyau, et *tu* verras pousser un beau pêcher ; » ou bien : « Si *tu* conserves dans une boîte cette chenille, *tu* trouveras en sa place un papillon superbe, » Noémi répondait : — *Vous* voul**ez** vous moquer de moi, mais *je* ne vous croir**ai** jamais quand *vous* me dir**ez** cela, *vous* ne m'attraper**ez** plus.

151e Dictée ou Copie.

Dans les dictées qui vont suivre, indiquer le *nombre* et la *personne* de chaque verbe en mettant dessous : *S.* 1re *pers.*, — ou *Pl.* 1re *pers.*, etc., etc. ; — puis, toujours, unir chaque verbe à son sujet, après avoir rétabli le sujet entre parenthèses lorsqu'il est sous-entendu.

Bon Édouard, *tu* aimes bien les contes, cependant ni toi ni ton frère *vous* ne voudriez être traités comme de petits enfants ; hé bien, *je* vous dicter**ai** aujourd'hui une histoire : elle est fort touchante, et bien vraie aussi, car *on* la trouve dans la Bible. Adrien et Tony viennent-*ils* ? et toi, Gilbert, as-*tu* ton cahier ? Bien, je dicte, écrivez. — Les *frères* de Joseph faisaient paître les troupeaux de leur père, et Israel dit à Joseph : Vos *frères* font paître nos brebis dans le pays de Sichem ; *je* vous enverrai vers eux : allez et voyez si vos *frères* se portent bien. — Or, les méchants *frères* de Joseph étaient jaloux de lui, et le haïssaient à cause des songes qu'il leur avait racontés.

152ᵉ Dictée ou **Copie** (*suite*). — Joseph alla donc vers ses frères : lorsqu'*ils* l'aperçurent *ils* résolurent de le tuer, et *ils* se dirent l'un à l'autre : Voici notre songeur ! **Allons, tuons**-le, et *nous* dir**ons** qu'une bête sauvage l'a dévoré. Dans le dessein de le tirer de leurs mains, Ruben leur dit : Ne le tu**ez** point, mais jetez-le dans cette citerne... Aussitôt que Joseph fut arrivé près de ses frères *ils* lui ôtèrent sa robe de plusieurs couleurs, et *ils* le jetèrent dans cette vieille citerne qui était sans eau... Ensuite *ils* virent des marchands ismaélites *qui* passaient, et, les méchants ! *ils* vendirent leur frère... — *Je* vous continuerai plus tard cette touchante histoire.

FIN DE LA PREMIÈRE SECTION.

SECONDE SECTION.

AVIS ESSENTIEL

POUR CETTE SECONDE SECTION.

Il faudra pour cette seconde section suivre absolument la marche qu'on a suivie pour la première. Ainsi,

à chaque leçon nouvelle, l'élève devra :

1° Copier, apprendre, et surtout comprendre la phrase-type, et par elle la règle qui fait le sujet de la leçon ;

2° Copier et déchiffrer les phrases qui composent le thème, application élémentaire de cette règle , mais *sans mettre désormais ces phrases au pluriel;*

3° Faire avec attention , et en appliquant *toutes les règles qu'il connaît,* les dictées ou les copies — qui doivent être livrées accentuées, et ponctuées correctement.—(Ceci restant bien entendu : l'élève accentuera de lui-même, mais la ponctuation lui aura été indiquée pendant qu'il écrivait sous la dictée.)

Nota. Nous continuerons à indiquer, en tête de chaque leçon, quels sont les verbes que l'élève doit faire, et quelles sont les parties des ÉLÉMENTS DE GRAM-MAIRE PRATIQUE qu'il doit particulièrement étudier ; — à l'égard de l'analyse, l'élève peut désormais en puiser les notions dans l'*Analyse grammaticale* de Mme CHARRIER-BOBLET, et il peut faire les exercices que présente ce traité, ou tel autre ouvrage du même genre.

COURS COMPLET
D'ORTHOGRAPHE.

(SECOND DEGRÉ.)

SECONDE SECTION.

Dans les thèmes de cette seconde section, nous continue-rons à indiquer au moyen de *chiffres* le *son* qui fait le sujet de la difficulté ; — et l'élève devra, ainsi qu'il l'a déjà fait, remplacer ces chiffres par les lettres qu'exige l'application de la règle.

Le n° 5 représente le son *é* (qu'on doit écrire ici par *é* ou par *ée*).

LEÇON PRÉPARATOIRE SUR L'ORTHOGRAPHE DE CERTAINS MOTS FÉMININS (1).

Faire conjuguer : *broyer, lacer, se lasser, essuyer, gruger,* etc., etc.; — puis faire étudier dans : ÉLÉMENTS, etc., les n°s 15, 16, 17, etc., jusqu'au n° 28.

Préparation à la règle XXIe, rappelée par la phrase-type : La fum**ée** de la su**ie** se répand dans la **rue**.

Première partie.

Les mots masculins en *é* finissent par *é.*
Les mots *féminins* en *é* finissent par **ée.**

EXEMPLE : *Ce th**é** sent la fum**ée**.*

1er EXERCICE PRÉPARATOIRE.

Copier ce qui est écrit, — et remplacer le 5 par les lettres voulues.

Le *bl-*5 est battu,.......... donnez cette *gerb-*5 aux chevaux.
Prenez du *pât-*5 de jambon... pour faire la *pât-*5 du chat.
Ah ! quel mauvais *caf-*5 !..... il sent la *chicor-*5.

Le n° 9 représente le son *i* (qui doit s'écrire ici par *i* ou par *ie*).
Le n° 12 représente le *son u* (qui doit s'écrire ici par *u* ou par *ue*).

1ʳᵉ Dictée ou Copie préparatoire.

Dans toutes les dictées de cette leçon préparatoire, mettre :
S. m. sous chaque substantif masculin ; — *S. f.* sous chaque substantif féminin.

Maman achètera *une* grande poupée à ma sœur Aimée.—
André, avez-vous admiré le nouveau coupé de mon père ? —
J'ai vu *une* pleine charretée de giroflée blanche chez mon
cousin René. — N'est-ce pas là le dé de ma cousine Dorothée ?

Deuxième partie.

Les mots masculins en *i* finissent par *i*.
Les mots *féminins* en *i* finissent par **ie**.

EXEMPLE : *Mon ami, enlevez-nous cette suie.*

2ᵉ EXERCICE PRÉPARATOIRE.

1° Copier, — et 2° déchiffrer (c'est-à-dire remplacer les chiffres par les
lettres voulues).

Ce joli *étu*-9.............. est à ma sœur *Soph*-9.
J'ai eu du *souc*-9 pour obtenir une *sort*-9 de faveur.
François a un *établ*-9 neuf... et une bonne *sc*-9.

2ᵉ Dictée ou Copie préparatoire. — *La* cérémo-
nie de la première communion est fort touchante, n'est-ce
pas, Marie ? — Entends-tu le cri rauque que poussent Anastasie et Séraphie ? — *La* vie de Napoléon Iᵉʳ a été courte,
mais glorieuse. — Léocadie a perdu son étui. — Mon frère
Henri revient de *la* prairie, elle est toute pleine de rosée.

Troisième partie.

Les mots masculins en *u* finissent par *u*.
Les mots *féminins* en *u* finissent par **ue**.

EXEMPLE : *Le ru déborde, il va inonder toute la rue.*

3ᵉ EXERCICE PRÉPARATOIRE.

Le vin de mon *cr*-12 est bon.   La *cr*-12 du Rhin a été forte.

Le n° 4 représente le son *é* (qui doit s'écrire ici par *ai* ou par *aie*).
Le n° 12 représente le son *u* (qui doit s'écrire ici par *u* ou par *ue*).

1° Copier, — et 2° déchiffrer (c'est-à-dire remplacer les chiffres par les lettres voulues).

Ce grand *hurluberl*-12 . . . . . . a fait une lourde *bév*-12.
Votre *zéb*-12 . . . . serait-il dans la *m*-12 ?

3ᵉ Dictée ou **Copie préparatoire.** — Le fichu de Julie lui coûte un écu, elle l'a acheté dans *la* r**ue** Saint-Honoré. — La pêche de *la* mor**ue** se fait au banc de Terre-Neuve, elle procure un bon revenu. — Le professeur a infligé *une* reten**ue** générale, mes deux hurluberlus de cousins ont été retenus comme tous leurs condisciples. — René a *la* v**ue** très-affaiblie.

Quatrième partie.

Les mots masculins en *ai* finissent par *ai*.
Les mots *féminins* en *ai* finissent par **aie.**

EXEMPLE : *votre bal*a**i** *vient-il de cette boul*a**ie** ?

4° EXERCICE PRÉPARATOIRE.

Ce long *ét*-4 . . . . sort de ma *fut*-4.
Le frère *l*-4 . . . . lava la *pl*-4 du malheureux.
Faisons un *rembl*-4, ... comblons cette *b*-4 inutile.

4° Dictée ou **Copie préparatoire.**—Est-il vrai que votre cheval bai pourrait franchir d'un seul saut le fossé et *la* **haie** qui enclosent *cette* roser**aie** et *cette* oser**aie** ? — Nos b**aies** sont *toutes* ensablées. — Toutes les barques s'arrêtent près du quai. — Allez couper deux beaux mais dans *ma haute* fut**aie.**

Cinquième partie.

Les mots masculins en *eu* finissent par *eu*.
Les mots *féminins* en *eu* finissent par **eue.**

EXEMPLE : *Mon* nev**eu** *Léon a une jolie veste* bl**eue.**

Le n° 6 représente le son *eu* (qui doit s'écrire ici par *eu* ou par *eue*).
Le n° 15 représente la diphthongue *oi* (qui doit s'écrire ici par *oi* ou par *oie*).

5ᵉ EXERCICE PRÉPARATOIRE.

1° Copier, — et 2° déchiffrer (c'est-à-dire remplacer les chiffres par les lettres voulues).

Auteuil, ce *li*-6 charmant,...   est dans la *banli*-6 de Paris.
Ce *moy*-6 est énorme,.......   il se verrait d'une *li*-6.
Admirez un *p*-6..........   la riche *qu*-6 que le paon déploie.

5ᵉ Dictée ou **Copie préparatoire.** — J'ai déchiré *ma* blouse bl**eue** à ce vilain pieu. — Lorsque Samson voulut mettre le feu aux moissons des Philistins, il attacha des torches à *la* qu**eue** de trois cents renards, puis il chassa ces animaux dans les blés. — Dans chacune des fêtes de *la* banli**eue** on voit un jeu de bague, et beaucoup d'autres jeux.

Sixième partie.

Les mots masculins en *oi* finissent par *oi*.
Les mots *féminins* en *oi* finissent par **oie**.

EXEMPLE : *Un roi n'est pas toujours dans la joie.*

6ᵉ EXERCICE PRÉPARATOIRE.

Le *conv*-15 funèbre........   suivra-t-il cette *v*-15 ?
Mais quel *effr*-15.........   peut causer une *lampr*-15 ?
Faites un autre *empl*-15....   de cette longue *courr*-15.

6ᵉ Dictée ou **Copie préparatoire.** — Une jeune et belle châtelaine toute vêtue de s**oie** *violette* se pavanait sur son palefroi pendant le tournoi. — Le beffroi sonne, sortez de *cette* charm**oie**. — Vos claires-v**oies** sont trop *étroites*. — Nous éprouvâmes hier un grand émoi, mais bientôt la frayeur a fait place **à** *la* j**oie**.

Septième partie.

Les mots masculins en *ou* finissent par *ou*.
Les mots *féminins* en *ou* finissent par **oue**.

EXEMPLE : *Mon bamb**ou** est tombé dans une b**oue** épaisse.*

- Le n° 4 représente le son *è* (qui doit ici s'écrire par *ai* ou par *aie*).
N° 5, son *é* (par *é* ou par *ée*). —— N° 12, son *u* (par *u* ou par *ue*).
N° 6, son *eu* (par *eu* ou par *eue*). —— N° 13, son *ou* (par *ou* ou par *oue*).
N° 9, son *i* (par *i* ou par *ie*). —— N° 15, — *oi* (par *oi* ou par *oie*).

7ᵉ EXERCICE PRÉPARATOIRE.

Voyez comme ce *fil*-13..... a la *j*-13 rouge !
Voilà le *cl*-13............ qui manque à la *r*-13 de ma voiture.
Ce *tr*-13 profond........ est rempli d'une *b*-13 infecte.

7ᵉ Dictée ou Copie préparatoire. — Hé quoi, Valérie, vous faites *la moue* parce qu'on vous refuse un bijou ! — C'est le vieux Maclou qui, avec *une vieille houe*, a fait cet énorme trou dans la terre. — Le pauvre André a deux gros clous au beau milieu de *la joue* gauche. — *Quelles vilaines et sales bajoues* ce cochon nous montre ! mettez-le sous les verrous.

21ᵉ LEÇON. — DE L'ORTHOGRAPHE DES SUBSTANTIFS FÉMININS EN *ÉE*, EN *IE*, ETC.

Faire conjuguer : *nettoyer, s'employer, sucer, surnager, avouer,* etc.
Faire revoir dans : ÉLÉMENTS, etc., les nᵒˢ de 175 à 182, — et désormais faire placer toujours après chaque verbe ses adjectifs-participes dans toutes leurs formes.

PHRASE-TYPE. *La fumée de la suie se répand dans la rue.*

RÈGLE XXᵉ. **Le substantif féminin qui se termine par le son É, ou par I, U, AI, EU, OI, OU, doit finir par E muet.**

109ᵉ Thème.

1° Copier, — et 2° déchiffrer (c'est-à-dire remplacer les chiffres par les lettres que la règle indique).

Toute cette *nich*-5 de rossignols sera pour ma petite *Mar*-9.
Uran-9 est, selon la *mytholog*-9, la muse de l'*astronom*-9.
Excepté la tête, les pieds et la *qu*-6, la *tort*-12 est entièrement couverte d'une enveloppe dure et écailleuse.
Jean frappa ce porc sur sa *baj*-13 droite, la chose est *vr*-4.
L'aigle saisissant sa *pr*-15 s'éleva fièrement dans les airs.

Le n° 4 représente le son è (qui doit ici s'écrire par ai ou par aie).
N° 5, son é.   —— N° 9, son i.   —— N° 13, son ou.
N° 6, son eu.   —— N° 12, son u.   —— N° 15, — pi.

110e Thème.

Copier et déchiffrer comme dans les précédents.

Personne n'aurait la *barbar*-9 de tuer cette *gr*-12.

L'*Ital*-9 est une belle et intéressante *contr*-5.

La *lampr*-15 se plaît dans les eaux de la Loire.

Mes arrière-neveux verront-ils la *h*-4 vive que nous plantons ?

Les lettres que *Virgin*-9 envoie dans la *banli*-6 vont-elles partir ?

Cette *r*-12 étroite est pleine d'une *b*-13 infecte.

111e Thème,

dans lequel sont opposés des mots masculins et des mots féminins se terminant par le même son. (Revoir toutes les notions de la leçon préparatoire, pages 97, 98, 99, 100.)

La voiture du *r*-15 a stationné près de la patte-d'-15.

La *f*-5 Candide fut la protectrice et l'*am*-9 du prince *Chér*-9.

Au premier *rel*-4 demandez de la *monn*-4 au postillon.

Mon *beugal*-9 chante pendant tout le temps où ta *p*-9 jacasse.

A une *li*-6 de la *trembl*-4 vous trouverez un *r*-12 au *mili*-6 d'une belle *prair*-9.

112e Thème.

La plus belle *mosq*-5 de Constantinople était autrefois l'église de Sainte-*Soph*-9 consacrée au culte du vrai *Di*-6.

Mon petit *Honor*-5, ne faites pas ainsi la *m*-13 ; cette grosse *plu*-9 n'est qu'une *ond*-5, elle n'aura pas de *dur*-5.

Le manœuvre La Rose se livrait à la *j*-15 lorsqu'il se heurta violemment contre un *ét*-4, et se meurtrit la *j*-13.

21e LEÇON (SUITE). — DE L'ORTHOGRAPHE DES ADJECTIFS EN ÉE, EN IE, ETC.

Faire faire de l'analyse expliquée, — avec le genre dans le substantif et dans l'adjectif.

PHRASE-TYPE. *O palais, sois béni ! sois bénie, ô ruine !*

RÈGLE XXIe. **Lorsqu'un adjectif terminé par le son É, I, U, AI, EU, est ajouté à un substantif féminin il doit finir par un E muet.**

Le n° 4 représente le son *è* (qui doit s'écrire ici par *ai* ou par *aie*).
N° 5, son *é*. —— N° 9, son *i*. —— N° 13, son *ou*.
N° 6, son *eu*. —— N° 12, son *u*. —— N° 15, — *oi*.

113ᵉ Thème.

Copier et déchiffrer comme dans les précédents.

Léon-9 a été (1) *plac*-5 dans une pension de la *banli*-6 avec *Lyd*-9.
Coral-9 est *tomb*-5 dans la *r*-12, sa *jol*-9 robe *bl*-6 est toute *tach*-5.
La *h*-13 de Christophe a été *retrouv*-5 par la petite *Doroth*-5.
Elle était bien *vr*-4 la *j*-15 que *Jul*-9 a *ressent*-9 de votre *arriv*-5.
Sidon-9 a la *v*-12 *affaibl*-9 et fort courte, elle est myope.
Voyez comme ma vieille *t*-13 s'est *ensabl*-5 dans la *b*-4 !

114ᵉ Thème.

L'*aun*-4 que ma *Théon*-9 a *travers*-5 est un peu trop *touff*-12.
Admirez cette voile *gonfl*-5, et mollement *agit*-5 par les zéphyrs.
L'histoire qu'*Anastas*-9 nous a *racont*-5 est-elle bien *vr*-4 ?
La *jol*-9 branche de houx que j'ai *coup*-5 dans ma *houss*-4 sera-t-elle
  plac-5 dans le bouquet de *Zénob*-9 ?
Quelle *jol*-9 *qu*-6 étale le paon lorsqu'il fait la *r*-13 !

115ᵉ Thème,

renfermant des mots masculins et des mots féminins.

Que la yole de *Mathi*-6 est *jol*-9 ! que ce yacht est bien *pavois*-5 !
Un *hib*-13 *poursuiv*-9 s'est *refugi*-5 dans la *châtaigner*-4.
La *monarch*-9 est le gouvernement d'un pays *rég*-9 par un seul : empereur, *r*-15, prince; — la *monarch*-9 est *appel*-5 *absol*-12 lorsque
  la volonté du monarque est seule *consult*-5.
La douleur *caus*-5 par la piqûre de la *sangs*-12 est quelquefois très-
  aig-12 (2).

116ᵉ Thème.

Au mois de Décembre le *gu*-9 *sacr*-5 était *cueill*-9 dans les Gaules par
  le chef des Druides, avec une faucille d'or *réserv*-5 pour cette *céré-
  mon*-9 *sacr*-5.
Une réponse *ambig*-12 (2) cache parfois une fine *railler*-9.
La bataille de Tolbiac a été *perd*-12 par les Allemands et *gagn*-5 par
  notre *r*-15 Clovis. Que la *j*-15 des Francs vainqueurs dut être
  grande !

(1) Le mot *été* adjectif ou participe du verbe *être* ne prend jamais la marque du féminin.
(2) Les adjectifs dont le masculin est en *gu* ont le féminin en *guë*, avec le tréma (̈).

153e Dictée ou Copie.

Dans ces deux dictées, mettre :
S. m. sous les substantifs masculins ; — S. f. sous les substantifs féminins.

Léocadie était née très-jolie, mais elle ne s'est pas montrée assez sensée pour rester telle que le bon Dieu l'avait créée : elle s'est habituée à la minauderie ; elle s'est enlaidie ; et, par sa coquetterie, elle s'est rendue presque hideuse.

Voyez, Clélie, votre jolie robe bleue, la voilà maintenant toute chiffonnée, salie, mouchetée de taches de boue, un peu déchirée même ; vous vous serez accrochée à quelque clou en jouant comme une folle : pour vous punir de votre mauvaise tenue, je vous laisserai à la maison ; et, Lucie et nous, nous irons nous promener à une lieue d'ici, dans un lieu charmant où nous trouverons des choses qui nous récréeront.

154e Dictée ou Copie.

— Dieu a créé le monde en six jours : Adam a été créé le sixième jour ; Ève, sa femme, fut créée après lui, et formée d'une de ses côtes. Sollicité par sa femme, Adam mangea du fruit défendu, il fut chassé du Paradis-Terrestre ; Ève en fut chassée également : et le bon Dieu irrité plaça un ange armé d'une épée nue à la porte du beau jardin. Ève voulut revenir dans ce lieu de délices, mais à la vue de l'ange, elle fut effrayée, et jamais elle n'est rentrée dans le Paradis ; Adam n'y est pas rentré non plus.

155e Dictée ou Copie.

Dans ces trois dictées, mettre :
A. m. sous les adjectifs masculins ; — A. f. sous les adjectifs féminins.

Le petit Henri avait une belle cage que sa tante Amélie lui avait donnée, et dans cette cage se jouaient deux charmants oiseaux : une jolie serine huppée, et un bengali. Un jour que Henri portait sa cage dans l'allée des tilleuls, il est tombé ; la cage est tombée aussi, elle s'est brisée, le bengali s'est envolé, et la serine seule, à demi écrasée, est restée au petit étourdi : il l'a rapportée dans la chambre de sa maman ; mais

il a été bien grondé, parce qu'on lui avait défendu de porter
la cage dans le parc.

156ᵉ Dictée ou Copie. — Dis donc, Anastasie, le joli
petit chat de ta bonne amie Zélie qui est tombé par la fenêtre;
le pauvre Bibi! il a la patte cassée et le museau tout écorché :
mais est-ce que ta poupée est tombée par la fenêtre aussi?
mon Dieu! comme elle a la figure rayée, égratignée, fracas-
sée! comme sa robe est salie, comme sa mantille est plissée,
chiffonnée! elle est beaucoup moins conservée que celle de
Stéphanie; elle a été certainement moins soignée!..... Mais
pourquoi cesses-tu d'être gaie? Pourquoi sembles-tu faire la
moue? Pourquoi nous montres-tu un visage refrogné? cela
n'est pas joli!... Allons, reprends ta bonne humeur accoutu-
mée, celle que tu as lorsque tu t'es bien récréée.

157ᵉ Dictée ou Copie.

Dans les quatre dernières dictées de cette vingt et unième leçon, mettre :
S. f. sous les substantifs féminins ; — A. f. sous les adjectifs féminins.

La petite Valérie était douée d'un heureux naturel; mais,
restée orpheline à cinq ans, elle avait été confiée par sa
grand'mère aux soins d'une bonne qui l'avait gâtée, elle était
devenue fantasque, bourrue, et même colère. A chaque instant Valérie avait une fantaisie nouvelle, quelque saillie
d'humeur, quelque emportement; aussi, quoiqu'elle eût un
très-bon cœur, elle n'avait pas une seule amie, et dans le
jardin des Tuileries, où sa bonne la conduisait souvent, elle
était fuie en quelque sorte par toutes les petites filles : tu le
comprendras aisément, Octavie; jouerais-tu avec une enfant
qui t'aurait rebutée, humiliée, maltraitée même quelquefois?

158ᵉ Dictée ou Copie (*suite*). — Êtes-vous là? Émilie, Edmée et Octavie, venez, et je vous dirai comment la
petite emportée est revenue à la raison; car elle s'est corri-
gée enfin. — Valérie avait été douce et patiente pendant
quinze longs jours; sa bonne maman l'avait récompensée en
lui donnant un magnifique trousseau de poupée; l'enfant ne

5

se possédait pas de **joie**, et pour jouir de son trésor elle tira du carton qui le renfermait une délicieuse capote orn**ée** des fleurs les plus délicates, une jol**ie** écharpe de gaze bl**eue** brod**ée** en **soie** blanche, une robe d'organdi garn**ie** de deux volants, un canezou brodé ; et elle commença à habiller la poup**ée** que sa tante Séraph**ie** lui avait donn**ée**.

159e Dictée ou **Copie** (*fin*). — Valér**ie**, cependant, peu habitu**ée** encore à ses fonctions de femme de chambre, ne put d'abord réussir à faire passer les bras de SA MADAME dans les manches de la robe : alors elle frappa du pied, entra en fur**ie**, et secoua si violemment le bras de la poup**ée** qu'il lui resta dans la main..... Au bruit, madame Du Rocher était entr**ée** dans la chambre de sa petite-fille, et elle la regardait s'agiter ; mais Valér**ie**, aveugl**ée** par la colère, ne l'avait ni **vue**, ni entend**ue** : un mot l'ayant tir**ée** de son égarement, elle fut tellement humili**ée** d'avoir été aperç**ue** par sa grand'mère en cet état voisin de la folie qu'elle résolut de se corriger; dès ce moment elle en demanda chaque jour la grâce au bon Dieu : sa prière était fervente, elle fut exauc**ée**; et Valér**ie** est maintenant la plus patiente, la plus douce, et aussi la plus aim**ée** de toutes les petites filles que je connais.

160e Dictée ou **Copie**. (*Vers.*)

Un frêle cerf-volant,
Bien doré, bien luisant,
Bouffi d'impertinence...
Allait, venait, brillait, faisait flotter sa **queue**,
Et jaune, et rouge, et bl**eue**,
Sur le bec de l'oiseau du souverain des cieux.
L'aigle rit...   (*Fumars.*)

Un aigle qui portait en l'air une tort**ue**
Passa par là, vit l'homme ; et sur sa tête **nue**
Qui parut un morceau de rocher à ses yeux,
Étant de cheveux dépourv**ue**,
Laissa tomber sa pr**oie** afin de la casser.   (*La Fontaine.*)

Le n° 4 représente le son *é* (qui doit ici s'écrire par *ai* ou par *aie*).
No 5, son *é*. —— No 9, son *i*. —— No 13, son *ou*.
No 6, son *eu*. —— No 12, son *u*. —— No 15, — *oi*.

22e LEÇON. — APPLICATIONS NOUVELLES DES RÈGLES XX ET XXI.

La fumée de la suie se répand dans la rue.
O palais, sois béni ! sois bénie, ô ruine! (Pages 101 et 102.)

Faire faire des exercices d'analyse comme pendant la vingt et unième leçon; — puis faire conjuguer : *louvoyer, s'avancer, payer, forger, s'ennuyer*, etc., avec leurs participes.

117e Thème.

1° Copier; — 2° déchiffrer (c'est-à-dire remplacer les chiffres par les lettres que la règle indique).

Chaque matin ma première *pens*-5 est pour le bon *Di*-6.
Si vous cousez bien, *Natal*-9 , je vous donnerai un *d*-5 d'or, un *étu*-9 dor-5, et une grande *poup*-5 *vét*-12 en *mari*-5, avec un *jol*-9 voile de tulle *brod*-5, et une guimpe *pliss*-5.
Une *épizoot*-9 cruelle règne dans la *vall*-5, à une *li*-6 à la ronde; plus de deux mille moutons y sont morts cet *ét*-5 de la *clavel*-5.

118e Thème.

La *tru*-9 est la femelle du porc; et on nomme *l*-4 la femelle du sanglier, mon petit *Barnab*-5.
Voyez cette *tru*-9 sale buvant l'eau fétide et *corromp*-12 du *foss*-5, et laissant la bonne *jatt*-5 de lait *caill*-5 que *Jul*-9 lui a *prépar*-5!
Une *roser*-4 est un terrain qui n'est *plant*-5 que de rosiers.
Souffrit-on jamais une douleur plus *aig*-12 ! (*V.* la note 2, page 103.)

119e Thème.

renfermant des singuliers et des pluriels (avoir soin d'indiquer le pluriel).

Mon *fich*-12 de *s*-15 est *tomb*-5 dans la *chemin*-5; il va être *brûl*-5.
Plaçons et rangeons dans le fenil les deux *charret*-5 du foin que nos travailleurs nous ont *fauch*-5 dans ce *pr*-5.
Andr-5 et *Clél*-9, regardez de ce *côt*-5; les deux belles *fus*-5 volantes!
Deux *l*-4 se sont *réfugi*-5 dans mon parc avec leurs marcassins.
La *Normand*-9 et la *Picard*-9 sont deux provinces *contig*-12.

Le n° 4 représente le son *è* (qui doit ici s'écrire par *ai* ou par *aje*).
N° 5, son *é*.   ——   N° 9, son *i*.   ——   N° 13, son *ou*.
N° 6, son *eu*.   ——   N° 12, son *u*.   ——   N° 15, — *oi*.

120ᵉ Thème.

Copier et déchiffrer comme dans les précédents (en ayant soin d'indiquer le pluriel)

Je fis trois *li*-6 dans des *prair*-9 *émaill*-5, *entrecoup*-5 de *r*-12 fréquent
et de *saign*-5, avant d'arriver à cette cité tant *désir*-5.

Hermin-9 s'est *réjou*-9 parce que les *t*-4 qui affaiblissaient sa *v*-12 son
radicalement *guér*-9 ; l'oculiste l'a *soign*-5 longtemps.

C'est en *As*-9 que la ville de Jérusalem est *situ*-5.

J'ai dans mon album de *jol*-9 *v*-12 de Suisse fort bien *dessin*-5.

121ᵉ Thème.

Vous verrez dans votre *mytholog*-9 Hercule *appuy*-5 sur sa *mass*-12
puis, près du dieu Pan, de vilains satyres *corn*-12.

Chacun parle de vos *haquen*-5 *pommel*-5 ; on dit qu'elles ont la *qu*-4
coup-5, et qu'elles sont *fourb*-12 d'hier : cela est-il *vr*-4 ?

Selon les Anciens, une *harp*-9 était un monstre *ail*-5 qui avait un visage
de femme, un corps de vautour, et des ongles *croch*-12.

122ᵉ Thème.

On fait la *batt*-12 dans les *Tuiler*-9, ce *li*-6 va bientôt être désert.

Autrefois le cadavre de tout homme qui s'était *suicid*-5 était *traîn*-5
dans les *r*-12 sur une *cl*-4 infâme, et *expos*-5 ainsi, sinon à la *ris*-5,
du moins aux *hu*-5 de la populace : ces marques d'*infam*-9 faisaient
comprendre aux passants que c'était une bien coupable *pens*-5 que
le malheureux avait *conç*-12 et *exécut*-5.

123ᵉ Thème.

Toute la *v*-15 publique fut *pavois*-5 d'affiches jaunes, rouges, *bl*-6 ; la
v-12 en était *récré*-5.

Une *houss*-4 est un *li*-6 *plant*-5 de houx.

Des *prophèt*-9 annonçaient la *ven*-12 du Sauveur bien des siècles avant
qu'il parût sur la terre, les circonstances mêmes de sa Passion y
étaient toutes *présent*-5 ; — ces *prophèt*-9 se sont *réalis*-5.

124ᵉ Thème.

Les animaux terrestres furent *cré*-5 avant le premier homme, mais la
femme fut *cré*-5 après lui ; les astres et les arbres avaient été *cré*-5
avant les animaux.

Admirez ces deux paons qui font la *r*-13 ; quelles belles *qu*-6 ! qu'elles
sont brillantes et bien *dessin*-5 !

Bonne *renomm*-5 vaut mieux que ceinture *dor*-5.

161ᵉ Dictée ou Copie.

Dans ces deux dictées, mettre :
M. s. sous chaque substantif (ou *pronom*) masculin et singulier.
F. s. sous chaque substantif (ou *pronom*) féminin et singulier.

La Laponie, située au nord du golfe de Bothnie, est un pays où le froid est excessivement rigoureux : lorsque la terre y est durcie par la glace, elle présente en quelques lieux des pointes aiguës comme de petits cailloux ; mais un dégel, immédiatement suivi d'une gelée, fait parfois en un instant du sol de cette région glacée une surface parfaitement unie, une voie sur laquelle on se transporte facilement dans des traîneaux.

Les habitants de la Laponie sont appelés Lapons : leur taille est fort exiguë ; ils ont la tête grosse, les yeux petits et enfoncés, le nez épaté, le visage pâle, et les jambes grêles et menues : leur imagination est lente et comme engourdie.

162ᵉ Dictée ou Copie. — Une fauvette transportée dans la ville était tombée dans la mélancolie parce que ses chansons n'y avaient pas été appréciées, que son talent y était méconnu : découragée, elle regagnait les lieux dont la seule pensée lui rappelait tant de joies ; et là, voltigeant sur les haies qui bordaient des prairies émaillées, elle aperçut un âne immobile et languissamment étendu sur des herbes hautes et touffues, que jadis il eût avidement broutées. Vivement émue par la tristesse du roussin d'Arcadie, la fauvette lui demanda par quoi elle était causée.

163ᵉ Dictée ou Copie (*suite*).

Dans ces dictées, mettre : *A. m. s.* sous chaque adjectif masculin et singulier.
A. f. s. sous chaque adjectif féminin et singulier.

Touché de la sympathie qu'il trouvait dans la fauvette, l'âne lui dit : Je servais avec zèle un maître que j'aimais ; ma tendresse a été méconnue, j'ai été maltraité ! j'ai fui, et ∴ Il allait continuer, et sans doute il se serait étendu sur ses illusions passées, et sur ses ennuis présents qu'il appelait des maux, lorsque survint le petit Aimé qui se promenait avec sa

sœur : — Ah! vois donc, Mélanie! s'écria-t-il rempli de
joie, vois donc cet âne abandonné! si tu veux nous l'emmè-
nerons : ses maîtres nous le réclameront sans doute, mais
jusqu'à ce que nous le leur rendions nos parents nous per-
mettront, j'espère, de le garder : ah! comme nous nous amuserons!... puis Aimé sauta sur l'âne devenu sa proie, et il
le fit galoper dans la verte prairie.

164e Dictée ou **Copie** (*fin*). — Aimé flattait sa mon-
ture par des caresses réitérées ; et charmé de se sentir entre
des mains amies, l'âne parcourait gaiement ces prairies
émaillées que naguère encore il n'avait regardées qu'avec
mélancolie : cependant Aimé regagnait la demeure de ses parents, et Mélanie le suivait avec peine ; tout (*inv.*) essoufflée
encore elle raconta l'aventure qui leur était arrivée : après
l'avoir écoutée, son père dit : Je vous donnerai pour cet âne
une place dans mon écurie jusqu'à ce qu'il soit réclamé. Jugez quelle fut la joie d'Aimé et de Mélanie! quant à la pauvre bête (qui ne fut jamais réclamée), soignée avec tendresse
par ses maîtres nouveaux, choyée, fêtée même chaque jour,
elle oublia promptement toutes ses peines passées.

165e Dictée ou **Copie**. — La nation juive, nation ché-
rie du Seigneur, était formée et réunie sous un chef ; elle
avait une patrie, et une législation sage, complète et respec-
tée ; enfin elle connaissait la vraie religion et le vrai Dieu
lorsque la plupart des autres nations étaient plongées encore
dans les ténèbres de l'idolâtrie : alors que la Médie et la
Perse, si renommées depuis, étaient à peine policées ; que
la Grèce était sinon inhabitée, au moins presque inconnue ;
que la ville de Rome n'était pas fondée ; que notre Gaule
était sauvage encore : en ce temps, dans l'Égypte seule peut-
être les sciences étaient cultivées et honorées, et quelques
arts étaient connus ; mais là même, les honneurs divins étaient
rendus à de vils animaux.

166e Dictée ou **Copie**. — La campagne de Lucques est
l'Arcadie de l'Italie. En quittant Pise on entre dans des gor-

ses resserrées; bientôt elles s'élargissent en vallées et deviennent un bassin de quelques lieues de circonférence, dont Lucques occupe le milieu, avec ses clochers élevés, ses tours élancées, etc. : on découvre sur le penchant des montagnes dont Lucques est environnée une nature infiniment plus accidentée, plus ombragée, plus arrosée, plus creusée, plus étagée, plus alpestre, plus apennine que la nature en Toscane : les cimes y sont voilées de châtaigniers et dentelées de roches : l'œil y embrasse des ermitages, des couvents, des hameaux, des maisons isolées, de majestueuses villas assises sur des pelouses entourées de cyprès.

(Imité de *Lamartine*.)

167e Dictée ou Copie. (*Vers.*)

UNE ISRAÉLITE.

Sion (*nom féminin*) jusques au ciel élevée autrefois,
Jusqu'aux enfers maintenant abaissée !..
Puissé-je demeurer sans voix
Si dans mes chants ta douleur retracée
Jusqu'au dernier soupir n'occupe ma pensée !

TOUTES LES ISRAÉLITES.

O rives du Jourdain ! O champs aimés des cieux !
Sacrés monts, fertiles vallées
Par cent miracles signalées !
Du doux pays de nos aïeux
Serons-nous toujours exilées ? (*Racine*.)

168e Dictée ou Copie.

Les quelques vers de La Fontaine que nous dicterons aujourd'hui nous présenteront beaucoup d'applications de notre règle.

Le lièvre était logé dessous un maître-chou;
On le quête, on le lance; il s'enfuit par un trou,
Non pas trou, mais trouée; horrible et large plaie
Que l'on fit à la pauvre haie. (*La Fontaine*.)
Le serpent a deux parties

Le n° 5 représente le son é. —— Le n° 31 représente l'articulation l.
Le n° 30 représente l'articulation r.—Le n° 34 représente l'articulation t.

Du genre humain ennemies,

Tête et queue...

La tête avait toujours marché devant la queue.

La queue au Ciel se plaignit,

Et lui dit :

Je fais mainte et mainte lieue

Comme il plaît à celle-ci. (*La Fontaine.*)

23e LEÇON. — DU FÉMININ DANS LES ADJECTIFS.

Faire faire des analyses expliquées, interroger longuement sur ce qui concerne
l'adjectif et le genre ;

Faire conjuguer : *s'appuyer, financer, patauger, maugréer*, etc., avec leurs
participes ;

— Enfin, faire étudier dans : ÉLÉMENTS, etc., les n°s 183, 184, 185 et 187 ;

— et faire copier le verbe *finir*, n° 186 de : ÉLÉMENTS, etc.

PHRASE-TYPE. *Le ciel devint tout noir, et la mer noire aussi.*

RÈGLE XXIIᵉ. **Tout adjectif qui est ajouté à un substantif féminin finit par un E muet.**

125ᵉ Thème.

1° Copier; — 2° déchiffrer (c'est-à-dire remplacer les chiffres par les
lettres que la règle indique).

Mon *cher* Aim-5, ma *chè*-30 Lydie, je vous souhaite un bon voyage.

A Rome les rois vaincus marchaient derrière le char *triomphal* pendant
toute la marche *triompha*-31 du vainqueur orgueilleux.

Le fruit que vous cueillez n'est pas *mûr*, il sera *malsain*; toute pêche
qui n'est pas suffisamment *mû*-30 est *malsaine*.

Ayez un langage *correct*, et une orthographe *correc*-34.

126ᵉ Thème.

Le long d'un *clair* ruisseau buvait une colombe, et que buvait-elle? de
l'eau *clai*-30, sans aucun doute.

Un enfant *civil* est bien accueilli partout, mais qui voudrait recevoir
une petite fille *incivi*-31, ma *chè*-30 Edmée?

Le valet de chambre de mon père est un domestique *sûr*, ma mère
n'est pas aussi *sû*-30 de la fille de basse-cour.

Le nº 4 représente le son è.		
Nº 5, son é.	—— Nº 12, son u.	—— Nº 30, — r.
Nº 6, son eu.	—— Nº 13, son ou.	—— Nº 31, — l.
Nº 9, son i.	—— Nº 15, — oi.	—— Nº 34, — t.

127ᵉ Thème.

Copier et déchiffrer comme dans les précédents.

Ce thème et les suivants renferment de nombreuses applications des règles xx et xxi, pages 101 et 102.

Le gigot que mon père a *découp*-5 hier était fort *dur*, mais elle n'était pas *du*-30 la bécassine que j'ai *découp*-5, moi; le fait est *sûr*.

La magnifique *fut*-4 que longeait cette *all*-5 est *deven*-12 l'an *pass*-5 la *pr*-15 des flammes, la chose est *sû*-30 et certaine.

Agiter un hochet, quel *j*-6 *puéril*, ma *chè*-30 Clémentine! mon *Di*-6! que cette occupation est *puéri*-31!

128ᵉ Thème.

Tout en tout est *divers* : rien n'est plus *vr*-4 que cette *pens*-5.

Chacun des orateurs émit dans *l'assembl*-5 une opinion *diverse*; telle était la *vr*-4 cause du *charivar*-9 que nous entendîmes.

Polichinelle a sur la *j*-13 droite un gros point *noir*, n'est-ce pas une *verr*-12 *noi*-30? — Non, c'est une *araign*-5! Eh bien, quelle *fol*-9! pourquoi la menacer du poing?

129ᵉ Thème.

Le *seul* bien du pauvre est le *p*-6 qu'on lui donne.

La politesse est la *seu*-31 *monn*-4 qui ait cours également dans toutes les *contr*-5.

Dans son réduit *obscur* et modeste *Andr*-5 boit un vin pur et *clair*.

La chambre de ma bonne *Elod*-9 est tellement *obscu*-30 qu'elle ne peut distinguer en plein jour si son eau est *pu*-30 et *clai*-30, ou si elle est *troubl*-5.

130ᵉ Thème.

L'Orient est souvent *suspect* de peste; la personne qui en arrive, *considér*-5 comme *suspec*-34, fait quarantaine dans un lazaret.

Ma *chè*-30 *Aim*-5, ne sois jamais ni *fiè*-30, ni hautaine, ni *altiè*-30.

Rien n'est plus bas, plus *vil* que le mensonge, mon *cher* James.

Mendier sans nécessité est une action bien *vi*-31, ma *chè*-30 *Aspas*-9.

131ᵉ Thème.

Lorsque le fruit n'est pas *cueill*-9 assez *mûr* il est amer, acide, aigre, *sur*; cela est *sûr*.

5.

| Nº 4, son *è*. | —— | Nº 9, son *i*. | —— | Nº 30, — *r*. |
| Nº 5, son *é*. | —— | Nº 12. son *u*. | —— | Nº 31, — *l*. |

Goûtons de cette oseille nouvellement *cueill*-9 ; elle est jeune, et *Mar*-9 est *sû*-30 qu'elle n'est pas trop *su*-30.

La prune que vous m'avez *donn*-5 était bien *mû*-30, et cependant elle était *amè*-30.

132ᵉ Thème.

Vous cherchez des roses dans une *chên*-4 ? vous avez donc la *berl*-12 ?

Octav-9, que toutes vos paroles soient douces, *mesur*-5, et gracieuses.

Des paroles *incivi*-31 dénotent une éducation *néglig*-5.

Mes *ché*-30 petites *am*-9, conservez toujours *grav*-5 dans votre *pens*-5 ce proverbe si *vr*-4 : La mauvaise *pl*-4 se guérit, la mauvaise *renomm*-5 ne se guérit point.

PRINCIPE GÉNÉRAL D'ORTHOGRAPHE.

Tout adjectif féminin finit par un E (*e muet*).

169ᵉ Dictée ou Copie. (*Prose et Vers.*)

Dans les dictées de cette leçon, indiquer en abrégé (**M**.**s**. — **F**.**s**.—**M**.**pl**.—**F**.**pl**.) le genre et le nombre des adjectifs.

Comment en un plomb vil l'or pur s'est-il changé ?

La *créature* la plus vile selon le monde peut être la plus pure aux yeux de Dieu.

Rien n'est vrai comme ce qu'on sent.

La vraie *épreuve* du courage
N'est que dans le danger que l'on touche du doigt.

Il est bon de parler, et meilleur de se taire.

En se tenant aux pieds de Jésus-Christ, Marie a pris la meilleure *part*.

170ᵉ Dictée ou Copie. — Les *femmes* de Bethléem sont habillées absolument comme la sainte *Vierge* dans les tableaux qui la représentent… : *robe* bleue, manteau rouge; où *robe* rouge, manteau bleu, et un voile par-dessus.

Les *maisons* de l'ancienne *ville* de Babylone n'étaient pas contiguës ; *elles* étaient au contraire séparées les unes des autres par un espace vide.

L'autorité des pères sur leurs enfants est l'origine de l'autorité royale.

Comment la noblesse fut-*elle* créée en France ?... Le plus
brave était d'abord le plus puissant...

On nomme *tendresse* filiale l'amour des enfants pour leur
père et leur mère.

171ᵉ Dictée ou Copie.

Quel chapeau et quelle *robe* mettrai-je aujourd'hui, bonne
mère, pour sortir avec mon cher petit papa ? le ciel est bien
obscur, il n'est pas pur du tout ! — Mets ton chapeau de ve-
lours noir et ta jolie *robe* de *soie* noire, ma chère *Odette* : il
serait incivil, inconvenant pour ton père que *tu* ne fusses pas
suffisamment bien vêtue lorsqu'il est assez bon pour t'emmener ; tu pourrais bien mettre ta robe de *soie* bleue ; mais si une
pluie abondante et continue vous surprenait, ta *robe* serait
perdue, *tu* peux en être sûre ; il faut éviter cela : avec ta
belle *robe* de *soie* noire *tu* seras peut-être plus parée que tes
petites *amies*, mais, s'il en est ainsi, *tu* ne t'en montreras pas
fière ; tu penseras que les plus beaux de tous les vêtements sont
un esprit sensé et surtout une *âme* pure.

172ᵉ Dictée ou Copie. — Toutes les fois que nos chers
petits enfants nous témoigneront le désir de s'instruire, et nous
écouteront attentivement, nous leur apprendrons quelque chose
de nouveau, et nous leur ferons des *explications* aussi claires
que nous le pourrons : or, mes petites *amies*, je vous parlerai
dans la dictée d'aujourd'hui d'une *coutume* fort touchante,
coutume locale, ancienne, qui devrait subsister encore et être
générale ; mon récit sera vrai, et *vous* en serez touchées, mes
chères *filles*. Mais l'*heure* est trop avancée maintenant..... à
demain donc la jolie *dictée* où je vous présenterai un exemple
de la vraie *charité*.

173ᵉ Dictée ou Copie (*suite*). — Le jour de *Pâques*
(*nom féminin ici*) fleuries, dit un voyageur, je fus témoin a
Marseille d'une cérémonie dont mon *âme* fut vivement émue :
en ce jour les enfants trouvés sèchent leurs *larmes* amères,

et, portant dans leurs mains des *branches* de laurier ornées de fruits et chargées de gâteaux, tous proprement vêtus, tous gais et réjouis, ils parcourent les *rues* encombrées de promeneurs : en ce jour ils ont le privilége (et quelle *personne* serait assez fière, quelle *âme* serait assez dure pour penser même à le leur ravir!), ils ont le privilége d'appeler tous ceux qu'ils rencontrent : « Mon cher père ! ma chère *mère!*..... » Grâce à cet usage pieux, le nom si doux de père ou de mère a du moins été prononcé une fois dans l'année par ces pauvres enfants délaissés ; une *pensée* gaie, gracieuse et douce s'est présentée une fois par an à leur *imagination* flétrie.

174ᵉ Dictée ou Copie. — Mes chères petites *amies,* je vous décrirai encore aujourd'hui une *chose* vraie, une *cérémonie* publique dont vous n'entendîtes jamais parler peut-être, et que nos parents ne virent qu'à une *époque* assez reculée déjà; mon récit ne sera pas gai, mais il sera vrai et touchant.

Pendant mon séjour à Marseille, dit le voyageur dont je vous parlai hier, je fus un matin réveillé par une grande *sonnerie;* je me levai à la hâte, je sortis, et je vis les principales *rues* jonchées de fleurs, et tendues de *tapisseries* magnifiques : la *ville* entière était en mouvement, mais la *joie* s'y montrait calme et pure ; les *physionomies* étaient gaies, épanouies, mais graves ; et tout annonçait quelque chose d'imposant : on fêtait la délivrance des captifs qui avaient été longtemps esclaves dans des *contrées* éloignées, sur les *rives* étrangères.

175ᵉ Dictée ou Copie (*suite*). — Ces captifs délivrés des fers des Barbaresques étaient surtout des chrétiens devenus la proie des corsaires, et qui, chargés de lourdes *chaînes,* jetés dans des *prisons* obscures et infectes, avaient été pendant de longues *années* astreints à de rudes travaux, et réduits à la *servitude* la plus dure : ils semblaient oubliés du monde ; la religion, et la *religion* seule, était venue à leur secours. Des moines nommés les Trinitaires (*nom propre*) s'étaient rendus dans la Barbarie, où languissaient les malheureux chrétiens; ils les avaient rachetés à prix d'argent, et ils les ra-

Le n° 5 représente le son *é*.
—— N° 9, son *i*.   —— N° 12, son *u*.   —— N° 15, — *oi*.

menaient dans leur chère *patrie* ; là ces infortunés étaient
sûrs d'être accueillis, fêtés, reçus avec transport, et baignés
des *larmes* fraternelles.

24ᵉ LEÇON. — DE L'ORTHOGRAPHE DES SUBSTANTIFS ABSTRAITS EN *TÉ* ET EN *TIÉ*.

Faire continuer les analyses expliquées, et s'occuper encore du genre ;
—Puis faire conjuguer : *choyer, bâtir, suppléer, démolir, singer, s'étourdir*, etc.,
avec tous leurs participes.
— Enfin, faire étudier dans : ÉLÉMENTS, etc., les nᵒˢ 188, 189, etc., jusqu'à 192,
après avoir fait revoir les nᵒˢ 183, 184, 185 187.

PHRASE-TYPE. *L'amitié disparaît où l'égalité cesse.*

RÈGLE XXIIIᵉ. **Les substantifs féminins terminés en TÉ et en TIÉ ne prennent pas d'E muet à la fin quand ils désignent une chose** (*des choses*) **qu'on ne peut que comprendre, quand ils sont abstraits enfin.** (*Mais si le mot terminé en* té *désigne une chose qu'on peut toucher ou voir, qui existe matériellement, il doit finir par* tée.)

133ᵉ Thème.

Copier, — et déchiffrer (c'est-à-dire remplacer les chiffres par des lettres).

La Foi, l'Espérance et la *Charit-5* sont les trois vertus théologales. —
La *Charit-5* est la plus excellente des trois...
La *simplicit-5* plaît sans étude et sans art.
Il y a dans l'Italie des sites d'une admirable *beaut-5*.
La *vanit-5* nous rend aussi dupes que sots.
Norbert, ne mangez que la *moiti-5* de cette noix.

134ᵉ Thème.

Votre *indocilit-5* vous attirera des châtiments, on sera sans *piti-5*.
Soutenez votre sceptre avec l'*autorit-5*
Qu'imprime au front des rois leur propre *majest-5*.
La *cruaut-5* de l'empereur Néron vous est *conn-12*, Stéphen.
La *nécessit-5* est la mère des arts, la *pauvret-5* est leur marâtre.
Loyaut-5 vaut mieux qu'argent.

		Le n° 5 représente le son é.			
N° 9, son i.	——	N° 13, son ou.	——	N° 30, — r.	
N° 12, son u.	——	N° 15, — oi.	——	N° 31, — l.	

135ᵉ Thème,

renfermant en outre des applications des trois dernières règles.

Copier et déchiffrer comme dans les précédents.

Rem-9 a été le *r*-15 de la fève, mais sa *royaut*-5 n'a pas eu une longue *dur*-5, elle s'est *évanou*-9 avec la *soir*-5.

Prenez la *moiti*-5 de ce *pât*-5 de foies gras, et faites la *pât*-5 (1) de Médor.

La *prospérit*-5 aveugle l'homme faible et vaniteux.

Par *piti*-5, achetez-moi cette *charret*-5 (1) de fagots !

La *duret*-5 envers les pauvres est odieuse au Seigneur.

136ᵉ Thème.

Sylv-9, ta *dict*-5 (1) n'est pas *soign*-5, et elle est *rempl*-9 de *pât*-5 ; la *contrariét*-5 que j'en éprouve sera *ressent*-9 et *partag*-5 par ta mère.

Cette noix a été à *moiti*-5 *rong*-5 par une souris ; la *j*-15 de la petite bête fut aussi grande, sans doute, que son *avidit*-5.

La *calamit*-5 nous poursuit, la *pr*-13 de notre navire s'est *bris*-5 sur la *jet*-5 (1) du Havre.

137ᵉ Thème.

Chaque matin, pour rétablir sa *sant*-5 *délabr*-5, ma chère *Aspas*-9 prend une pleine *jatt*-5 (1) de lait d'ânesse bien chaud.

La vertu souvent *méconn*-12 sur cette terre, souvent *calomni*-5 par les méchants, et l'objet de leur *inimiti*-5, sera *récompens*-5 dans le ciel par une *félicit*-5 sans fin.

La *captivit*-5 des Juifs à Babylone dura soixante-dix *ann*-5.

138ᵉ Thème.

Donner aux mots pluriels la marque de ce nombre.

Les *propriét*-5 *médicina*-31 de tous les simples n'ont pas encore été *reconn*-12 et *constat*-5 par la science.

Un juge impie et sanguinaire exerça des *atrocit*-5 *inou*-9 sur le plus jeune des sept frères Machabées.

Les petits présents entretiennent l'*amiti*-5 ; prenez cette *poup*-5, *Luc*-9.

Félic-9, faites mes *amiti*-5 à votre *ché*-30 cousine.

---

(1) Cette chose existe matériellement ; on peut la toucher, la voir, etc.

	Le n° 5 représente le son *é*.	
N° 9, son *i*.	—— N° 15, — *oi*. ——	N° 31, — *l*.

139ᵉ Thème.

Copier et déchiffrer, en pensant à donner aux mots pluriels la marque de ce nombre.

L'exactitude et la *ponctualit*-5 sont deux *qualit*-5 bien essentielles, et presque des vertus *socia*-31, mon cher *Ren*-5.

On travaille avec une grande *activit*-5 à réparer les *jet*-5 que la dernière tempête avait fort *endommag*-5.

Toute *iron*-9 est une *contre-vérit*-5 : pensez-y bien, ma *Léon*-9.

Le bonheur n'est qu'une *continuit*-5 d'actions conformes à la vertu.

140ᵉ Thème.

Dans l'*Ital*-9, et dans d'autres *contr*-5 *méridiona*-31, les *inimiti*-5 sont tellement *prononc*-5 parfois, et tellement *enracin*-5, qu'elles deviennent héréditaires; cela blesse fort la *charit*-5.

Dieu tempère par des *adversit*-5 les *j*-15 de l'homme de bien, afin que les *prospérit*-5 ne l'éloignent pas de la *v*-15 qui conduit au ciel.

Il faut bien des *pellet*-5 de terre pour enterrer la *vérit*-5.

176ᵉ Dictée ou Copie.

Dans ces dictées, indiquer en abrégé (*M. s.* — *F. s.* — *M. pl.* — *F. pl.*) le genre et le nombre de chaque substantif (ou *pronom*).

MADAME BERNARD. Que j'ai pitié de ta simplicité, petite Zélie! Quoi! tu prends pour des vérités tous les contes bleus, toutes les histoires de fées, toutes les puérilités que ta bonne t'a racontées! Tu crois qu'une fée aurait la possibilité de te donner ou de te ravir à son gré la bonté, la sagesse, la liberté, la félicité, l'amitié de tes parents même! tu redoutes probablement encore la méchanceté de Croque-Mitaine?

ZÉLIE. Non, maman; mais je crains la malignité des revenants, et la férocité des loups-garous.

MADAME BERNARD. Ma chère petite! tous ces êtres sont imaginaires comme les fées! Le bon Dieu seul est le maître de tout : et comme c'est un père plein de bonté, lorsque ses enfants le servent avec fidélité et piété, lorsqu'ils écoutent avec docilité les inspirations de leur bon ange, il leur prépare toutes sortes de félicités.

177ᵉ Dictée ou Copie. — L'image que ton rère Pascal a réclamée ce matin, est-ce toi qui l'as cachée, ma Clélie, ou serait-ce ta cousine Aimée? Il est de toute nécessité que je sache qui a fait cette espièglerie; dis-le-moi avec naïveté, ou bien je vous gronderai, et je vous punirai toutes les deux, Aimée et toi. — Maman, je te parlerai avec sincérité, cette image, je ne l'ai point cachée, je l'ai jetée au feu : oui, je te dis la pure vérité, elle a été consumée par les flammes ; nous ne pourrons plus la montrer à ceux qui nous la demanderont pour en admirer la beauté.... mais ce n'est pas par méchanceté que je l'ai brûlée, c'est parce que je l'avais tachée sans le vouloir, et que j'ai craint d'être grondée ou punie pour ma malpropreté.

178ᵉ Dictée ou Copie. — Lorsqu'il créa l'homme, le Seigneur, dont la bonté n'a point de bornes, anima d'un souffle d'immortalité la boue qu'il avait pétrie de ses mains; il fit à l'homme une seule défense, et lui promit pour prix de sa fidélité une félicité éternelle et bienheureuse. Mais, hélas! telle est la fragilité humaine! Adam manqua de docilité, et il perdit ainsi le plus précieux de tous les trésors, l'amitié de son Dieu.

Dieu recommande aux Chrétiens la charité envers tous; il leur défend de nourrir des sentiments d'inimitié contre qui que ce soit, car tous les hommes sont frères.

Pardonnez-nous, Seigneur, nos iniquités passées; oubliez nos infidélités réitérées; et, dans votre bonté infinie, accordez-nous une vraie et solide piété.

179ᵉ Dictée ou Copie. — Qu'elle paraît succulente la PATÉE (1) que ma bonne Aurélie vient de faire pourMinette; et avec quelle avidité, quelle voracité, cette chatte la dévorera! mais pourquoi est-elle si colorée? — Parce que j'ai dit à Aurélie qu'elle y mette toute une ASSIETTÉE de la viande de mon pâté de lièvre. — Oh! mais c'est une bonté trop grande,

---

(1) Voir la note page 118.

et Minette est une chatte bien gâtée! — Que diriez-vous donc si je vous avouais que je lui fais donner chaque matin une JATTÉE de crème? — Je dirais que votre générosité pour un animal est presque une cruauté envers les humains.

180ᵉ Dictée ou **Copie.** — Ernestine et Bathilde, maintenant que la CHARRETÉE (1) de foin qui vous occupait tant est déchargée, revenez avec docilité finir la DICTÉE que nous commencions : contentez-moi, et je vous embrasserai. Écrivez donc :

Télémaque aperçut dans les Enfers les rois qui avaient abusé de leur puissance : d'un côté, une Furie vengeresse leur présentait un miroir qui leur montrait toute la difformité de leurs vices...; ils ne pouvaient s'empêcher de voir leur vanité grossière, leur dureté pour les hommes dont ils auraient dû faire la félicité, leur insensibilité pour la vertu, leur crainte d'entendre la vérité... enfin leur cruauté.   (*Fénelon.*)

181ᵉ Dictée ou **Copie.** — Les envoyés des Manduriens (*peuple*), venant demander la paix au roi de Crète, dirent : « O roi, nous tenons dans une main l'épée, et dans l'autre une branche d'olivier. Voilà la paix ou la guerre, choisis!... Nous avons horreur de cette brutalité qui, sous de beaux noms d'ambition et de gloire, va follement ravager les provinces. Ce que nous estimons, c'est la santé, la frugalité, la liberté, la vigueur du corps et de l'esprit; c'est l'amour de la vertu et la crainte des dieux, le bon naturel pour nos proches, l'attachement à nos amis, la fidélité pour tout le monde, la modération dans la prospérité, la fermeté dans les malheurs, le courage à dire toujours hardiment la vérité, l'horreur de la flatterie. »   (*Fénelon.*)

182ᵉ Dictée ou **Copie.** — Qu'avez-vous, Élisabeth et Glossinde? vous êtes toutes pâles, vous tremblez..... — Oh! maman, si tu savais ce que nous venons de voir sur la JETÉE (1)!

(1) Revoir la note, page 118.

Un infortuné vieillard, affaibli par le poids des ans et par l'adversité, portait une lourde HOTTÉE de marée ; succombant sous le faix, il semblait implorer la pitié des passants, lorsque, épuisé par la faim, il tomba sans mouvement. Un garçon restaurateur qui se trouvait à sa PORTÉE, s'avança avec rapidité, et donna au malheureux une ASSIETTÉE d'une bonne purée ; le vieillard la mangea avec avidité et reprit quelques forces ; mais, malgré ce secours de la charité, ce ne fut qu'avec des difficultés inouïes qu'il parvint au haut de la MONTÉE.

183ᵉ Dictée ou Copie. (*Vers.*)

Sur la différente conduite
De l'incrédule et du croyant
Souvent en secret je médite,
Et je m'éclaire en la voyant :
D'un côté je vois la folie,
La malice, l'iniquité,
L'imposture, la perfidie,
L'orgueil et l'inhumanité ;
J'aperçois de l'autre côté
Des mœurs et des maximes pures,
La sagesse et la probité,
L'oubli, le pardon des injures,
La douceur et l'humanité.   (*Panard.*)

VINGT-CINQUIÈME LEÇON. — 1° DES TERMINAISONS DU VERBE AU FUTUR INDICATIF

(GROUPE 1er).

Faire continuer les analyses expliquées et s'occuper particulièrement désormais de tout ce qui concerne le verbe (son *nombre*, sa *personne*, etc.).

Faire conjuguer : *amadouer, réunir, s'essuyer, grandir, jaunir*, etc., avec tous leurs participes;
Enfin, faire apprendre dans : ÉLÉMENTS, etc., les n°s 75, 75 *bis* et 128.

PHRASES-TYPES.

1° *Je marcherai pour vous* (dit l'aveugle).

2° *Il est écrit : Tu ne mentiras pas.*

3° *Ah! qui me donnera l'aile de la colombe!*

4° *Nous vous voiturerons par l'air en Amérique.*

5° *Vous verrez mainte république...*

6° *Vos yeux dirigeront mes pas mal assurés.*

TERMINAISONS DU FUTUR INDICATIF (GROUPE 1er).

RÈGLE XXIVe.

1° Tout verbe au futur indic. (*gr.* 1er) finit par AI quand il est ajouté à JE (1re personne du singulier).

2° Tout verbe au futur indic. (*gr.* 1er) finit par AS quand il est ajouté à TU (2e personne du singulier).

3° Tout verbe au futur indic. (*gr.* 1er) finit par A quand il est ajouté à IL, à ELLE, à ON, etc., ou à un substantif, ou *nom* (3e personne du singulier).

4° Tout verbe au futur indic. (*gr.* 1er) finit par ONS quand il est ajouté à NOUS (1re pers. du pluriel).

5° Tout verbe au futur indic. (*gr.* 1er) finit par EZ quand il est ajouté à VOUS (2e pers. du pluriel).

6° Tout verbe au futur indic. (*gr.* 1er) finit par ONT quand il est ajouté à ILS, à ELLES, etc., ou à un substantif, ou *nom* (3e pers. du plur.).

N° 2, son *a*.	—— N° 12, son *u*.	—— N° 18, son *on*.
N° 5, son *é*.	—— N° 13, son *ou*.	—— N° 30, — *r*.
N° 9, son *i*.	—— N° 15, — *oi*.	—— N° 31, — *l*.

141ᵉ Thème.

Copier et déchiffrer; — puis séparer par une ligne verticale | la terminaison du reste du mot-verbe. *Ex.*: j'achèter | ai.

Je vous *achèter*-5 un joli panier (P) d'osier (P) fin.

Je te *donner*-5 six feuilles d'un joli papier (P) à vignettes quand tu m'*apporter*-2 un cahier (P) entier sans un seul pâté.

L'ânier (P) *conduir*-2 fièrement ses coursiers (P) à longues oreilles, et nous l'*admirer*-18.

Vous *écouter*-5 à Venise les chants des gondoliers.

L'aubépine et l'églantier nous *embaumer*-18 dans les champs.

142ᵉ Thème.

Copier et déchiffrer, etc.; — puis appliquer les règles précédemment étudiées.

Léon, t'*amuser*-2-tu bien avec ton casque et ton bouclier (P)?

Nous *achèter*-18 des cartes à jouer chez le premier (P) cartier que nous *trouver*-18 dans notre quartier.

Aymar et Xavier nous *poursuivr*-18 à outrance l'*ép*-5 *n*-12 à la main, mais nous nous *défendr*-18 en braves chevaliers.

Jul-9, tu *pourr*-2 le dire avec vérité : Celui qui *dormir*-2 à l'ombre d'un mancenillier *perdr*-2 promptement la *v*-9.

143ᵉ Thème.

Vous ne *trouver*-5 que de la *b*-13 *noi*-30 dans votre encrier (P); apportez-le, je vous y *mettr*-5 de l'encre.

Olivier, tu *attacher*-2 tes livres avec cette *courr*-15, et tu les *porter*-2 toi-même lorsque Julien te *conduir*-2 au collége.

Je ne *manger*-5 pas une *seu*-31 noisette de votre noisetier.

Nos ennemis nous *présenter*-18 l'olivier, symbole de la paix, et nous nous *réconcilier*-18.

(P) PHRASE-TYPE. *Trouverai-je dans cette ville un* frangIER (ou frangER)?

Les mots qui se terminent en *ié* s'écrivent par *ier* à la fin.

Nota. À partir de cette leçon, les règles placées comme notes au bas des pages ne devront plus être étudiées que par les élèves avancés.

184e **Dictée** ou **Copie**.

Dans ces dictées, indiquer abréviativement le nombre *et la* personne *de chaque
verbe; séparer par une ligne verticale | les terminaisons de tous les mots du*
futur indicatif; *puis conduire un trait de plume du verbe à son sujet.*

Ma chère Eulalie, lorsque je sortirai demain, tu viendras
avec moi, et ton cousin Théodore nous accompagnera; car
je ne le laisserai certes pas ici pendant que tu te distrairas :
je vous mènerai tous les deux au boulevard, et vous vous y
amuserez beaucoup, tu peux en être sûre, parce que je vous
permettrai de vous arrêter devant toutes les boutiques de jouets;
tu verras là de magnifiques poupées, mais elles ne seront pas
les seules choses qui nous occuperont; nous regarderons
aussi les nouveautés, les broderies, etc. : quant à ton cousin,
les tambours et les fusils lui sembleront peut-être seuls dignes
de ses regards; hé bien, il les admirera tout à son aise.

185e Dictée ou **Copie.** — Marie allait avoir huit ans,
elle devenait fort raisonnable, et elle aimait beaucoup les pauvres. — Maman, dit-elle un jour, tu me feras un grand plaisir
si tu me donnes l'argent que te coûteraient les gâteaux et les
joujoux que tu m'apportes quelquefois, et que tu m'auto-
rises à en disposer à ma fantaisie. — Comme tu voudras, lui
répondit sa mère; mais je devine pourquoi tu me demandes
cela; hé bien, je te remettrai de plus les quatre francs que
je donne chaque semaine à deux malheureuses vieilles femmes;
tu les leur distribueras, et tu y ajouteras de ton argent ce
que bon te semblera; ainsi nous ferons nos charités à nous
deux : puis, dès que tu auras huit ans accomplis, je te met-
trai à ta pension pour le papier, l'encre, etc.; moins tu en
achèteras, plus il te restera d'argent; ainsi tu éviteras de
recommencer un devoir, tu ne feras plus de dessins sur la table avec ta poudre, tu ne tailleras plus tes crayons sans nécessité; et les pauvres auront tout ce que tu économiseras.

2° DES TERMINAISONS DU VERBE AU FUTUR CONDITIONNEL (*GROUPE 2e*).

— Faire apprendre dans : ÉLÉMENTS, etc., les nos 79, 79 *bis* et 129; — puis les nos 193 à 197.

PHRASES-TYPES.

1° *Je voudrais du bonheur...*
2° *Tu te romprais toutes les dents.*
3° *(Si vous étiez perdu). On dirait : Il est mort!*
4° *Nous pleurerions ici...*
5° *Vous crieriez... de si loin seriez-vous entendu?*
6° *Et vos cris rediraient : O ma mère!...*

TERMINAISONS DU FUTUR CONDITIONNEL (*GROUPE 2e*).

RÈGLE XXVe.

1° Tout verbe au fut. cond. (*gr. 2e*) finit par AIS　quand il est ajouté à JE (1re personne du singulier).
2° Tout verbe au fut. cond. (*gr. 2e*) finit par AIS　quand il est ajouté à TU (2e personne du singulier).
3° Tout verbe au fut. cond. (*gr. 2e*) finit par AIT　quand il est ajouté à IL, à ELLE, à ON, etc., ou à un substantif, ou nom (3e personne du singulier).
4° Tout verbe au fut. cond. (*gr. 2e*) finit par IONS　quand il est ajouté à NOUS (1re pers. du pluriel).
5° Tout verbe au fut. cond. (*gr. 2e*) finit par IEZ　quand il est ajouté à VOUS (2e pers. du pluriel).
6° Tout verbe au fut. cond. (*gr. 2e*) finit par AIENT　quand il est ajouté à ILS, à ELLES, etc., ou à un substantif, ou nom (3e personne du pluriel).

N° 4, son *è*.	—	N° 12, son *u*.	—	N° 18, son *on*.
N° 5, son *é*.	—	N° 13, son *ou*.	—	N° 30, — *r*.
N° 9, son *i*.	—	N° 15, — *oi*.	—	N° 31, — *l*.

144ᵉ Thème.

Copier et déchiffrer; — séparer par une ligne verticale ⌐ les terminaisons du reste du mot-verbe déchiffré. *Ex.*: je *demander* ⌐ *ais*.

Avant de me baigner (q), je *demander-4* l'heure du flux et du reflux de la mer... tu *conduir-4* Claire au bain, n'est-ce pas, grand'mère, si...?

Toutes les fois que tu *penser-4* à saluer (q) monsieur le maire, il te *rendr-4* ton salut, cela est sûr.

Nous *voudri-18* bien naviguer (q) sur le lac de Genève.

Si vous voyagiez dans les Indes-Orientales, vous y *recueilleri-5* de la laque, vous nous l'*enverri-5*, et nos teinturiers l'*emploier-4*.

145ᵉ Thème.

Copier et déchiffrer, etc.; — puis appliquer les *règles* précédemment étudiées.

Où *pourri-18*-nous acheter (q) des meubles de vieux laque?

Tu *changer-4* notre billet pour de l'or, et afin de nous rassurer (q) nos cousins nous *conduir-4* hors du bois.

Tu *voudr-4* en vain nous cacher toutes tes *austérit-5*.

Je *renverser-4* cette *pot-5* d'eau sur ma robe de *s-15*, si je tombais.

Oseri-5-vous vous plonger dans cette fange *impu-30*, dans cette *b-13 noi-30*? je vous en *défier-4*.

146ᵉ Thème.

Tu nous *fer-4* remarquer (q) d'où part cette voix *aig-12*.

On te *soigner-4* avec de la jujube, cela est fort doux.

Pierre et Denis *pourr-4* cultiver ma *lait-12*.

Quoi! vous ne nous *liri-5* pas une *seu-31 tragéd-9*!

Quand tu *ser-4* las de chasser je *tendr-4* un lacs sous quelque chêne, et des rouges-gorges *viendr-4* sans doute s'y prendre.

Mes sœurs *aimer-4* à contempler une aurore *boréa-31* lorsqu'elles *voyager-4* vers le pôle boréal.

(q) PHRASE-TYPE. *Je voudrais faire frangER mes rideaux.*

L'infinitif des verbes qui finit par le son é s'écrit par *er*.

186ᵉ **Dictée** ou **Copie.**

Indiquer le nombre et la personne des verbes, etc.; — séparer les terminaisons des mots du conditionnel, et rattacher par un trait de plume chaque verbe à son sujet.

LÉOCADIE. Maman, je ser**ais** bien contente si tu m'emmenais chez madame de Saint-Yon ; je jouer**ais** avec Adèle et sa cousine, et nous nous amuser**ions** beaucoup.

LA MAMAN. Il fait trop de boue, chère petite ; tu crotter**ais** ta robe et ton pantalon, ou bien quelque voiture t'éclabousse**rait**, nous nous verr**ions** dans la nécessité de faire une autre toilette pour le dîner ; puis, si par hasard tes petites amies arrivaient de bonne heure, elles te trouver**aient** malpropre, et cela nous contrarier**ait** l'une et l'autre : d'ailleurs, tu leur ravir**ais** quelques moments de plaisir, car vous ne pourr**iez** pas jouer ensemble pendant qu'on t'habiller**ait** ; Clémentine et Amélie s'ennuier**aient** peut-être, et cela te chagriner**ait**.

LÉOCADIE. Alors je resterai à la maison, puisque tu le désires ; car je ferai toujours ce qui te plaît.

187ᵉ Dictée ou **Copie.** — Que je voudr**ais** aller à la chasse ! s'écria un jour le petit Marcellin. Mon papa, tu ser**ais** bien bon si tu m'y emmenais comme tu y emmènes Philippe ! c'est si amusant la chasse ! d'ailleurs, vois-tu, je te ser**ais** utile aussi ; je porter**ais** ta carnassière, et puis je te préviendr**ais** dès que Briffaut fer**ait** lever le gibier ; alors toi et Philippe vous n'aur**iez** plus qu'à tirer... Oh ! ils ser**aient** bien fins les lièvres qui nous échapper**aient** à nous trois ! quelle bonne chasse vous fer**iez** ! N'est-ce pas, mon papa, que tu veux bien ? — Tu es trop jeune encore, lui répliqua son père : tes petites jambes ne nous suivr**aient** certainement pas ; d'ailleurs il pourr**ait** bien pleuvoir aujourd'hui , tu patauger**ais**, tu te crotter**ais** jusqu'à l'échine, et nous souffrir**ions** beaucoup de te voir ainsi... L'année prochaine je vous emmènerai tous les deux.

N° 2, son a.	N° 9, son —	N° 18, son on.
N° 4, son é.	N° 12, son u.	N° 30, —
N° 6, son i.	N° 13, son ou.	N° 31, — l.

147ᵉ Thème.

Renfermant des verbes au futur indicatif et au conditionnel; — à faire comme le 144ᵉ et le 145ᵉ.

Je voudr-4 bien finir (a) la paire de pantoufles de mon bon père. Fer-3 tu bâtir (a) ton hôtel près de l'ancienne Chambre-des-Pairs? En vain tu essaier-2 de mentir (a) afin de couvrir une faute, elle se découvrir-2; on se verr-2 contraint de te punir doublement, et tu ser-2 en butte aux railler-9 de tes coudisciples; d'ailleurs espérer-4-tu cacher quelque chose à Dieu qui voit tout?

148ᵉ Thème.

Copier et déchiffrer, etc.; — puis appliquer les règles précédemment étudiées.

Si tu étais modeste, non-seulement tu éviter-4 de t'enorgueillir (a) de tes succès, mais ils ne t'enfler-4 même pas. Est-ce que le ciel voudr-4 s'obscurcir, ma Doroth-5? Nous acheter-18 pour nous réjouir deux jol-9 sapaj-13. Mes brus féter-18-elles ma bienven-12 par des bals? Nous agréer-18 la fête toute roya-31 qu'elles nous donner-18. Je vous l'avouer-5, vos précieuses qualit-5 nous charmer-18 tous.

149ᵉ Thème.

Voudr-4-tu nous étourdir (a) de tes puérilit-5? Je chasser-5 de cette bauge la l-4 impu-30 qui veut s'y établir; vous le verr-5, je vous le fer-5 voir. Hermin-9 et Octave goûter-4 volontiers de votre lait, Françoise. Pourr-2-tu consentir à te montrer gai en traversant le gué? Je vous gronder-5 quand vous ir-5 dans la prair-9 sans me prévenir.

188ᵉ Dictée ou Copie.

Dans toutes les dictées qui suivent, mettre le chiffre 1 sous chaque mot du futur indicatif, et le chiffre 2 sous chaque mot du conditionnel; — puis en séparer les terminaisons par une ligne verticale |.

Vous désirez savoir si Péronnelle devint reine, je vous l'ap-

---

(a) PHRASE-TYPE. S'il faut périR, nous périrons ensemble.

La plupart des infinitifs qui finissent en ir s'écrivent par ir (sans e après le r).

6

prendrai aujourd'hui. — La vieille, vous le savez, avait dit Péronnelle, tu auras bien assez de la moitié de mon royaume et la jeune fille lui avait répondu : Hé bien, vous le garderez tout entier, je vous le laisserai, et avec lui vos cent ans, e tous leurs charmes. — Que ferais-je? s'écria la reine qu avait grande envie et de rajeunir et de gouverner; à quo m'occuperais-je si je n'avais plus de royaume? — Vous feriez comme moi, répondait la paysanne : vous ririez, vous chanteriez, vous danseriez; et elle chantait, et elle dansai en disant cela. Mais toi, poursuivait la vieille, que ferais-tu si tu étais reine ? — Ce que je ferais ?... et elle pensait en elle-même : Je ferais tout ce que je voudrais, tout ce qui me passerait par la tête...

189e Dictée ou **Copie** (*suite*). — Péronnelle pensai donc : Si j'étais reine, j'aurais de magnifiques habits, et puis on me servirait de grands festins, et puis je commanderais, et l'on exécuterait sur-le-champ tous mes ordres, et puis Colette et Jeanneton me regarderaient, m'admireraient, envieraient mon sort, et puis... ; et pendant ce temps la reine repassait dans son esprit tous les avantages de la jeunesse... En ce moment une fée survint. — Vous pensez en vous-mêmes à ce que vous feriez l'une et l'autre, faites-en l'épreuve, vous dirai-je; changez! — Changeons! s'écrièrent-elles en même temps... Mais l'heure s'avance, nous nous arrêterons ici : je vous dirai seulement que la reine et Péronnelle accepteront les propositions de la fée, mais qu'elles se repentiront presque aussitôt de leur marché, et que la bonne fée permettra à chacune de revenir à sa condition première.

190e Dictée ou **Copie**. — Martial et Raphaël, quelques lignes imitées de Fénelon nous serviront aujourd'hui d'exercice; je vous citerai les paroles de Mentor au moment où Télémaque et lui fuyaient à la nage l'île de Calypso : Si le respect des dieux vous touche, dit Mentor, recevez-nous dans votre vaisseau, nous irons où vous irez : celui qui comman-

répondit : Nous vous recevrons avec joie ; mais comment avez-vous pu entrer dans l'île dont vous sortez ? Mentor répondit : Nous y avons été jetés par une tempête ; nous sommes .s, notre patrie est l'île d'Ithaque, voisine de l'Épire où vous .z. Quand même vous ne voudriez pas relâcher en Itha-, il nous suffirait que vous nous menassiez dans l'Épire ; .s y trouverons des amis qui nous feront faire le court .et qui nous restera, et nous vous devrons à jamais la joie .revoir ce que nous avons de plus cher au monde.

191ᵉ Dictée ou **Copie.** (*Prose et vers.*) — Julien, .me je voudrais que tu susses l'orthographe aussi bien que .el, tu écriras encore aujourd'hui sous ma dictée quelques .es de prose et quelques vers :

.entor dit à Idoménée : Je vous enseignerai les moyens de . fleurir votre royaume ; mettez des taxes sur ceux qui .ligeront leurs champs, comme vous puniriez des soldats . abandonneraient leur poste ; donnez des grâces aux .lles qui augmenteront la culture de leur terre. Bientôt les .lles se multiplieront.　　　　　(Imité de *Fénelon.*)

.ous les vains plaisirs où leur âme se plonge
. leur restera-t-il ?. . (aux méchants).
. Pendant que le pauvre à sa table
.ôtera de la paix la douceur ineffable,
.boiront dans la coupe affreuse, inépuisable,
.e tu présenteras au jour de ta fureur
　　— A toute la race coupable.　　　　(*Racine.*)

192ᵉ Dictée ou **Copie.** (*Vers.*)

.ma force première encor m'était donnée,
.ais, te conduisant moi-même par la main ;
.is je n'atteindrais pas la troisième journée,
.audrait me laisser bientôt sur ton chemin,
.moi, je veux mourir aux lieux où je suis née :
.(la mère du petit savoyard).　　　　(*Alex. Guiraud.*)

Vous **mourrez** de faim... (*dit la fourmi à une mouche*)
Quand Phébus règnera sur un autre hémisphère :
Alors, je jouirai du fruit de mes travaux ;
    Je n'irai par monts ni par vaux
    M'exposer au vent, à la pluie ;
    Je vivrai sans mélancolie :
Le soin que j'aurai pris de soins m'exemptera :
    Je vous enseignerai par là
Ce que c'est qu'une fausse ou (*une*) véritable gloire.
                (*La Fontaine.*)

193e **Dictée** ou **Copie.** (*Vers.*)

Un laboureur de Castille dit à Philippe V vaincu :

    Le hasard gagne les batailles,
Mais il faut des vertus pour gagner notre cœur ;
Tu l'as, tu règneras... Voici mes douze enfants,
Voilà douze soldats : malgré mes cheveux blancs
Je ferai le treizième ; et, la guerre finie,
Lorsque tes généraux, tes officiers, tes grands
Viendront te demander, pour prix de leur service,
    Des biens, des honneurs, des rubans,
Nous ne demanderons que repos et justice....   (*Floria*

Oui, mon Dieu, quand mes mains de tout mon héritage
    Aux pauvres feraient le partage,
    Quand même pour le nom chrétien
    Bravant les croix les plus infâmes
    Je livrerais mon corps aux flammes,
    Si je n'aime (*Dieu*), je ne suis rien. (*J.-B. Rousseau*

VINGT-SIXIÈME LEÇON.

DE L'INDICATIF (GROUPE 3e).

Pour l'analyse, comme dans la précédente leçon; — puis faire conjuguer : *bruhir, avertir, avertir, polir, vernir, tutoyer, corriger*, etc.,

avec leurs participes;

— Enfin, faire étudier dans : ÉLÉMENTS, etc., les nos 78, 76 *bis*; — 130 et 131.

PHRASES-TYPES.

1° *Je balbutie des excuses, et...*
2° *Tu joues, par conséquent...*
3° *Il (le peuple) loue Dieu.*

4° *Nous nous appliquons et nous réussissons.*
5° *Vous connaissez ce qu'a nommé de la Ferraille.*
6° *Mes bœufs m'enseignent ta constance.*

TERMINAISONS DU PRÉSENT INDICATIF (GROUPE 3e).

RÈGLE XXVIe.

1° Au singulier, pour les verbes en *er* seulement.

1° **Tout mot d'un verbe en *er* au prés. indic.** (*gr. 3e*) finit par **E** quand il est aj. à **JE** (1re pers. du sing).
2° **Tout mot d'un verbe en *er* au prés. indic.** (*gr. 3e*) finit par **ES** quand il est aj. à **TU** (2e pers. du sing.).
3° **Tout mot d'un verbe en *er* au prés. indic.** (*gr. 3e*) finit par **E** quand il est aj. à **IL, à ELLE, à ON,** etc., à un subst., ou nom sing. (3e pers. du sing.).

2° Au pluriel, pour tous les verbes.

4° **Tout mot-verbe au prés. indic.** (*gr. 3e*) finit par **ONS** quand il est ajouté à **NOUS** (1re pers. du plur.).
5° **Tout mot-verbe au prés. indic.** (*gr. 3e*) finit par **EZ** quand il est ajouté à **VOUS** (2e pers. du plur.).
6° **Tout mot-verbe au prés. indic.** (*gr. 3e*) finit par **ENT** quand il est ajouté à **ILS, à ELLES,** etc., on à un substantif, ou nom plur. (3e pers. du plur.).

Nº 5, son é.	— —	Nº 8,— e (e muet).	— —	Nº 13, son ou.
Nº 6, son eu.	— —	Nº 12, son u.	— —	Nº 18, son on.

150e Thème.

Copier et déchiffrer ; — puis séparer la terminaison du reste du mot par une ligne verticale | . *Ex.:* je *travaill* | e.

Terminaisons des verbes en *er* au singulier du présent indicatif.

Je *travaill*-8 à détruire (s) en moi ce qui déplaît à maman.
Tu *t'appliqu*-8 à bien lire (s) l'anglais, n'est-ce pas ?
Qui *donn*-8 aux pauvres *prêt*-8 à Dieu.

Terminaisons de tous les verbes au pluriel du présent indicatif.

Nous *dev*-18 dire (s) toujours la vérité.
Vous *su*-5 à grosses gouttes pour transcrire ce cahier.
Les prophètes inspirés de Dieu *peuv*-8 seuls prédire l'avenir.

151e Thème.

Copier et déchiffrer, etc.; — puis appliquer les règles précédemment étudiées.

Quoi ! tu *essai*-8 de relire (s) ta leçon à la seule *clart*-5 de la lune ? mais tu te *fatigu*-8 la *v*-12 pour t'instruire.
C'est la plus mauvaise *r*-13 du char qui *cri*-8 toujours.
Omer et Ferdinand *lutt*-8 souvent ensemble, et je ne *désir*-8 nullement leur interdire ces jeux qui *peuv*-8 les aguerrir.
On *suppli*-8 mon professeur de décrire les pyramides d'Egypte.
Mes cousins me *défi*-8-ils d'écrire sans faute le mot geôlier ?

152e Thème.

La mouche en courroux s'*écri*-8 : Quoi ! vous *os*-5 vous produire (s) à mes yeux, après que votre race a tâché de me nuire.
Nous *pens*-18 à faire cuire et à confire tout le coing qui est *tomb*-5 du cognassier dans le coin de ce mur.
Jules et Olivier, je vous *pri*-8 de me dire à quoi vous vous *occup*-5.
Médor *remu*-8 la *qu*-6, je *pari*-8 qu'il *désir*-8 sortir.

(s) PHRASE-TYPE. *Quoi ! vous osez, dit-elle, à mes yeux vous produIRE !*

Les infinitifs qui finissent en *ir* s'écrivent en *ire* lrsqu'ils peuvent former un mot en *isant* ou en *ivant*; ex. : produ*ire* (en produisant); nu*ire* (en nuisant), etc.; décr*ire* (en décrivant), etc., etc.

194e Dictée ou Copie.

Ces dictées, indiquer abréviativement le nombre et la personne de chaque verbe. — Séparer par une ligne verticale | les terminaisons de tous les mots au présent indicatif; — puis unir par un trait le sujet à son verbe.

La reine Joyeuse avait été enfermée dans une obscure prison, et, pour obéir à des ordres barbares, son geôlier ne lui donnait chaque jour qu'un morceau de pain noir, et trois pois; un soir que toute triste elle filait, une petite souris se présente à ses regards. Hélas! ma mignonne, s'écrie aussitôt Joyeuse, que penses-tu trouver ici? qu'espères-tu de moi? on ne me donne que trois pois pour la journée, si nous les partageons, nous mourrons toutes les deux; je t'engage à chercher ta vie ailleurs: mais au lieu de s'éloigner, la petite souris s'efforce d'égayer la pauvre prisonnière; elle saute, danse, cabriole; alors Joyeuse tout (*inv.*) émue lui présente le seul petit pois qui lui restait, en disant : Je ne possède que cela, je te le donne de bon cœur.

194e Dictée ou Copie (*suite*). — Mais à peine la souris a-t-elle reçu le petit pois, qu'une perdrix merveilleusement rôtie tombe sur la table de la reine, deux grands pots de confitures l'accompagnent; Joyeuse devine qui les lui envoie : Bien merci! crie-t-elle à sa petite protectrice, tu ne m'abandonnes pas, toi, lorsque mes anciens amis même (*inv.*) m'oublient : prends, je te prie, la moitié de mon dîner! La souris accepte et grignote. En ce moment une vieille femme crie du bas de la tour : Madame, je vous délivrerai, je le jure, si vous me donnez une souris grasse et dodue!... mais si vous ne m'en procurez pas une, je vous accablerai de maux,... je suis fée! Saisie d'horreur, la reine s'écrie : — Moi! te livrer ma bienfaitrice?..... — Ah! vous me refusez, dit la vieille, hé bien, vous pouvez être sûre que!... Mais Joyeuse lui ferme la fenêtre au nez... Depuis ce temps, la fée-souris reconnaissante donna tous les jours d'excellents mets à Joyeuse, et enfin elle la délivra.

2° DES TERMINAISONS DES VERBES EN ER, ETC., AU FUTUR IMPÉRATIF (GROUPE 4e).

(SUITE DE LA VINGT-SIXIÈME LEÇON.)

— Faire apprendre dans : ÉLÉMENTS, etc., les nos 80, 80 bis, 81 et 82; — 132 et 133; — et y faire revoir de 188 à 192.

NOTA. Les mots-verbes à l'impératif ne sont jamais ajoutés à un substantif exprimé; — *ils ont toujours rapport à un substantif, ou pronom, sous-entendu.*

PHRASES-TYPES.

1° »

2° *Dore ce meuble, et...*

3° »

4° *Pleurons et gémissons, mes fidèles compagnes.*

5° *Côtoyez moins le bord, suivez le fil de l'eau.*

6° »

TERMINAISONS DU FUTUR IMPÉRATIF (GROUPE 4e).

RÈGLE XXVIIe.

1° Au singulier, pour les verbes en er seulement.

2° **Tout verbe en er à l'imp.** (gr. 4e) **finit par E** (1) quand il a rapport à **TOI** (sous-ent.) (2e pers. du sing.).

2° Au pluriel, pour tous les verbes.

4° **Tout verbe à l'imp.** (gr. 4e) **finit par ONS** quand il a rapport à **NOUS** (sous-ent.) (1re pers. du plur.).

5° **Tout verbe à l'imp.** (gr. 4e) **finit par EZ** quand il a rapport à **VOUS** (sous-ent.) (2e pers. du plur.).

(1) C'est seulement dans les les verbes en er que le mot de l'impératif (groupe 4e) qui a rapport au mot toi (pour tu) sous-entendu doit s'écrire sans s à la fin.

138 VINGT-SIXIÈME LEÇON.

196ᵉ Dictée ou Copie.

Indiquer le nombre et la personne des verbes, etc. ; — séparer les terminaisons des mots de l'impératif; — et rétablir entre parenthèses le substantif, ou le pronom, sous-entendu avec lequel chacun d'eux est en rapport.

Mon Albéric, raie toi-même ta page ; toi, Ermance, plie ta serviette, enlève les miettes de pain que tu viens de jeter devant la cheminée, rappelle-toi bien que rien n'est plus malpropre qu'une cheminée remplie de papiers et de balayures : vous, Henriette et Félicie, remettez en place vos livres et vos atlas : vous avez fini, fort bien, embrassez-moi... Mais n'entendez-vous pas un cabriolet? c'est sans doute votre bon père qui rentre : courons tous au-devant de lui ; vite, vite, allons ! petit Benjamin, hâte-toi! embrasse le premier ton papa.

197ᵉ Dictée ou Copie. — Écoute-moi, mon cher Savinien : six cents ans après Jésus-Christ, Mahomet crée une religion nouvelle; il ordonne, dans le Coran, à ses disciples d'employer le sabre pour l'établir, et de détruire tous ceux qui n'embrassent pas ses idées : Combattez, leur dit-il, les Infidèles jusqu'à ce que toute fausse religion soit exterminée, mettez-les à mort, ne les épargnez pas ; et lorsque vous les aurez affaiblis à force de carnages et de meurtres, réduisez le reste en esclavage, ou écrasez-les par des tributs.

198ᵉ Dictée ou Copie. — Écoute et pèse maintenant les enseignements de la religion de charité dont le code peut se réduire à ceci : Aime Dieu par-dessus toutes choses, aime ton prochain comme toi-même; et tu comprendras la différence qui existe entre les deux lois. — Pénétrons, dit le ministre de l'Évangile, dans les prisons ténébreuses, images de l'enfer ; entrons dans ces cachots affreux; brisons les chaînes des captifs, et disons-leur :« Adorez Dieu qui vous délivre, et glorifiez-le ! »Ils nous obéiront, et nous aurons sauvé leur âme.

| N° 5, son d. | — | N° 9, son i. | — | N° 30, — r. |
| N° 8, — e (e muet) | — | N° 18, son en. | — | N° 31, — l. |

156° Thème.

Copier, déchiffrer, etc.; — séparer les terminaisons, puis indiquer par un numéro si le verbe déchiffré appartient au présent indicatif (gr. 2°) ou à l'impératif (gr. 4°).

Ne cueill-8 pas une seu-31 fleur (u) dans ce parterre.

Montr-8 ta douceur (u) et ta docilit-5 à toutes tes petites amu-9, ma chèr-30 Sabine, imit-8 ta petite sœur Jenny.

N'admir-8-tu pas la fraîcheur (u) de cette rose moussense ?

Cous-5, brod-5, mes filles, travaill-5 avec ardeur.

Trahir sa patr-9, rien ne surpass-8 la noirceur de cette action.

Rang-8 tes joujoux, mon cher Félicien, et part-18.

157° Thème.

Copier et déchiffrer; — puis appliquer les règles précédemment étudiées.

Compar-5 la blancheur (u) du lis à celle de la neige.

Nous respir-18 ici la suave odeur (u) de l'héliotrope et du jasmin.

Ni Paul ni Henr-9 ne comprenn-8 la rondeur de la terre.

March-8 avec moins de raideur, ma Clél-9 ; port-8 la tête haute.

On gagn-8 surtout les esprits par beaucoup de douceur, tu tomb-8 dans une erreur fort grave si tu le ni-8, Auguste.

Vous avez tort si vous vous enfonc-5 dans l'intérieur du taillis.

158° Thème.

L'oisivet-5 et le désœuvrement produis-8 la langueur (u).

Tu redout-8 probablement comme moi la sociét-5 et le contact de toute personne dont l'humeur est bizarre et inéga-31 ?

N'étudi-8-tu pas la fable de la tortue qui, joûtant avec un lièvre, s'éveru-8, se hât-8 avec lenteur, et gagn-8 enfin la gageure? récit-8-la-nous, Constant, nous t'écout-18.

Pri-5 toujours avec ferveur, voilà ce que je demand-8 à Dieu.

(u) PHRASE-TYPE. Je tomberai comme une FLEUR.

Les mots terminés en eur s'écrivent généralement à la fin par eur (sans e muet).

199ᵉ Dictée ou Copie.

Dans toutes les dictées qui suivent, mettre le chiffre 3 sous chaque mot du *présent indicatif*, et le chiffre 4 sous chaque mot de l'*impératif*; — puis en séparer les terminaisons par une ligne verticale | .

Luc, écoute les extravagances du distrait Ménalque : On lui parle. on lui demande s'il désire quelque chose ; il reste sourd , il n'ouvre pas la bouche : — un jour il cherche, il brouille, il crie, il s'échauffe, il maugrée ; enfin il appelle ses domestiques : ceux-ci arrivent, et il leur demande ses gants : mais devine où ils sont ? dans ses propres mains. — Un soir Ménalque passe sous un lustre, sa perruque s'y accroche et y demeure suspendue : tous ceux qui l'entourent le regardent, rient, et se récréent en le voyant ; pour lui il cherche des yeux quel est l'infortuné qui montre ses oreilles : — il entre dans une église, et prenant l'aveugle pour un pilier, et sa tasse pour le bénitier , il y plonge la main et la porte à son front ; mais tout à coup ce pilier parle... Mes enfants, vous riez de Ménalque, nous rions tous de lui ; hé bien, Luc, voilà comme tu seras peut-être un jour si tu ne te corriges pas de ta distraction.

200ᵉ Dictée ou Copie. — Allons, mesdemoiselles, dépêchez-vous! Natalie, Clara , mettez vite vos brodequins, vos châles et vos gants ; Pauline, noue les brides de ton chapeau ; et toi, Pulchérie , tu joues encore? quitte donc ta poupée! vous avez fini, partons! Si je vous emmène ainsi toutes les quatre, c'est parce que depuis quelques jours vous travaillez bien ; écoutez, je vous dirai comment vous pourrez me contenter en tout. Toi, Clara, si tu m'aimes, ne te montre plus impérieuse, cesse de dire : Mes sœurs, apportez-moi ma chaise! mes sœurs, pliez ma serviette! Et toi, Pulchérie, tu ne me contenteras pas si tu manges toujours aussi malproprement , si tu essuies encore à ton tablier tes doigts pleins de confitures ; montre - toi grande fille en devenant propre et soigneuse.

201ᵉ Dictée ou Copie. — MADAME DUMONT. Mainte-

nant que tu es grande, à quoi emploies-tu ton temps? tu ne
joues plus toute la journée , j'espère ; tu travailles pendant
quelques heures.

ISAURE. Ma bonne tante, chaque jour j'étudie un chapitre
d'histoire sainte dans ma Bible, dont je regarde les gravures;
je copie pour mon maître une grande page d'écriture, je dé-
chiffre un thème , et puis Toussaint et moi , nous écrivons
quelques lignes sous la dictée ; ensuite j'étudie un peu de
géographie ou de chronologie, et quelques vers de La Fontaine
ou de Florian : après cela nous jouons.

MADAME DUMONT. Que ton petit frère joue une grande
partie de la journée, cela est naturel; mais toi ne t'occupes-
tu pas de travaux d'aiguille? n'aides-tu pas ta mère ? cela
m'étonnerait. Les jeunes filles de ton âge doivent s'instruire,
il est vrai; mais il faut aussi qu'elles fassent de la tapisserie,
qu'elles brodent , et surtout qu'elles sachent coudre et faire
des raccommodages.

202e Dictée ou Copie.

L'Abeille et la Mouche. (Fable.)

Une mouche bourdonnait près d'une ruche : Que cherches-
tu dans ces lieux, s'écrie une orgueilleuse abeille, et pourquoi
oses-tu approcher de ma demeure? éloigne-toi de la reine
des airs ! — Je trouve ta colère raisonnable , répliqua froide-
ment la mouche, la sagesse exige qu'on fuie toujours une nation fougueuse. — Les abeilles , une nation fougueuse? tu
devais dire : Un peuple sage, impudent animal! Ignores-tu
que de bonnes lois garantissent la durée de notre société,
que nous broutons seulement des fleurs odoriférantes avec
lesquelles nous faisons un miel délicieux qui égale le nectar?
Ote-toi de ma présence, vilaine mouche importune, et cherche
encore ta vie sur des ordures ! — Nous vivons comme nous
pouvons, répondit la mouche ; la pauvreté n'est pas un vice,
mais l'orgueil en est un grand : fuyez-le donc; fuyez éga-

lement la colère, et rappelez-vous que souvent la piqûre que vous faites est ce qui cause votre mort.　　(Imité de *Fénelon*.)

203ᵉ Dictée ou Copie. (*Vers*.)

... Jouons, je suis de la partie :
Jouons donc, mes amis ; jouons, je vous en prie.

　　　　　　　　　　　　　　(*Florian*.)

(*Mer*) Toujours, vers quelque frais asile,
　　Tu pousses ma barque fragile
　　Avec l'écume de tes bords.
　　　Ah ! berce, berce, berce encore,
　　Berce pour la dernière fois,
　　Berce cet enfant qui t'adore...
　　Dans ta brillante carrière
　　Tu sembles rouler la lumière
　　Avec tes flots d'or et d'azur.　　(*A. de Lamartine*.)

　　Quand tu piques, moi je dévore.　　(*Dutremblay*.)

Prie et demande au riche, il donne au nom de Dieu.

　　　　　　　　　　　　　　(*Al. Guiraud*.)

204ᵉ Dictée ou Copie.

Lève, Jérusalem, lève ta tête altière ;
Regarde tous ces rois de ta gloire étonnés :
Les rois des nations, devant toi prosternés,
　　De tes pieds baisent la poussière ;
Les peuples à l'envi marchent à ta lumière.
Heureux qui, pour Sion, d'une sainte ferveur
　　Sentira son âme embrasée !
　　Cieux, répandez votre rosée,
　Et que la terre enfante son Sauveur !　　(*Racine*.)

　Gouverne ta maison, et tu sauras combien coûtent le bois et le riz ; élève tes enfants, et tu sauras combien tu dois à ton père et à ta mère.

　Tout ce que tu donnes (pour Dieu) tu l'emporteras avec toi.

VINGT-SEPTIÈME LEÇON. — 1° DES TERMINAISONS DU VERBE AU PASSÉ SIMULTANÉ (IMPARFAIT) INDICATIF (GROUPE 5°).

Faire continuer les exercices d'analyse grammaticale; — puis faire conjuguer : *choisir, réussir, rougir, transir ; — nier, larmoyer, etc.*

Enfin faire étudier dans les ÉLÉMENTS, etc., les n°s 77, 77 bis, et 134.

PHRASES-TYPES.

1° *J'avalais au hasard quelque aile de poulet.*
2° *Ah! si tu pouvais passer l'eau!*
3° *Une souris craignait un chat.*
4° (Alors) *Nous gagnions lentement la terre...*
5° *Voilà des maux que vous ne saviez pas.*
6° *Ensemble ils répétaient : J'ai grand froid!*

RÈGLE XXVIII.

TERMINAISONS DU PASSÉ SIMULTANÉ INDICATIF (GROUPE 5°).

1° Tout verbe au passé sim. ind. (*gr. 5°*) finit par AIS   quand il est ajouté à JE (1re pers. du sing.).
2° Tout verbe au passé sim. ind. (*gr. 5°*) finit par AIS   quand il est ajouté à TU (2e pers. du sing.).
3° Tout verbe au passé sim. ind. (*gr. 5°*) finit par AIT   quand il est aj. à IL, à ELLE, à ON, etc., ou à un subst. ou nom sing. (3e personne du sing.).
4° Tout verbe au passé sim. ind. (*gr. 5°*) finit par IONS   quand il est ajouté à NOUS (1re pers. du plur.).
5° Tout verbe au passé sim. ind. (*gr. 5°*) finit par IEZ   quand il est ajouté à VOUS (2e pers. du plur.).
6° Tout verbe au passé sim. ind. (*gr. 5°*) finit par AIENT   quand il est ajouté à ILS, à ELLES, etc., ou à un subst. ou nom plur. (3e pers. du pluriel).

NOTA. Les terminaisons du passé simultané (gr. 5°) sont, dans tous les verbes, les mêmes que celles du futur conditionnel (gr. 2e).

| N° 4, son é. | —— | N° 9, son i. | —— | N° 18, son on. |
| N° 5, son é. | —— | N° 12, son u. | —— | N° 30, — r̄. |

159ᵉ Thème.

Copier et déchiffrer ; — puis séparer les terminaisons du verbe par une ligne verticale | . *Ex.: j'approch | ais*, etc.

Dès que j'*approch-4* de ce rosier (v) j'en *cueill-4* toutes les roses, puisque tu me le *permett-4*, ma *ché*-30 Elisabeth.

Jacques *exprim-4* le jus du raisin (v), et nous *procur-4* du vin doux : nous *cuisi*-18 dedans des poires et des coings; nous *faisi*-18 ainsi cet excellent raisiné que vous *mangi*-5 avec tant de plaisir, et dont Etienne et Rosine se *régal-4* comme vous.

160ᵉ Thème.

Copier et déchiffrer ; — puis appliquer les règles précédemment étudiées.

Chacun *gagn-4* vite la maison (v) la plus voisine, car de brillants éclairs *sillonn-4* la *n*-12.

La brebis et le chien, de tous les temps amis,

Se *racont-4* un jour leur *v*-9 *infortun*-5.

Lorsque vous *conduisi*-5 à la promenade le petit *Désir*-5, vous ne *crii*-5 pas après lui, vous ne vous *égosilli*-5 pas, et il vous *obéiss-4* toujours, n'est-ce pas?

Je *ri-4*, je *pleur-4*, je *voy-4* Palestrine.....

161ᵉ Thème.

En l'an 1794 la disette (v) *désol-4* notre pauvre *patr*-9.

J'*ensemenç-4* mon champ pendant que vous *déployi*-5 les voiles, et que vous *pavoisi*-5 la barque d'Onésime.

L'hirondelle en volant *ras-4* la surface des eaux, elle nous *annonç-4* ainsi de la *plu*-9.

Personne ne *concev-4* pourquoi vous *crii*-5 si fort, et pourquoi vous *craigni*-5 ce paisible bison ; cela *ét-4* déraisonnable.

(v) PHRASE-TYPE. *Quel poiSon pour l'esprit que les fausses louanges !*

On doit mettre un seul *s* entre deux voyelles pour écrire l'articulation *z*. (Les voyelles sont *a, e, i, o, u, y*.)

205ᵉ Dictée ou Copie.

Indiquer sous chaque verbe son nombre et sa personne; — séparer les terminaisons de tous les mots du passé simultané, (imparfait) indicatif; — et unir les verbes à leurs sujets.

Le pauvre Robinson, de retour dans sa patrie, racont**ait** avec gaîté toutes les circonstances de la vie solitaire qu'il av**ait** si longtemps menée. J'ét**ais**, disait-il, le seigneur de mon île : maître absolu de mes sujets, je dispos**ais** d'eux à mon gré, et j'av**ais** droit de vie et de mort sur tous les êtres qui m'entour**aient** : je dîn**ais** comme un roi à la vue de toute ma cour, où mon perroquet seul av**ait** la faculté de me parler : je posséd**ais** un chien et deux chats ; le premier rest**ait** assis à ma droite, les autres se ten**aient** aux deux bouts de ma table, attendant d'un air d'indifférence les bons morceaux que j'av**ais** l'habitude de leur donner à chaque repas, car je partage**ais** en frère avec ces fidèles animaux. Ces chats ét**aient** les enfants de ceux que j'av**ais** sauvés lors de mon naufrage.

206ᵉ Dictée ou **Copie** (*suite*). — Mon habillement fait de peaux de bêtes et surtout ma coiffure pointue ét**aient** des plus grotesques ; et si l'on rencontr**ait** en Angleterre un homme dans l'équipage où j'ét**ais** alors on s'en épouvanterait, ou bien l'on rirait aux éclats ; mais ma toilette ne m'inquiét**ait** plus guère : j'ét**ais** bien revenu des vanités de ce monde ; et dans le dénûment total où je me trouv**ais**, je remerci**ais** Dieu chaque jour du bonheur dont sa bonté gratifi**ait** un indigne pécheur comme moi. Dans ma jeunesse, lorsque moi et mes compagnons de plaisir nous éprouv**ions** la moindre privation, la plus petite contrariété, nous nous lament**ions**, et nous nous juge**ions** très-malheureux ; mais j'av**ais** appris dans ma solitude quels sont les vrais besoins de l'homme.

2° DES TERMINAISONS DU VERBE AU FUTUR OU PRÉSENT SUBJONCTIF (GROUPE, 6e).

(SUITE DE LA VINGT-SEPTIÈME LEÇON.)

— Faire apprendre dans : ÉLÉMENTS, etc., les n°s 83, 83 *bis*, et 135 ; — puis de 193 à 197.

PHRASES-TYPES.

1° On veut que j'étudie l'histoire.
2° Télémaque, il faut que tu meures !
3° A toute outrance il veut qu'on le bafoue

4° Il faut que nous nous habituions à obéir.
5° Il faut que vous priez pour vos ennemis
6° afin qu'ils se convertissent...

TERMINAISONS DU FUTUR OU PRÉSENT DU SUBJONCTIF (GROUPE 6e).

RÈGLE XXIXe.

1° Tout verbe au fut. ou prés. subj. (*gr.* 6e) finit par **E**　　quand il est aj. à **JE** (1re pers. du singulier).
2° Tout verbe au fut. ou prés. subj. (*gr.* 6e) finit par **ES**　　quand il est aj. à **TU** (2e pers. du singulier).
3° Tout verbe au fut. ou prés. subj. (*gr.* 6e) finit par **E**　　quand il est aj. à **IL**, à **ELLE**, à **ON**, etc., ou à un subst., ou nom sing. (3e pers. du sing.).
4° Tout verbe au fut. ou prés. subj. (*gr.* 6e) finit par **IONS**　　quand il est aj. à **NOUS** (1re pers. du plur.).
5° Tout verbe au fut. ou prés. subj. (*gr.* 6e) finit par **IEZ**　　quand il est aj. à **VOUS** (2e pers. du plur.).
6° Tout verbe au fut. ou prés. subj. (*gr.* 6e) finit par **ENT**　　quand il est aj. à **ILS**, à **ELLES**, etc., ou à un substantif, ou nom plur. (3e pers. du pluriel).

207ᵉ Dictée ou Copie.

Indiquer le *nombre* et la *personne* des verbes; — séparer les terminaisons des mots du *futur* ou *présent subjonctif*; — et rattacher chaque verbe à son sujet.

Pourquoi élever ainsi la voix, mon Alexandre? crois-tu qu'il soit nécessaire que tu **cries** aussi fort pour que tes petits camarades t'entend**ent** ? — Et toi, Lydie, il faut encore que je te **fasse** un reproche; veux-tu que tes sœurs pli**ent** ta serviette, ou désires-tu que je la **plie**, moi? J'aime qu'une petite fille se montre soigneuse, il est bien temps que tu me **satisfasses** en cela. Oui, ma Lydie, il faut que tu t'**efforces** de me plaire en tout ; il faut que ton frère et toi vous travail**liez** à corriger les défauts de votre caractère, et que vous vous pli**iez** à mes désirs et à ceux de votre père si vous voulez que nous vous aim**ions** bien, et que nous vous voy**ions** avec plaisir près de nous.

208ᵉ Dictée ou Copie. — Je ne ne vous ferai pas aujourd'hui une longue dictée, mes chers petits amis ; je veux que vous all**iiez** tous vos devoirs, et il faut que nous all**ions** de bonne heure souhaiter la fête à votre tante; cependant comme il est urgent que vous n'oubli**iez** pas ce que vous avez appris, que vous fass**iez** même des progrès, que vous march**iez** de pair avec vos cousins, je veux que nous travail**lions** un peu, et que nous ne pass**ions** pas un seul jour sans étudier l'orthographe. Toi, Félicie, il faut que tu nous cueill**es** des fleurs et que tu fass**es** trois bouquets. — Pour vous, Harald et Gaspard, écrivez : « Que les peuples de l'air me chant**ent** leurs hymnes, que les animaux de la terre me salu**ent**, et que les forêts courb**ent** leur cime sur mon passage!... »

Qu'ils pleur**ent**, ô mon Dieu, qu'ils frémiss**ent** de crainte,
   — Ces malheureux qui de ta cité sainte
   Ne verront point l'éternelle splendeur...

Maintenant serrez vos cahiers et vos plumes, et partons.

| N° 4, son é. | N° 8, — e (e muet). | N° 13, son ou. |
| N° 5, son i. | N° 12, son u. | N° 18, son on. |

165ᵉ Thème.

Copier, déchiffrer et séparer les terminaisons; — puis indiquer par un numéro si le verbe déchiffré appartient au passé simult. indic. (gr. 5ᵉ) ou au fut. subj. (gr. 6ᵉ.)

Pendant que nous *expliqui*-18 au cheik les soi-disant vertus de notre talisman (x), nous *rii*-18 sous cape de voir que vous nous *croyi*-5.

Une averse se prépare, je crains que vous ne la *recevi*-5.

Ursule (x), j'exige que tu *rentr*-8; — que tu n'*attend*-8 pas qu'il *pleuv*-8 à verse, et que tes vêtements *soi*-8 *travers*-5.

Eustache et Baptiste *pass*-4 la herse sur le champ d'Anastase.

Il faut que nous *rii*-18 aux dépens du vaniteux Bastien.

Je ne pense pas qu'aujourd'hui tu *ai*-8 fait même une panse d'a.

166ᵉ Thème.

Copier et déchiffrer; — puis appliquer les règles précédemment étudiées.

Il ne faut pas que tu *secou*-8 ainsi (x) ce cep de vigne, tu le renverserais comme tu as renversé les sept autres qui *ét*-4 ses voisins.

Chacun de nous *observ*-4 ces sept étoiles qui forment la constellation (x) de la Grande-Ourse.

J'exige que tu *sucr*-8 demain ta tisane de grande consoude (x) avec de la cassonade comme tu la *sucr*-4 hier.

On *pêch*-4 ici des marsouins; et des oursins, en *trouv*-4-on?

167ᵉ Thème.

Pendant que nous nous *récréi*-18 à voir un chameau *boss*-12, une jeune ourse (x) avec ses deux oursons, et trois chacals nouvellement *arriv*-5, deux adroits *fil*-13 nous *vol*-4 des bijoux.

Il faut que nous *supplii*-18 mon oncle d'aller à Versailles chercher dans leur pension Stanislas, Augustin et Anselme.

Je me *mouch*-4 presque au bord de ma poche,

J'*éternu*-4 dans mon chapeau.

(x) PHRASE-TYPE. *La* penSée *et l'*eSprit *sont exempts de mourir.*

On ne doit jamais mettre qu'un seul s pour l'articulation s quand cette articulation s est entre une consonne et une voyelle.

209e Dictée ou Copie.

Dans toutes les dictées qui suivent, mettre le chiffre 5 sous chaque mot du passé simultané indicatif, et le chiffre 6 sous chaque mot du futur ou présent subjonctif; — puis en séparer les terminaisons.

Écoutez-moi, mes petits amis, vous devenez grands, je veux que désormais vous priiez régulièrement le bon Dieu, que vous vous habituiez à honorer le Seigneur, et à le remercier de ses bienfaits tous les matins et tous les soirs; je veux aussi que vous ne croyiez plus qu'il vous suffit de dire, comme lorsque vous aviez deux ou trois ans : « Mon Dieu, je vous d nne mon cœur!... » Si j'apprenais, si votre bonne me disait, que vous avez manqué à ce premier de tous les devoirs, j'en éprouverais une vraie douleur. Tu entends, Edmond, je serais fâchée contre toi si tu me causais ce chagrin, et si tu entraînais ta petite sœur par tes mauvais exemples; ton frère Édouard n'oubliait jamais ses prières, et tes cousines, encore toutes petites, les faisaient aussi très-régulièrement.

210e Dictée ou Copie. —

Autrefois dans la Grèce, les plus grands guerriers, les héros, les rois tuaient, apprêtaient, dépeçaient, faisaient cuire ou rôtir eux-mêmes les viandes qu'on servait à leurs hôtes; les princesses s'occupaient de tous les soins du ménage, et lavaient leurs vêtements de leurs propres mains : vous verrez la vérité de ce que j'avance dans des poèmes que je vous ferai lire un jour; mais il est bon que vous le sachiez dès à présent, afin que vous ne vous croyiez pas déshonorées, mes chères petites, lorsque vous vous rendez utiles dans la maison.

Que me sert que ma foi transporte les montagnes,
    Que dans les arides campagnes
    Les torrents naissent sous mes pas,
    Ou que ranimant la poussière
    Elle rende aux morts la lumière,
    Si l'amour (*de Dieu*) ne l'anime pas?   (*Racine.*)

211e Dictée ou Copie. — Je demeurais à la campagne près d'une ferme, et je voyais presque tous les soirs rentrer des brebis suivies de leurs agneaux. Ces pauvres petits animaux faisaient BÊ-Ê-ÊE d'une manière si gentille que chaque fois qu'on me le permettait je courais après eux et je les caressais, et puis je les suivais des yeux jusqu'à la bergerie; ma sœur Rosalie faisait comme moi. — Un jour elle me dit : Il faut que tu en demandes un tout petit pour nous deux, et que nous l'élevions, que nous le soignions nous-mêmes, entends-tu ? en effet, on nous donna un charmant petit agneau que nous appelâmes Favori; nous le soignions bien, nous lui mettions du lait dans une terrine, et il l'aspirait avec un bruit si drôle que j'en ris encore; quand nous le menions promener, je le portais, et lorsque nous nous asseyions, Favori restait près de nous : il se montra aimable tant qu'il fut petit ..... mais, hélas ! il a grandi, et il est devenu si mutin que mon père l'a donné au berger : je le regrette encore, il faut que je l'avoue.

212e Dictée ou Copie. — La semaine passée, tandis que vous pliiez vos bottes de foin et que nous pliions notre linge, vous transpiriez abondamment; nous, de notre côté nous suions aussi à grosses gouttes, voilà comment nous nous enrhumions les uns et les autres; pour nos ouvriers et nos ouvrières, ils pliaient sous le faix; je veux qu'ils se reposent un peu aujourd'hui, et que tu ne les tourmentes pas.

En nuit tombait, dit le père Géramb, j'étais sans interprète, et j'ignorais entièrement la langue du pays que je parcourais; nous côtoyions la Mer-Rouge : mon cheik marchait silencieusement auprès de moi... nous gagnions bien péniblement de lieu du repos.

213e Dictée ou Copie.

On veut que j'étudie
L'histoire, la géographie,

Et que, quittant le rudiment,
Je m'occupe plus doctement ;
Puisqu'on le veut il faut le faire.   *(Du Cerceau.)*

Que fais**iez**-vous au temps chaud ?...
— Nuit et jour, à tout venant,
Je chant**ais**, ne vous déplaise.
— Vous chant**iez**, j'en suis fort aise ;
Hé bien, dansez maintenant.   *(La Fontaine.)*

Détourne, roi puissant, détourne tes oreilles
De tout conseil barbare et mensonger.
Il est temps que tu t'éveill**es** !
Dans le sang innocent ta main va se plonger
Pendant que tu sommeilles.   *(Racine.)*

214ᵉ **Dictée** ou **Copie.**

Le Roi de Perse.

Un roi de Perse, certain jour,
Chass**ait** avec toute sa cour :
Il eut soif, et dans cette plaine
On ne trouv**ait** point de fontaine.
Près de là seulement ét**ait** un grand jardin
Rempli de beaux cédrats, d'oranges, de raisin :
A Dieu ne plais**e** que j'en mang**e** !
Dit le roi ; ce jardin courrait trop de danger :
Si je me permett**ais** d'y cueillir une orange,
Mes vizirs aussitôt mangeraient le verger !   *(Florian.)*

Est-il possible que toi, français, tu t'écri**es** ce que s'é-
cri**aient**, selon M. Casimir Delavigne, les Anglais bourreaux
de Jeanne d'Arc ?

Qu'elle meur**e** ! elle a contre nous
Des esprits infernaux suscité la magie !

28ᵉ LEÇON. — MOTS-VERBES QUI DOIVENT FINIR PAR *IIONS, IIEZ*.

PHRASE-TYPE. *Autrefois nous criions* (gr. 5ᵉ) *beaucoup, il est inutile que vous nous suppliiez* (gr. 6ᵉ) *maintenant de n'en rien faire.*

Faire conjuguer le verbe *déplier*.

RÈGLE XXXᵉ. **On doit finir par IIONS, IIEZ la 1ʳᵉ et la 2ᵉ personne du pluriel du passé simultané, ou** *imparfait*, **indicatif** (*gr. 5ᵉ*); — **et du futur ou présent subjonctif** (*gr. 6ᵉ*) **de tous les verbes qui ont le premier mot de leur passé simultané** (*gr. 5ᵉ*) **en IAIS.**

Ainsi, comme on écrit *je riais*, on écrira au groupe 5ᵉ : nous *riions*, vous *riiez* ; — au groupe 6ᵉ : il faut que nous *riions*, que vous *riiez* (tandis que les mots du même verbe — au présent indicatif et à l'impératif — s'écriront par *rions, riez*).

168ᵉ Thème.

Copier et déchiffrer ; — puis finir les mots-verbes qui ne sont que commencés, et mettre sous chacun d'eux le numéro du groupe (5ᵉ ou 6ᵉ) auquel il appartient.

Ambroise (z), quand vous me *pri-* de vous laisser emmener (z) Olympio (z), votre air était soucieux et sombre (z) ; il faut que vous m'en *pri-* plus gaiement.

Monsieur, je désire que vous *reli-* le livre de Sophie aussi somptueusement (z) que vous *reli-* autrefois les miens.

169ᵉ Thème.

Autrefois, dès que nous *suppli-* maman de nous laisser emmailloter (z) Mathilde elle nous accordait cette faveur ; il faudra que vous la *suppli-* de vous laisser emmailloter Ambroisine.

J'exige que vous *pli-* ces osiers aussi vite que vous *pli-* ce matin vos deux bambous (z), vous les *pli-* promptement (z) alors.

170ᵉ Thème.

Hier vous *cri-* avec impatience ; si vous *cri-* encore ainsi, je vous ferais emmener (z) d'auprès de moi.

La raison exige impérieusement que nous ne nous *associ-* qu'avec nos égaux, que nous ne nous *associ-* jamais avec d'autres.

Ne *ri-* vous pas ce matin vous-même de vos sottes frayeurs?

(z) PHRASE-TYPE. AMbroise *est* eMménagé *près de* l'aMphithéâtre.
On met toujours un *m* (et jamais un *n*) avant *b, m, p.*

7

28ᵉ LEÇON (SUITE). — MOTS-VERBES QUI DOIVENT FINIR PAR *YIONS, YIEZ.*

PHRASE-TYPE. *Pierre, il faut que vous déployiez* (gr. 6ᵉ) *toute votre énergie comme nous déployions* (gr. 5ᵉ) *la nôtre l'année dernière.*

Faire conjuguer le verbe *guerroyer.*

RÈGLE XXXIᵉ. **On doit finir par YIONS, YIEZ, la 1ʳᵉ et la 2ᵉ personne du pluriel du passé simultané, ou *imparfait,* indicatif** (gr. 5ᵉ); — **et du futur ou présent du subjonctif** (gr. 6ᵉ) **de tous les verbes qui ont le premier mot de leur passé simultané** (gr. 5ᵉ) **terminé en YAIS.**

Ainsi, comme on écrit je *croyais,* on écrira au groupe 5ᵉ : nous *croyions,* vous *croyiez ;* — au groupe 6ᵉ : il faut que nous *croyions,* que vous *croyiez* (tandis que les mots du même verbe — au présent indicatif et à l'impératif — s'écriront par *croyons, croyez*).

171ᵉ Thème.

Copier et déchiffrer ; — puis finir les mots-verbes qui ne sont que commencés, et mettre sous chacun d'eux le numéro du groupe (5ᵉ ou 6ᵉ) auquel il appartient.

Si nous *voy-* un loup furieux (ʌʌ) nous fuirions, il est fort heureux (ʌʌ) que nous n'en *voy-* pas.

Ce chemin creux (ʌʌ) est dangereux ; nous *enray-* toujours lorsque nous y entrions, je juge utile que vous *enray-* aussi.

Le Dieu de charité défend que nous *fuy-* la présence du malheureux, il veut que nous lui *octroy-* secours et assistance.

172ᵉ Thème.

Arthur, je défends que vous *tournoy-* ainsi ; vous êtes peureux (ʌʌ), je crains que vous ne vous *effray-.*

Dans l'ennuyeux (ʌʌ) trajet que nous fîmes en mer, dès que nous ne *louvoy-* pas nous nous *fourvoy-* ; il faut que nous *voy-* si nous serons plus chanceux maintenant.

173ᵉ Thème.

Lorsque vous combattrez un penchant vicieux vous resterez victorieux ; Dieu vous aidera, il veut que vous le *sach-,* que vous le *croy-.*

Vous *envoy-* autrefois Marianne gourmander souvent ces paresseux, n'est-il pas nécessaire que vous l'y *envoy-* de nouveau ?

(ʌʌ) PHRASE-TYPE. O bienheurEUX mille fois
L'enfant que le Seigneur aime !
Les adjectifs qui finissent en *eu* s'écrivent par *eux,* même au singulier.

REMARQUES.

Faire conjuguer : *replier, se coudoyer, s'attendrir, épaissir*, etc.; — ʼs faire étudier dans : ÉLÉMENTS, etc., les nᵒˢ 198, 199; — enfin, y faire copier le verbe-modèle *rendre*, nᵒ 200, — et apprendre 201, 202.

ʼour rendre plus complètes et plus claires la règle xxxᵉ et la xxxɪᵉ données pages 153 et 154, nous ajouterons les remarques suivantes :

1ʳᵉ REM. On finit par ONS, EZ, la 1ʳᵉ et la 2ᵉ perʼnne du pluriel du présent indicatif (*gr.* 3ᵉ), **et de l'impératif** (*gr.* 4ᵉ).

2ᵉ REM. On finit par IONS, IEZ, la 1ʳᵉ et la ʼ personne du pluriel du passé simultané, ʼa *imparfait,* **indicatif** (*gr.* 5ᵉ), **— et du futur ʼa présent subjonctif** (*gr.* 6ᵉ).

ʼil y aura deux *II*, ou *YI*, dans les deux premières personnes du pluriel du *gr.* 5ᵉ et du *gr.* 6ᵉ lorsque la racine de ces deux groupes finira par un *I*, ou un *Y*.

174ᵉ Thème,
où sont opposés des mots en *iions, iiez*; et en *yions, yiez*; — et des mots en *ions, iez*; et en *yons, yez*.

ʼpier et déchiffrer; — puis finir les mots-verbes qui ne sont que commencés, et inʼiquer sous chacun d'eux le numéro du groupe (3, 4, 5 ou 6) auquel il appartient; ʼ— enfin séparer les terminaisons par la ligne verticale | .

ʼ en vous baissant (BB) les cordons de vos souliers, votre maman veut que vous les *li*-, Agathon.

ʼjourd'hui, nous *employ*- en vous exhortant (BB) toute notre éloquence et toute notre charité pour que vous nous *croy*- et vous *corrig*-; *croy*- nous donc, et *corrig*- vous, Artémise.

175ᵉ Thème.
ʼer en jouant vous *effeuill*- une fleur bleue; qu'*effeuill*- vous maintenant, ma petite Julie?

ʼndant que nous *déploy*- notre valeur en combattant (BB), si votre ami s'enfuyait, vous vous *enfuy*- quelquefois; vous aviez tort; ne vous *enfuy*- plus.

176ᵉ Thème.
ʼank, je ne veux pas que vous *rudoy*- Alix en lui parlant, ni que vous lui *témoign*- toujours de la mauvaise humeur; vous *larmoy*- sans cesse l'un et l'autre, cela me déplaît.

ʼveux que vous *balay*- vous-même ces mies de pain, Esther.

ʼBB) PHRASE-TYPE. *Le Bordelais est abond*ANT *en raisin.*
ʼOn finit par *ant* tous les mots en *an* qui formeraient un infinitif de verbe si l'on changeait les dernières lettres. (*D'abond*ANT *on ferait l'infinitif* abonder; *de cou*ʼʼt *on ferait l'infinitif* courir, *etc.*)

N° 5, son *é*.

177ᵉ Thème.

A faire comme les précédents, — y appliquer toutes les règles.

Pli- les genoux, bon! Si vous *pli-* un peu plus habituellement (c
vous n'auriez pas tant de roideur.

Quand en pension vous vous *brouill-* avec vos camarades, vous *réco
cili-* vous promptement? je suis curieux de le savoir.

Léontine, ne *clign-*pas comme vous le faites à chaque moment, cela ɛ
disgracieux; autrefois vous ne *clign-* pas ainsi.

178ᵉ Thème.

Nous *tri-* actuellement (cc) nos fruits avec un soin minutieux, nous
les *tri-* pas aussi soigneusement l'*ann*-5 *pass*-5.

Je n'aime pas que vous *tutoy-* inconsidérément des enfants que vo
voy- pour la première fois, ni que vous vous *li-* avec eux.

*Résign-*nous; quand Dieu permet que nous ayons quelque tourment,
veut que nous nous *résign-*.

215ᵉ Dictée ou Copie.

Dans toutes les dictées de cette vingt-huitième leçon, sous chaque mot- verbe
la 1ʳᵉ et de la 2ᵉ personne du pluriel, indiquer abréviativement (par les chiffr
3, 4, 5 ou 6) auquel de ces quatre groupes il appartient; — et y séparer
terminaison par une ligne verticale | .

Nous li**ions** ce bouquet lorsque vous entri**ez**; aidez-nous
li**ez**-le, ou bien li**ez**-en un autre.

Témoign**ez** à votre tante l'inquiétude que sa maladie vou
a causée, je désire que vous la lui témoign**iez**.

Dieu veut que nous pri**ions** pour tous les hommes, qu
nous l'invoqu**ions** et le suppli**ions** même pour nos ennemi

Nos parents exigent que nous travaill**ions**, travaillon
donc pour les contenter.

216ᵉ Dictée ou Copie. — Vous bâill**iez** hier en pre
nant votre leçon d'arithmétique, aujourd'hui vous bâille
encore; ne bâill**ez** pas ainsi: je ne veux pas que vous bâill**ie**
en travaillant.

(cc) Phrase-type. *Le* from**ENT** *est la meilleure espèce de blé.*
Les mots qui finissent en *man* s'écrivent par *ment*.

Vous étudi**iez** la chronologie l'hiver dernier pour avoir un prix, étudi**ez**-la maintenant pour me faire plaisir.

Nous nous effray**ions** hier lorsque nous entend**ions** ces souris grignoter, nous ne nous effray**ons** plus maintenant pour si peu de chose.

217ᵉ Dictée ou Copie. — Séraphie. Maman, je m'ennuie; Albert s'ennuie aussi.

Albert. Oh oui! je crois que nous nous ennuy**ons** aujourd'hui plus encore que nous ne nous ennuy**ions** hier; nous sommes bien malheureux!

La Mère. Savez-vous ce qu'il faut que vous fass**iez** pour que vous ne vous ennuy**iez** plus ni l'un ni l'autre?

Albert et Séraphie. Quoi donc, maman, quoi donc?

La Mère. Il faut que vous travaill**iez** avez beaucoup de zèle et de courage, et ensuite que vous jou**iez** et vous récré**iez** sans vous disputer ni vous taquiner jamais.

Albert. Mais, maman, lorsque je contrarie Séraphie ou Ludovic c'est pour m'amuser, nous ne nous en voul**ons** pas du tout : tu as vu comme nous ri**ions** de bon cœur quand tu es entrée.

La Mère. Joli amusement, en effet! tu cries, ta sœur a du chagrin, Ludovic pleure, je gronde... Voilà qui est fort divertissant!...

218ᵉ Dictée ou Copie *(suite).* — La Mère. Mes petits enfants, je veux que vous vous li**iez** de plus en plus, je défends donc que vous guerroy**iez** jamais ensemble ; et comme c'est l'oisiveté et le désœuvrement qui amènent toujours les disputes, j'exige que vous employ**iez** bien tous vos moments.

Albert. Maman, que faut-il faire pour que nous les employ**ions** comme tu le désires?

La Mère. Il faut que, dès que vous êtes levés, vous pri**iez** e bon Dieu, n'oubli**ez** jamais cela : il faut ensuite que vous tudi**iez** la géographie, l'histoire sainte, et la chronologie ; ue vous copi**iez** vos devoirs d'orthographe, en soignant votre écriture, car je veux que vous la rectifiiez : je permets que vous jouiez et vous distrayiez ensuite, mais sans cris et sans disputes surtout.

219ᵉ Dictée ou Copie. — EDMOND ET GUSTAVE. Maman, nous voudrions bien ne concourir ni en dictée ni en chronologie avec Valentine ; nous la croyons très-forte, nous nous méfions de nous, et nous craignons de ne pas te faire honneur.

MADAME DORVAL. Écoutez, si vous vous croyiez les plus forts, vous concourriez sans faire aucune réflexion ; par conséquent refuser de concourir ce serait montrer de l'orgueil, et l'orgueil est un vice affreux : d'ailleurs, à la vérité, Valentine savait toute la chronologie des rois de France quand vous en balbutiiez à peine la première page ; et lorsque vous orthographiiez très-mal encore, elle orthographiait déjà fort passablement : mais depuis plusieurs mois vous travaillez régulièrement, vous vous appliquez, et vous avez fait de grands progrès.

220ᵉ Dictée ou Copie (*suite*). **—** EDMOND ET GUSTAVE. Ainsi, maman, tu trouves que nous travaillons bien, et que si nous craignons par trop Valentine, nous nous effrayons à tort.

MADAME DORVAL. Oui, mes bons amis ; et, je vous l'avouerai avec une vraie satisfaction, je pense qu'il ne faut pas que vous vous méfiiez de vous, ni que vous craigniez par trop : je suis même persuadée d'une chose ; c'est que si vous ne vous coudoyiez ni ne vous distrayiez jamais, si vous vous identifiiez avec vos professeurs et vos études, si vous appliquiez à chaque mot les règles que vous avez étudiées, si vous employiez enfin toute votre ardeur, et si vous fixiiez votre esprit lorsque vous travaillez, vous pourriez être fort bien placés l'un et l'autre dans les concours. Ayez donc bon courage ; ne craignez point, appliquez-vous, et je vous récompenserai de vos efforts, croyez-le bien, quel qu'en soit le résultat.

VINGT-NEUVIÈME LEÇON. — 1° DES TERMINAISONS DES VERBES EN ER, AU PASSÉ PÉRIODIQUE (DÉFINI) INDICATIF (GROUPE 7°).

Faire continuer les analyses expliquées ; — faire conjuguer : tondre, s'assortir, enrayer, etc.
Puis faire revoir dans les ÉLÉMENTS, etc., les n°s de 193 à 202.

PHRASES-TYPES.

1° En voyant la fourmi j'amassai pour jour.
2° Tu pensas,... tu parlas.
3° La parole achéva ta pensée.
4° Nous vidâmes quatre pots de bière.
5° C'est là que vous daignâtes nous recevoir.
6° Les Israélites errèrent dans le désert.

TERMINAISONS DU PASSÉ PÉRIODIQUE INDICATIF (GROUPE 7°) POUR LES VERBES EN ER.

RÈGLE XXXII°

1° Tout verbe en er au passé pér. ind. (gr. 7°) finit par AI (1) quand il est aj. à JE (1re p. du sing).

2° Tout verbe en er au passé pér. ind. (gr. 7°) finit par AS quand il est aj. à TU (3e pers. du sing.).

3° Tout verbe en er au passé pér. ind. (gr. 7°) finit par A quand il est aj. à IL, à ELLE, à ON, etc.-y, ou à un subst. ou nom sing. (3e p. du sing).

4° Tout verbe en er au passé pér. ind. (gr. 7°) finit par ÂMES quand il est aj. à NOUS (1re p. du pl.).

5° Tout verbe en er au passé pér. ind. (gr. 7°) finit par ÂTES quand il est aj. à VOUS (2e p. du plur.).

6° Tout verbe en er au passé pér. ind. (gr. 7°) finit par ÈRENT quand il est aj. à ILS, à ELLES, etc. ou à un subst. ou nom plur. (3e pers. du pluriel).

(1) L'a (ou l'è) qui commence ces terminaisons ne se retrouve dans aucun mot d'un verbe en ir, en re, en oir.

| No 2, son *a*. | —— | No 8, — *e* (*e* muet). | —— | No 12, son *u*. |
| No 5, son *é*. | —— | No 9, son *i*. | —— | No 15, — *oi*. |

179ᵉ Thème.

Copier et déchiffrer ; — puis séparer par une ligne verticale | les terminaisons du reste du mot-verbe. *Ex.* : je puis | ai.

Je *puis*-5 de l'eau abondamment (DD), et je vous *désaltér*-5.

Evidemment (DD), tu *jou*-2 trop longtemps hier.

Le professeur nous *expliqu*-2 suffisamment les règles de l'orthographe.

Nous *laiss*-2-*m*-8 (1) nos cheveux flotter négligemment (DD) sur nos épaules, et nous nous *promen*-2-*m*- 8 ainsi.

Vous *achet*-2-*t*-8 (1) ces nopals pour orner votre belle serre ?

Ces cailloux que tu *jet*-2 méchamment nous *blessèr*-8.

180ᵉ Thème.

Copier et déchiffrer ; — puis appliquer les règles précédemment étudiées.

Césaire et Marcel *jouèr*-8 constamment (DD) à la paume, et *gagnèr*-8 aux mains d'horribles cals.

Chacun de vous *parl*-2 obligeamment (DD) de ses condisciples.

Les ornières que tu vois *occasionnèr*-8 nos soubresauts et nos cahots.

Dans notre dernier voyage, nous *visit*-2-*m*-8 les lieux les plus *renomm*-5 de la *Normand*-9, notamment les ruines de la célèbre *abbay*-8 de Jumièges ; puis nous *gagn*-2-*m*-8 les bords du Rhin.

181ᵉ Thème.

Les Français *s'avancèr*-8 toujours vaillamment (DD) contre l'*ennem*-9.

Nous *racont*-2-*t*-8-vous plaisamment cette anecdote, chère *Perpét*-12 !

N'*écout*-2-*m*-8-nous pas patiemment toutes tes doléances, quand tu nous les *cont*-2, mon cher *Et*-15 ? ne me *lament*-5-je pas hier avec toi ?

Euphras-9 *saut*-2-*t*-elle au cou de sa petite *am*-9 lorsque tu la lui *amen*-2 complaisamment de la pension ?

Je le *soign*-5, Dieu le guérit ! *répét*-2 plusieurs fois modestement et sciemment le célèbre chirurgien Ambroise Paré.

(DD) PHRASE-TYPE. ÉvideMMent, *Léon se trompe* constaMMent.

Les mots invariables en AMMENT et en EMMENT prennent tous *mm* (deux *m*).

(1) Que l'élève n'oublie jamais l'accent circonflexe des mots en *âmes* et en *âtes*.

221ᵉ Dictée ou Copie.

*Dans ces dictées, indiquer abréviativement le nombre et la personne de chaque
verbe ; — séparer par une ligne verticale | les terminaisons de tous les mots
du passé périodique (ou défini) indicatif ; — puis conduire un trait du sujet à son
verbe.*

Un jour, M. Fréville donna un tambour à son petit Albin,
en lui faisant promettre d'en user modérément ; l'enfant nagea
dans la joie et dès-lors cheval à bascule, fouets, trompettes.....
devoirs même... Albin négligea tout ; la diane et la retraite
seules l'occupèrent. M. Fréville lui dit alors : Puisque malgré mes recommandations tu t'obstinas à nous fendre la tête,
et que tu manquas aux promesses que j'exigeai de toi lorsque
je te donnai ton jouet favori, je le reprends, et ne te le ren-
drai que lorsque tu seras devenu docile ; d'abord l'enfant
pleura, cria, trépigna même ; ensuite il pria, supplia, tout
fut inutile : enfin, revenu à la raison, il témoigna son repen-
tir, recommença à bien faire tous ses devoirs et s'appliqua
beaucoup ; bientôt ses bons parents lui redonnèrent son
tambour, et il n'en abusa plus.

222ᵉ Dictée ou Copie. — Vous me témoignâtes toujours beaucoup de goût pour l'histoire naturelle, j'extrairai
donc du Robinson suisse, que vos cousins me prêtèrent, un
passage où l'auteur expliqua une agréable découverte, et je
vous le dicterai : « Un jour, dit le père, je m'acheminai
avec mes fils vers un petit bois de palmiers, nous traversâmes
un marécage couvert de roseaux ; dans la crainte des serpents,
nous obligeâmes Turc à nous précéder, puis je coupai le
plus gros des roseaux afin de pouvoir me défendre ; alors une
liqueur gluante coula entre mes doigts : je la goûtai, elle
était d'une douceur exquise :.... j'engageai Fritz à m'imiter,
il coupa en effet un roseau ; ses mains furent inondées de jus ;
il suça ses doigts ; la joie brilla dans son regard : nous avions
découvert la canne à sucre ! »

2° TERMINAISONS DU VERBE EN ER AU PASSÉ OU FUTUR (IMPARFAIT) SUBJONCTIF
(GROUPE 8e).

(SUITE DE LA VINGT-NEUVIÈME LEÇON.)

— Faire apprendre dans : ÉLÉMENTS, etc., les nos 203 et 204 ; — faire copier le verbe-modèle *recevoir*, n° 205 ; et apprendre 206, 207, 208 ; — puis faire conjuguer : *devoir, pendre, nourrir, endommager*, etc.

PHRASES-TYPES.

1° *Il me servait sans que je l'en priasse.*
2° *Il faudrait que tu le grondasses bien fort*
3° *pour qu'il se corrigeât.*
4° *Voudriez-vous que nous jouassions ?*
5° *Je voudrais que vous me donnassiez ce bijou :*
6° *Dieu était avant que les cieux existassent.*

TERMINAISONS DU PASSÉ OU FUTUR SUBJONCTIF (GROUPE 8e) POUR LES VERBES EN ER.

RÈGLE XXXIIIe.

I° Tout verbe en *er* au passé ou fut. subj. (*gr.* 8e) finit par ASSE   quand il est aj. à JE (1re pers. du singulier).

2° Tout verbe en *er* au passé ou fut. subj. (*gr.* 8e) finit par ASSES   quand il est aj. à TU (2e pers. du singulier).

3° Tout verbe en *er* au passé ou fut. subj. (*gr.* 8e) finit par AT à ON, etc., on à un subst.   quand il est aj. à IL, à ELLE, ou à un subst., ou nom sing. (3e pers. du sing.).

4° Tout verbe en *er* au passé ou fut. subj. (*gr.* 8e) finit par ASSIONS   quand il est aj. à NOUS (1re pers. du plur.).

5° Tout verbe en *er* au passé ou fut. subj. (*gr.* 8e) finit par ASSIEZ   quand il est aj. à VOUS (2e pers. du plur.).

6° Tout verbe en *er* au passé ou fut. subj. (*gr.* 8e) finit par ASSENT   quand il est aj. à ILS, à ELLES, etc., ou à un subst. ou nom plur. (3e p. du plur.).

182e Thème.

Copier et déchiffrer; — puis séparer par une ligne verticale | les terminaisons du reste du mot-verbe. Ex. : que je cherch | asse.

Il fallait que je *cherchass*-8 un lieu commode (EE) pour m'y établir, et que tu m'*aidass*-8 à le trouver, afin que la fatigue ne m'*incommod*-2 (1) pas trop.

On voudrait que nous *jouassi*-18 devant nos grands parents le commencement (EE) de notre *symphon*-9 en *ut*, et que vous nous *accompagnassi*-5, Hortense.

Il faudrait que les bœufs, les vaches, les brebis, tous les bestiaux enfin *commençass*-8 à rentrer dans leur étable.

183e Thème.

Copier et déchiffrer; — puis appliquer les règles précédemment étudiées.

Je désirerais que vous ne *communiquassi*-5 (EE) à personne, le secret que je vous ai *dévoil*-5, et que le père de Célestine la *corrige*-2 (1) de son indiscrétion.

J'aimerais que nous *soulageassi*-18 les *infortun*-5 par commisération, mais je voudrais surtout que chacun les *aid*-2 pour obéir à Dieu qui nous recommande la *charit*-5.

On voulait que je *contemplass*-8 la lumière *bl*-6 et *voil*-5 de la lune.

184e Thème.

Pourquoi ne voudrait-on pas que les Français *commerçass*-8 (EE) avec les Chinois comme avec les Indiens, et que l'Europe leur *communiqu*-2 ses lumières?

Il ne faudrait jamais ni que tu *commandass*-8 avec hauteur à Léonard, ni qu'il *men*-2 son troupeau ailleurs que dans les communaux.

L'*honnêtet*-5 exigerait que je *traitass*-8 avec *civilit*-5 ces ennuyeux commensaux, que je ne leur *montrass*-8 pas mon *ennu*-9.

223e Dictée ou Copie.

Indiquer le *nombre* et la *personne* des verbes, etc.; — séparer les terminaisons de tous les mots du *passé* ou *futur subjonctif*; — et rattacher chaque verbe à son sujet.

Quelque chose que j'exigeasse de toi, Virginie, ou même

(EE) PHRASE-TYPE. Dieu coMMande au soleil d'animer la nature.
Les mots en *comm* s'écrivent avec mm (deux m).

(1) Que l'élève n'oublie jamais l'accent circonflexe dans les mots-verbes en *ât*.

N° 2, son *a*. —— N° 5, son *é*. —— N° 8, — *e* (*e* muet). —— N° 9, son *i*.

que je te demandasse simplement, j'aimerais que tu t'habituasses à la faire tout de suite, et sans prendre le temps de réfléchir; je voudrais encore que tu pensasses sérieusement à t'instruire, que tu t'appliquasses à toujours bien apprendre tes leçons, et que jamais tu ne jouasses que lorsque tous tes devoirs seraient finis; alors, quelque chose qui arrivât, tu ne craindrais ni qu'on te blâmât ou te critiquât, ni que ta mère et moi nous te réprimandassions, ou regrettassions les sacrifices que nous faisons pour toi, ni que tes professeurs te désignassent à tes petites compagnes comme une enfant inappliquée, et t'accablassent de pensums.

185e Thème.

Récapitulation des six précédents. — A faire comme le 179e et le 180e.

Je voudrais qu'on s'*occup*-2 à pendre (FF) ces raisins dans mon fruitier, et qu'on ne *cherch*-2 pas à en suspendre (FF) ailleurs.

Nous nous *plaç*-2-*m*-8 là pour voir les bestiaux descendre la côte.

Un agneau s'*éloign*-2 de sa mère et fit entendre (FF) des bêlements plaintifs; aussitôt le chien du berger s'*élanç*-2 vers lui, afin qu'il *regagn*-2 le troupeau qui paissait sur une butte voisine.

186e Thème.

Nous *vis*-2-*m* 8 l'un et l'autre à un but différent.

Adrien, *rest*-2-tu longtemps en butte aux traits de la *calomn*-9?

Je désirerais qu'Herman ne *parl*-2 pas toujours de vaincre et de pourfendre (FF).

Une humiliation bien *mérit*-5 *corrige*-2 l'an *pass*-5 César de ses continuelles *forfanter*-9.

187e Thème.

Pour condescendre (FF) aux désirs de mes parents qui voulaient que tous leurs fils *parlass*-8 l'allemand, j'*étudi*-5 avec ardeur cette langue, et j'*arriv*-5 à l'apprendre promptement.

(FF) PHRASE-TYPE. *Un meunier et son fils allaient* vENdre *leur âne, un certain jour de foire.*

Les verbes terminés en *endre* s'écrivent presque tous avec *en*.

2, son *a*. —— N° 5, son *é*.

Récapitulation des six thèmes précédents. (suite).

Je désirerais que vous *appréciassi*-5 les beaux coraux, et surtout les
magnifiques émaux que Lionel *charge*-2 son jockey de vendre.
Quand Louis *lanç*-2 ses flèches contre des servals, croyez-vous qu'il en
tu-2 un ?

224e Dictée ou Copie.

Dans toutes les dictées qui suivent, indiquer abréviativement (par un 7 ou un 8)
sous chaque mot du *passé périodique (défini) indicatif;* — ou du *futur* ou *passé*
(imparfait) subjonctif auquel de ces deux temps (ou *groupes*) il appartient.

Isabelle, tu le sais, hier je me priv**ai** pour toi de sommeil
et de repos, je me lev**ai** de grand matin pour que ta bonne
t'habill**ât** sous mes yeux, avec soin et promptitude, afin que
tu arriv**asses** à l'heure convenue au rendez-vous qu'Angèle
et Théonie t'avaient donné ; tu jou**as** toute la journée aux
mille jeux que tes petites amies invent**èrent** pour te récréer,
et tu t'amus**as** beaucoup certainement : je voudrais bien
qu'aujourd'hui tu me dédommage**asses** de ma sollicitude et
de mes fatigues, et que ton application me pay**ât** de tous les
sacrifices que je m'impose continuellement pour toi ; il faudrait enfin que je trouv**asse** en ma fille la docilité, la soumission, la tendresse que j'ai le droit d'attendre d'elle.

225e Dictée ou Copie. — Nous vogu**âmes** longtemps
sans que la terre se présent**ât** à nos regards, enfin notre navire abord**a** dans un pays si extraordinaire que je ne croyais
pas qu'il en exist**ât** un semblable : c'était une île de sucre
avec des montagnes de compote, des rochers de meringues et
et de gaufres, et des rivières de sirop : toi qui voyage**as** beaucoup, aurais-tu pensé que de semblables choses exist**assent** ?
Quoique je m'y amus**asse**, je la quitt**ai** bientôt, parce qu'on
m'assur**a** qu'il y avait à dix lieues une autre île renfermant
des mines de jambons, de saucisses et de ragoûts poivrés, avec
des ruisseaux de sauces à l'oignon ; j'y all**ai**..... Oh combien
j'aurais voulu que vous m'y accompagn**assiez**, mes amis,

ou qu'un bon génie vous y portât! j'y trouvai des marchands qui se présentèrent à moi, m'offrant de l'appétit, afin que je goûtasse à tous ces mets; et je passai ma journée à faire douze repas!!!

(Imité de *Fénelon*.)

226ᵉ Dictée ou Copie. — Que tu es personnelle, ma Célie! il faudrait, me dis-tu, que je te laissasse jouer jusqu'à ce que ton petit frère commençât son travail; mais pense donc un peu : il est bien jeune, le pauvre petit Gaston : hé bien! hier je me consacrai toute à toi, hier ta bonne et moi nous nous levâmes de très-bonne heure pour que tu t'amusasses; lui, il se leva en même temps que nous, et il resta à la maison pendant que tu allas te distraire; il travailla pendant que toi et tes amies vous vous promenâtes et vous vous récréâtes un jour tout entier : il serait bien juste que ce matin il se reposât, et que tu travaillasses, toi; je voudrais même qu'il jouât et s'amusât aujourd'hui autant que tu t'amusas et jouas hier. Ne trouves-tu pas que cela est juste?

227ᵉ Dictée ou Copie. — Lorsque, il y a deux ans, tu me présentas François, je jugeai sur-le-champ qu'il fallait qu'on lui accordât de prompts secours, et je parlai de lui afin que des âmes charitables nous aidassent; toi, de ton côté tu exposas ses infortunes à tes frères, nous nous chargeâmes de lui, et dès-lors chacun de vous contribua à cette bonne œuvre; tu te rappelles que tu lui donnas un pantalon et une veste, et que vous vous engageâtes à l'entretenir de vêtements, quelque somme qu'il vous en coutât : Urbain et Fernand lui donnèrent des leçons, quand leurs devoirs leur en laissèrent le temps; cependant, ces leçons étaient insuffisantes; il était indispensable que François étudiât d'une manière plus régulière, et qu'il passât quelque temps dans une pension; j'appelai donc mes amis à mon aide, et nous trouvâmes la somme nécessaire; maintenant il va nous quitter, mais c'est pour son bien; laisse-le donc partir sans pleurer.

228ᵉ Dictée ou Copie. (Vers.)

PREMIÈRE VOIX.

Un enfant devant eux (*les docteurs de la loi*) s'avança...
> Il parla, les sages doutèrent
> De leur orgueilleuse raison,
> Et les colonnes l'écoutèrent,
> Les colonnes de Salomon!

DEUXIÈME VOIX.

Comment disparut-il de la foule ravie?

PREMIÈRE VOIX.

> Il rentra dans l'obscurité;
Dans les humbles travaux d'une vie inconnue...
Il se cacha vingt ans dans son humilité...

> (*Lamartine.*)

229ᵉ Dictée ou Copie. (Vers.)

Dieu dit à l'homme :
> Tu pensas.....
Tu parlas; la parole acheva la pensée,
> Et j'y gravai mon nom.
> Tu m'adoras dans ma puissance,
> Tu me bénis dans mon bonheur,
> Et tu marchas en ma présence
> Dans la simplicité du cœur.   (*Lamartine.*)

N° 4, son *è*.	—	N° 9, son *i*.	—	
N° 5, son *é*.	—	N° 15, — *oi*.	—	N° 17, son *in*.

30e LEÇON. — DES TERMINAISONS DU VERBE NON EN *ER* AU SINGULIER DU PRÉSENT INDICATIF (*GROUPE* 3e).

Faire continuer les analyses expliquées ; — puis faire conjuguer : *entendre, apercevoir, rompre,* etc.
— Faire revoir les n°s 207, 208 ; — et apprendre le n° 209 de ÉLÉMENTS, etc.

PHRASES-TYPES. 1° *Je frémis d'indignation.* —
2° *Tu te résous à rester ici.* —
3° *Il bénit Dieu, on le voit.*

RÈGLE XXXIVe. 1° **Tout mot d'un verbe non en ER au prés. ind.** (*gr.* 3e), **finit par S quand il est ajouté à JE (1re p. du sing.).**

2° **Tout mot d'un verbe non en ER au prés. ind.** (*gr.* 3e), **finit par S quand il est ajouté à TU (2e p. du sing.).**

3° **Tout mot d'un verbe non en ER au prés. ind. finit par T quand il est ajouté à IL,** etc. **(3e p. du sing.), ou à un subtantif singulier.**

188e Thème.

Copier et déchiffrer ; — puis écrire entre parenthèses après chaque verbe déchiffré l'infinitif dont il est formé. *Ex.* : je sai | s (*savoir*), — et toujours séparer les terminaisons du reste du verbe.

Je ne *s*-5 quels jeux inventer (GC) pour vous plaire.

Je te *d*-9 de ne pas tourmenter ainsi les animaux.

Isaïe, tu ne *d*-15 jamais faire ce que tu *s*-5 être défendu.

Tu *vi*-17 de t'impatienter et de mentir (GC), Polycarpe, cela est mal.

On nous *f*-4 pressentir que ce cafier *dépér*-9 hors de la serre chaude, et qu'on *d*-15 le laisser toujours à l'abri du vent.

(GC) PHRASE-TYPE. *Sans* mENtir, *dis-moi qui tu* fréquENtes, *et je te dirai qui tu es.*

Beaucoup de verbes en *enter* et en *entir* s'écrivent avec *en* (comme les verbes en *endre*).

N° 4, son é.	N° 9, son i.	N° 16, son an.
N° 5, son è.	N° 13, son ou.	N° 17, son in.
N° 6, son eu.	N° 15, — oi.	N° 30, — r.

189ᵉ Thème.

A faire comme le 188ᵉ.

La guenon est à peindre (нн); tu r-9 de ses grimaces, n'est-ce pas?
Je cr-15 atteindre (нн) enfin le but de mes désirs.
Un détachement de pompiers vi-17 pour éteindre (нн) l'incendie.
Je v-15, Gisèle, que tu te rés-13 à faire teindre ces rubans.
On ne d-15 jamais feindre ce qu'on ne ress-16 pas, Noel.
Tu t'ém-6 trop pour faire enceindre de murs ta propriété.
Je sour-9, petite, lorsque je te v-15 essayer d'aveindre seule ton linge.

190ᵉ Thème.

Ignorante du monde avant de le quitter,
Je ne le h-4 point....
Souvenirs du bonheur, que voulez-vous de moi?
Que vous se-30 de troubler ma retraite profonde?
Ici la charit-5 rempl-9 mes chastes heures,...
Je nourr-9 l'orphelin d'espérances meilleures.
Hyacinthe, tu d-15 répondre à toutes les lettres que tu reç-15.

230ᵉ Dictée ou Copie.

Dans ces dictées, séparer les terminaisons, indiquer abréviativement le *nombre* et la *personne* des verbes, et unir les verbes à leurs sujets.

OLYMPE. Ma tante, je sais parfaitement mes fables, je fais tous mes verbes sans faute, je comprends très-bien la grammaire, et je couds aussi bien qu'Alphonsine, elle me le dit souvent.

La TANTE. Ma petite Olympe, tu dis toujours : Je fais ceci très-bien; je comprends cela parfaitement : sais-tu qu'il est fort sot de se vanter ainsi, et que cela déplaît au bon Dieu? D'ailleurs, tu n'es pas aussi habile que tu le crois; tu fais très-souvent des fautes tout à fait grossières dans tes dictées; il faut qu'on te prépare toutes tes coutures, tu ne sais

(нн) PHRASE-TYPE. *Jamais, s'il (l'ours) me veut croire, il ne se fera* pEINdre.
Les verbes terminés en *indre* s'écrivent presque tous par *eindre*.

rien tailler; enfin, tu ne rends aucun service à ta mère dans la maison : tu vois que tu as encore beaucoup de choses à apprendre; une personne sensée, fût-elle très-capable, doit toujours être modeste; et toi, comme tu sais fort peu de chose, tu dois être plus modeste qu'une autre.

231ᵉ Dictée ou **Copie.** — Deux grands fleuves rivaux, le Nil et le Gange, se présentèrent devant Neptune pour disputer le premier rang : Je viens, dit le Nil, des climats brûlants dont les mortels n'osent pas même approcher, je fais délicieuse et puissante l'Égypte où je répands l'abondance; au lieu que mon adversaire sort des terres sauvages et glacées des Scythes, et aboutit à une mer qui ne voit que des barbares; confondez, Dieu puissant, son orgueil et sa témérité. — C'est la vôtre qui doit être confondue, repart le Gange : comme vous, je descends de montagnes élevées, je parcours de vastes contrées, et je les enrichis ; comme vous, je reçois le tribut de beaucoup de rivières; et, ce que vous ne faites pas, je fournis aux mortels de l'or, des perles, des diamants... cependant je ne prétends à la primauté que lorsque j'aurai pu rendre heureux les mortels qui habitent mes bords.....

232ᵉ Dictée ou **Copie.** (*Vers.*)

Où chercher, où trouver l'auteur de ma naissance (*Dieu*),
Celui par qui je vis, je sens, j'entends, je vois,
Qui m'a fait ce bonheur qu'à peine je conçois.   (*L. Racine.*)

La Tourterelle et le Passant.

Que fais-tu dans ce bois, plaintive tourterelle?
— Je gémis, j'ai perdu ma compagne fidèle.
— Ne crains-tu pas que l'oiseleur
Ne te fasse périr comme elle?
— Si ce n'est lui, ce sera ma douleur !

Le Laboureur.

Je fais souvent du bien pour avoir du plaisir.   (*Florian.*)

Nᵒ 4, son é. ——
Nᵒ 9, son i. ——   Nᵒ 13, son ôu.   ——   Nᵒ 15, — ot.   ——   Nᵒ 30, — r.

DES TERMINAISONS DU PRÉSENT INDICATIF DANS TOUS LES VERBES.

(SUITE DE LA TRENTIÈME LEÇON.)

RÉCAPITULATION DES RÈGLES XXVIᵉ ET XXXIVᵉ.

Faire revoir le nᵒ 209, et apprendre le nᵒ 210 dans : ÉLÉMENTS, etc. — puis faire conjuguer, renier, languir.

1ᵒ *Je balbutie des excuses, — et je frémis d'indignation.*
2ᵒ *Tu joues, par conséquent — tu te résous à rester ici.*
3ᵒ *Il loue, ... il bénit Dieu.*
4ᵒ *Nous nous appliquons et   nous réussissons, etc.*

Pages 133 et 168.

REMARQUE.

Les terminaisons du présent indicatif (gr. 3ᵉ) sont :

AU SINGULIER

dans les verbes en er :	dans les verbes non en r :
E	S
ES	S
E	T

AU PLURIEL
dans tous les verbes :

ONS
EZ
ENT

Or, il faut, quand on écrit un mot du singulier du présent indicatif (groupe 3ᵉ) rechercher toujours comment finit à l'infinitif le verbe dont il dépend ; — sans cette précaution, on ne serait jamais sûr de lui donner la terminaison convenable.

191ᵉ Thème.

A faire comme le 188ᵉ.

Dès que je *v*-15 le soleil briller, j'*env*-15 Clara dans le parc.
Tu *empl*-15 de l'indigo, je *cr*-15, pour teindre en bleu ton drap ?
Lorsque tu *abs*-13 un accusé, le *t*-13-tu quelquefois ?
Peu de gens que le ciel *chér*-9 et *gratif*-9 ont le don d'agréer...
Gilbert *pa*-30, tu *so*-30 ; et moi j'*e*-30 seul ici maintenant.
Je *p*-4 comptant tout ce que je *r*-4 faire, *d*-9 toujours Amand.

N° 4, son ê.	—	N° 15, — oi.	—	N° 30, — r.
N° 9, son i.	—	N° 16, son an.	—	N° 34, son t.
N° 12, son u.	——	N° 17, son in.	——	

192ᵉ Thème.

À faire comme le 188ᵉ.

Je conf-9 des prunes, et je te les conf-9 sans crainte, Léonide.

Quand le printemps ren-4, la nature se pa-30 de tous ses charmes.
      Elle (tortue) pa-30, elle s'évert-12,
      Elle se hâ-34 avec lenteur.

Je pa-30, — Déjà de toutes parts — La nuit sur nos remparts —
Ét-16 (II) ses ombres — Sombres.

193ᵉ Thème.

    Sur la corde tendue, un jeune voltigeur
      Apprenait à danser...
Sur son étroit chemin on le v-15 qui s'avance...
Il s'élève, desc-16, (II) va, vi-17, plus haut s'élance,...
    Son pied touche, sans qu'on le voie,
    A la corde qui pl-9, et dans l'air le renv-15.   (FLORIAN.)

194ᵉ Thème.

Quoi! mon am-9 m'écr-9 une lettre aussi sèche! s'écr-9 William.

Anne, ma sœur Anne, ne v-15-tu rien venir? — Je ne v-15 rien que
l'herbe qui verd-15 (de verdoyer), et la poussière qui poudr-15 (de
poudroyer (vieux mot); on n'ent-16 (II) rien non plus; ent-16-tu
quelque chose?

On cr-15 que tu empl-15 mal ton temps, Hilarion.

195ᵉ Thème.

Le lièvre do-30, dit-on, les yeux ouverts.

Doreur, mon ami, tu pe-30 plus d'or que tu n'en empl-15; ne t'aperç-15-
tu pas combien ce que tu do-30 est mal doré?

Je se-30 avec grand soin l'arrosoir dont je me se-30 ici chaque jour.

Pendant que je l-9 mes fleurs, Léopoldine me l-9 un beau morceau de
poés-9, et ses sœurs r-9.

(II) PHRASE-TYPE. Elle (l'hirondelle) bâtit un nid... ponD... fait éclore...

La plupart des verbes en dre ont un d au lieu d'un t au troisième mot du présent
indicatif (groupe 3ᵉ).

233e Dictée ou Copie.

Dans toutes les dictées qui vont suivre, unir tous les verbes à leurs sujets; — puis mettre entre parenthèses l'infinitif dont chaque verbe est formé, et séparer les terminaisons du reste du verbe.

Vois-tu, Melchior, cette pincée de plumes brunes et grises comme celles d'une perdrix qui court sur ce vieux mur? c'est un tout petit oiseau, c'est le roitelet; tu le connais, je crois? admire avec quelle adresse il emploie la mousse et l'herbe pour se construire cette sorte de bouteille qui sera son nid! Il s'aperçoit que tu le regardes, il fixe sur toi ses beaux yeux noirs; il craint, son attitude l'indique; cependant il n'essaie pas même de fuir. — Je te salue, petit oiseau, et je te prie de venir te fixer sous mon toit; si tu t'y établis avec ta nombreuse famille, je te promets paix et tranquillité!

234e Dictée ou Copie. — Est-ce que vous aimez le petit Polydore? l'insupportable enfant! Savez-vous ce qu'il fait lorsqu'il vient passer ici la journée et qu'on le contrarie? il saisit avec emportement les joujoux de Joseph, et il les lance violemment à l'autre extrémité de la chambre; ou bien il les brise en éclats, il les broie sous ses pieds; il les détruit enfin: dès que je m'aperçois que son accès de colère commence, j'envoie reprendre les jouets, et je les serre sous les verrous; voilà le moyen dont je me sers pour le punir; alors il se reconnaît et avoue sa faute; alors il me prie et me supplie à mains jointes de les lui faire aveindre, mais je suis inflexible; je ne les sors de leur cachette et ne les lui rends qu'après plusieurs heures de sagesse.

235e Dictée ou Copie. — Et la paresseuse Fanchette? oh! voilà encore une enfant bien peu raisonnable! depuis un mois elle étudie la géographie et elle écrit; mais à peine se met-elle à l'ouvrage qu'elle s'écrie: Maman, je sue! j'étouffe! le mal de tête me prend! je t'en supplie, dispense-moi de ma tâche aujourd'hui, aujourd'hui seulement: si tu agrées ma demande, tu verras avec quel zèle je travaillerai demain! Cependant c'est en vain que la paresseuse essaie de fléchir sa mère, et qu'elle fait toutes ses simagrées, madame de Gomberville tient bon, elle emploie même parfois la sévérité; Fanchette doit donc finir sa tâche, mais c'est bien malgré elle; aussi Dieu sait combien de fois elle bâille en la faisant! Toutes ses petites amies rient de pitié, et la bafouent; et personne ne rit plus à ses dépens que son tout petit frère, le malicieux Félix; mais rien ne la corrige.

236ᵉ Dictée ou Copie.

Je voudrais bien savoir, disait Pomone à Flore,...
Pourquoi chaque mortel, dès que revient l'automne,
  A la tristesse s'abandonne,
Tandis qu'à ton retour il renaît au plaisir?
    — Ce mystère dont tu t'étonnes
Se peut, lui répond (II, p. 172) Flore, aisément éclaircir;
    Moi, je promets; et toi, tu donnes:
Et, pour l'homme, espérer, c'est bien mieux que jouir.

(Imité de Grénus.)

Donnez, peu me suffit, je ne suis qu'un enfant,
Un petit sou me rend la vie (*dit le petit savoyard*).

237ᵉ Dictée ou Copie. (*Vers.*)

L'Écolier et l'Abeille.

Un tout petit enfant s'en allait à l'école...
Il pleure, et suit de loin une abeille qui vole.
Abeille, lui dit-il, voulez-vous me parler?
Moi, je vais à l'école; il faut apprendre à lire,
Mais le maître est tout noir, et je n'ose pas rire.
Voulez-vous rire, abeille, et m'apprendre à voler?
— Non, dit-elle, j'arrive et je suis très-pressée.
J'avais froid, l'aquilon m'a longtemps oppressée;
Enfin, j'ai vu les fleurs, je redescends du ciel,
Et je vais commencer mon doux rayon de miel...
Vite, vite à la ruche! on ne rit pas toujours;

C'est pour faire le miel qu'on vous rend les beaux jours.
Elle fuit et se perd sur la route embaumée.

238e Dictée ou Copie. (Suite.)

L'Écolier et l'Hirondelle.

Une hirondelle passe, elle effleure la joue
Du petit nonchalant, qui s'attriste et qui joue ;
Et dans l'air suspendue, en redoublant sa voix,
Fait tressaillir l'écho qui dort au fond du bois.
Oh ! bonjour, dit l'enfant qui se souvenait d'elle ;
Je t'ai vue à l'automne. Oh ! bonjour, hirondelle...
Viens ! tu portais bonheur à toute la maison...
Jouons. — Je le voudrais, répond la voyageuse,
Car je respire à peine, et je me sens joyeuse ;
Mais... je ne puis jouer...
J'emporte un brin de mousse...
Nous allons relever nos palais dégarnis :
L'herbe croît... Maintenant, fidèle messagère,
Je vais chercher mes sœurs, là-bas sur le chemin.
Ainsi que nous, enfant, la vie est passagère ;
Il faut en profiter. Je me sauve... à demain !

(Mme *Desbordes-Valmore.*)

31e LEÇON. — DES TERMINAISONS DES VERBES NON EN *ER* AU SINGULIER DU FUTUR IMPÉRAT. (GROUPE 4e).

Faire continuer les exercices d'analyse ; — puis faire conjuguer : *concevoir, vendre, corrompre, s'amoindrir,* etc.
— Faire apprendre les n°s 211, 212, — et copier deux fois le verbe *être* avec ses participes, n° 218 de ÉLÉMENTS, etc.

PHRASE-TYPE. *Ne t'endors pas.*

RÈGLE XXXVe. **Tout mot d'un verbe non en ER au futur impératif** (gr. 4e) **finit par S lorsqu'il a rapport au mot TOI (pour TU) sous-entendu** (2e pers. du sing.).

N° 4, son é.	—	N° 12, son u.	—	N° 16, son an.
N° 5, son è.	—	N° 13, son ou.	—	N° 17, son in.
N° 9, son i.	—	N° 15, — oi	—	N° 30, — r.

196e Thème.

Copier et déchiffrer ; —séparer la terminaison, puis écrire entre parenthèses après chaque mot-verbe l'infinitif dont il est formé.

Obé-9 si tu veux qu'on t'obéisse un jour.
Fin-9 ce thème sans tarder, Bonaventure.
Sais-9 par les ailes ce papillon qui veut s'envoler (1).
Ne *concl*-12 jamais un *march*-5 sans réfléchir.
R-16 le bien pour le mal, et n'*att*-16 que de Dieu ta récompense.
Ti-17, voilà mon fusil, *pr*-16 avec toi mon chien...

197e Thème.

Et-17 sur-le-champ ta *boug*-9, elle va finir (1).
V-17 le désir *immodér*-5 que tu as de te conduire (1) toi-même.
Pr-16 les *bij*-13 (3e exc., p. 27) de Joséphine, et *m*-4-les sous les *verr*-13.
Cr-15 les personnes *éclair*-5, et *reç*-15 bien leurs conseils.
Se-30-toi de ton esprit sans te prévaloir (1) de ce don.
Va où tu peux, *meu*-30 où tu dois.
Conn-4-toi toi-même.

239e Dictée ou Copie.

Dans ces dictées, séparer les terminaisons ; — et indiquer abréviativement le nombre et la *personne* des mots-verbes.

Savez-vous ce qu'on entendait du matin au soir dans une maison où demeurait une petite fille appelée Bonne (elle était bien mal nommée cette enfant-là) ; — Maman, viens écrire près de moi, je m'ennuie toute seule ; — Aloïs, cours vite me chercher mon mouchoir, sur le banc vert. — Suzanne, tiens-toi tranquille, ne fais pas de bruit, je travaille ; — Finis donc, Godefroy, ou sors d'ici sur-le-champ, tu me casses la tête avec tes vilains jeux de garçon ; — Léontine, rends-moi tout de suite ma poupée ; — puis à un pauvre petit frère qui n'avait pas un an : Dors donc, Firmin, tes cris me fatiguent ;... — enfin à une bonne : Viens, Héloïse,

(1) Rappelons-nous que l'infinitif du verbe finit toujours en *er*, en *ir*, en *re* ou en *oir*.

prends mon châle, et mets-le-moi; tiens-le mieux; sers-moi donc plus vite... Enfin, la petite Bonne se montra si désagréable que les domestiques de sa mère refusèrent de lui rendre aucun service, et que personne ne voulut plus jouer avec elle... Qui de vous, mes enfants, voudrait ressembler à l'impérieuse Bonne ?

240e Dictée ou **Copie.** — Casimir ! vois donc, la porte de la cage qui est ouverte !... Oh, ta petite serine huppée n'y est plus !... Tiens, tiens, la voici sur la fenêtre du salon,... elle s'envole dans le parc ;... cours après elle, Oscar ; cours, Laurent ;... cours donc aussi, Casimir, joins-toi à tes amis : l'oiseau entre dans la petite allée verte, prends-la aussi ; ne fais pas de bruit en remuant des feuilles,... saisis la serine par le corps, mais prends garde de l'étouffer,... ou bien, non, sers-toi plutôt de ton filet à papillons... Ah ! elle vole de ce côté-ci : attends, tiens-toi tranquille,... chut !... Bon,... reviens, la voici rentrée.

241e Dictée ou **Copie.** *(Vers.)*

Sur la branche d'un arbre était en sentinelle
    Un vieux coq adroit et matois ;
Frère, dit un renard, adoucissant sa voix,
    Nous ne sommes plus en querelle ;
    Paix générale cette fois,
Je viens te l'annoncer ! descends que je t'embrasse ;
    Ne me retiens pas là, de grâce,
Je dois faire aujourd'hui vingt postes sans manquer...
    Et cependant, viens recevoir
    Le baiser d'amour fraternelle.
              (Imité de *La Fontaine.*)
Apprends de moi cette leçon :
Le bien n'est bien qu'autant que l'on s'en peut défaire,
    Sans cela c'est un mal...
              (*La Fontaine.*)

8

N° 4, son è.   —   N° 9, son i.   —   N° 30, son r.

DES TERMINAISONS DE L'IMPÉRATIF DANS TOUS LES VERBES.

(SUITE DE LA TRENTE ET UNIÈME LEÇON.)

RÉCAPITULATION DES RÈGLES XXVIIᵉ et XXXVᵉ.

Copier deux fois le verbe *être*, n° 218 de : ÉLÉMENTS, etc.; — et apprendre les nᵒˢ 212, — 219, 220, 221.

1° *Dore ce meuble,* — *et ne t'endors pas.*
2° *Pleurons et gémissons, mes fidèles compagnes.*

Pages 136 et 175.

REMARQUE.

Les terminaisons du futur impératif (gr. 4ᵉ) sont :

AU SINGULIER

dans les verbes *en er* :	dans les verbes *non en er* :
»	ù
E	**S**
»	ù

AU PLURIEL
dans tous les verbes :

ONS
EZ
ᴅ

Or, il faut quand on écrit un mot du singulier de l'impératif rechercher toujours comment finit à l'infinitif le verbe dont il dépend.

198ᵉ Thème.

Copier et déchiffrer, — placer l'infinitif entre parenthèses, — puis séparer les terminaisons.

Rent-30 promptement, et ne *so*-30 plus désormais sans permission; ne *pe*-30 pas tes habitudes de docilité, Prosper.
Céline, *pl*-9 ta robe et ton écharpe, *l*-9 ensuite une fable.
Toi, Anna, *f*-4 ta page d'écriture, et *ess*-4 de me contenter.

Nº 4, son é	—	Nº 16, son an.	—	Nº 30, — r.	
Nº 5, son i.	—	Nº 17, son in.	—	Nº 31, — t.	
Nº 9, son i.	—	Nº 18, son on.	—	Nº 32, — s.	
Nº 13, son ou.	—	Nº 23, — j.	—	Nº 34, — l.	

Rép-18-moi, ma sœur,... ne prolon-23 pas mon effroi.
Stephen, f-9-toi à nous, et jou-9 du bonheur que procure la confiance.

199º Thème.

À faire comme le 198º.

Cher fils (dit saint Louis à Philippe), m-4 tout ton cœur à aimer Dieu;
  mont-30-toi doux et compatissant pour les pauvres; conso-34-les,
  secou-30-les pour plaire au Seigneur.
Ne r-18 point l'amiti-5 pour des fautes légères.
Honorine, desc-16 seule, mais pr-16 garde de tomber.
F-4 ce que dois, advienne que pourra.

200º Thème.

Son-23 à compatir (jj) aux maux de tes semblables.
Oubl-9 tes bonnes actions après les avoir (jj) faites, Artus.
Constance, ne so-30 qu'après t'être (jj) habillée avec soin.
Fu-9 le contact de l'impie, pr-16 soin de l'éviter (jj).
V-17 ta timidit-5, et évi-34 de montrer de l'embarras.
Ne r-4 plus ton papier, et f-4 en sorte d'écrire droit.

201º Thème.

Perm-4-moi d'imiter (jj) les gestes de ce maladroit.
Commen-32 par t'instruire (jj), et fin-9 par parler, Zacharie.
T-4 les efforts que tu fais pour te corriger (jj).
Ess-4 de rester huit jours sans t'impatienter (jj).
J-18 du luth pour charmer tes ennu-9, ma chère Edm-5.
C-13 plus vite pour achever ton corsage, Thérèse.

202º Thème.

Ne te pâ-30 pas tant pour te promener (jj) dans la campagne.
Pâ-30 sur-le-champ pour revenir de bonne heure.

(jj) PHRASE-TYPE. Les femmes ont une maison à réglER, un mari à rendRE heureux, des enfants à bien élevER.

Après l'un de ces six mots : à, après, de, par, pour, sans, le mot du verbe est toujours l'infinitif (aussi on le termine toujours par er, ir, re, oir).

S-15 toujours sage pour faire mon bonheur, Aymar.
L-9 couramment ces mots, puis *l*-9 ensemble ces sept œillets jaspés.
Su-9 cette *v*-15, *poursu*-9 ta route sans hésiter (*V*.зз, page 179).
Cr-15-moi, *env*-15 Arsène se coucher sans souper.

242ᵉ **Dictée** ou **Copie.** (*Prose et Vers.*)

Mariette, viens, et sers-nous le dîner.

Séverine, serre toute cette argenterie, puisqu'elle ne nous
sert à rien en ce moment.

Calme tes agitations ; ne meurs pas, ô mon âne : le printemps viendra, et avec lui croîtra le trèfle.

Reconnais le bienfait par d'autres bienfaits, mais ne te
venge jamais par d'autres injures.

Ton Dieu n'est plus irrité.
Réjouis-toi, Sion, et sors de la poussière !
Quitte les vêtements de ta captivité,
Et reprends ta splendeur première.   (*Racine.*)

Fais le bien, et ne regarde pas à qui.

243ᵉ **Dictée** ou **Copie.** — Antoinette, apporte-moi
l'histoire des Perses de M. de Ségur, je te dicterai les principaux préceptes que Zoroastre donna dans le Zend. Bien. Écris :
— « Honore tes parents. Marie-toi jeune. Fais le bien,
évite le mal. — Dans le doute, abstiens-toi. — Que les hommes
vertueux soient les seuls objets de tes libéralités, mais donne
le nécessaire à tout le monde, même aux chiens. Songe
qu'il faut être pur pour prêcher. Évite tout mensonge. Ne
commets point de vol. Montre à Dieu ta résignation dans le
malheur, et ta reconnaissance dans la prospérité. Fais du bien
jour et nuit, car la vie est courte. Sers le riche, sois-lui
fidèle, et conserve ton humilité. »

244ᵉ **Dictée** ou **Copie.** — Tobie croyant sa mort pro-

chaîne fit venir son fils, et lui dit : Mon fils, écoute mes paroles, et grave-les dans ton cœur : « Quand mon âme aura été reçue par le Seigneur, donne la sépulture à mon corps. — Honore ta mère tous les jours de ta vie, n'oublie jamais combien elle a souffert pour toi, sois toujours pour elle aussi respectueux que tendre ; et quand elle aura atteint le terme de ses jours ensevelis-la auprès de moi. — Ne consens jamais au péché, et ne crains rien tant que de violer la loi. — Fais l'aumône selon tes moyens : si tu as beaucoup, donne beaucoup ; si tu as peu, donne peu, mais de bon cœur : ne détourne jamais tes regards de dessus un pauvre, car l'aumône préserve du péché, et de la mort éternelle. »

245e Dictée ou **Copie.** — « Ne permets pas à l'orgueil de dominer dans ton cœur, ni de se manifester dans tes paroles, car l'orgueil a été la source de la perdition des hommes. — Tais et cache soigneusement tes bonnes actions. — Ne retiens jamais le salaire de l'ouvrier. — Garde-toi de faire aux autres ce que tu ne voudrais pas que l'on te fît. — Partage ton pain avec ceux qui ont faim, et couvre de tes vêtements ceux qui sont nus. — Prends toujours conseil d'un homme sage. — Fuis la société des méchants. — Prie le Seigneur de te diriger dans tes voies, et rapporte-lui toutes tes actions, c'est-à-dire fais-les dans le but de lui plaire. — Si tu as de l'argent, secours les hommes avec ; si tu n'en as point, emploie les bons procédés. »

246e Dictée ou Copie. (*Vers.*)

Pauvre petit, pars pour la France :
Que te sert mon amour, je ne possède rien ;
On vit heureux ailleurs, ici, dans la souffrance :
Pars, mon enfant, c'est pour ton bien.
Mais, si loin que tu sois, pense au foyer absent ;
Avant de le quitter, viens, qu'il nous réunisse...
Ne pleure pas en me quittant ;...
Chante tant que la vie est pour toi moins amère ;

Enfant, prends ta marmotte et ton léger trousseau ;
Répète en cheminant les chansons de ta mère...
Maintenant, de ta mère entends le dernier vœu :
Souviens-toi, si tu veux que Dieu ne t'abandonne,
Que le seul bien du pauvre est le peu qu'on lui donne ;
Prie, et demande au riche ; il donne au nom de Dieu :
Ton père le disait, sois plus heureux..... Adieu !

                                        (*A. Guiraud.*)

247e **Dictée** ou **Copie.** (*Vers.*)

Apprends-moi ton métier,... (*dit le renard au loup*)
    Rends-moi le premier de ma race
Qui fournisse son croc de quelque mouton gras :
Tu ne me mettras point au nombre des ingrats.

                                        (*La Fontaine.*)

            Donne une famille nombreuse
            A l'homme qui craint le Seigneur :
            Donne à moi sagesse et bonheur
            Pour que ma mère soit heureuse.

            Mon Dieu, donne l'onde aux fontaines,
            Donne la plume aux passereaux,
            Et la laine aux petits agneaux,
            Et l'ombre, et la rosée aux plaines. (*Lamartine.*)

248e **Dictée** ou **Copie.** (*Vers.*)

Sa prière (*du charretier*) étant faite, il entend dans la nue
            Une voix qui lui parle ainsi :
            Hercule veut qu'on se remue,
    Puis il aide les gens : regarde d'où provient
            L'achoppement qui te retient ;
            Ote d'autour de chaque roue
    Ce malheureux mortier, cette maudite boue,
            Qui jusqu'à l'essieu les enduit ;
Prends ton pic, et me romps ce caillou qui te nuit ;
Comble-moi cette ornière. As-tu fait ?   (*La Fontaine.*)

TRENTE-DEUXIÈME LEÇON. — 1° DES TERMINAISONS DES VERBES NON EN ER AU PASSÉ PÉRIODIQUE (DÉFINI) INDICATIF (GROUPE 7e).

Faire continuer les analyses expliquées; — puis faire conjuguer : *percevoir, tendre, perdre, s'assujettir, prier*; — et faire faire de mémoire le verbe *être* avec ses participes.

Enfin faire apprendre le n° 213 de : ELÉMENTS, etc.

PHRASES-TYPES, on écrit :

1°} Hier {*Je gémis de douleur.*
2°} Hier {*tu pris une médecine.*
3°} Hier {*le héros sut éviter cet affront, il le prévint.*

4°} *Nous partîmes cinq cents....*
5°} *Vous courûtes de grands dangers.*
6°} *Les zéphyrs retinrent leurs haleines.*

RÈGLE XXXVIe.

DANS LES VERBES NON EN ER, AU PASSÉ PÉRIODIQUE (DÉFINI) INDICATIF (GROUPE 7e).

1° Le verbe aj. à JE,	au passé (défini) finit par S,	ou plutôt par IS,	US, INS.
2° Le verbe aj. à TU,	au passé (défini) finit par S,	ou plutôt par IS,	US, INS.
3° Le verbe aj. à IL, etc.	au passé (défini) finit par T,	ou plutôt par IT,	UT, INT.
4° Le verbe aj. à NOUS,	au passé (défini) finit par ^MES,	ou plutôt par ÎMES,	ÛMES, ÎNMES.
5° Le verbe aj. à VOUS,	au passé (défini) finit par ^TES,	ou plutôt par ÎTES,	ÛTES, ÎNTES.
6° Le verbe aj. à ILS, etc.	au passé (défini) finit par RENT,	ou plutôt par IRENT, URENT, INRENT.	

| Nº 9, son *i*. | —— | Nº 17, son *in*. | —— | Nº 30, — *r*. |
| Nº 12, son *u*. | —— | Nº 26, — *m*. | —— | Nº 34, son *t*. |

203ᵉ **Thème.**

Copier et déchiffrer ; — puis écrire après chaque mot-verbe l'infinitif dont il est formé, et séparer les terminaisons.

Hier, je *v*-9 un roquet attaquer (LL) un bouledogue ; d'abord je *voul*-12 le frapper (LL), mais je me *cont*-17.

Dès que tu *sent*-9 hier le parfum de cette rose fraîchement éclose, et que tu *cour*-12 la demander (LL), tu l'*obt*-17, n'est-ce pas ?

Clovis qui *vainqu*-9 les Romains à Soissons *conç*-12 dès-lors le dessein de les expulser entièrement de la Gaule, et il en *v*-17 à bout.

204ᵉ **Thème.**

Nous *part*-9-26 du collége non pas dès que nous *reç*-12-26 la lettre de mon père, mais lorsque nous *obt*-17-26 du proviseur notre exéat.

Quand vous *grav*-9-34 la colline, n'*aperç*-12-34-vous pas aussitôt le sentier par lequel vous *rev*-17-34 ici ?

Les Français *combatt*-9-30 presque toujours avec avantage ; et lors même qu'ils *f*-12-30 beaucoup moins nombreux que leurs ennemis, ils *obt*-17-30 fréquemment la victoire.

205ᵉ **Thème.**

En trois jours la fièvre *f*-9 perdre (LL) à Maximilien ses vives couleurs, il *dev*-17 pâle comme vous le *v*-9-34 hier.

Lorsque je *f*-9 étudier à Rollon l'histoire de Ruth, aïeule du roi David, il en *f*-12 attendri jusqu'aux larmes.

Que *dev*-17-tu lorsque le navire sombra ? à qui *d*-12-tu la vie ?

Nous *l*-12-26 avec beaucoup d'intérêt l'histoire de Robinson Crusoé.

(LL) PHRASE-TYPE. *Je veux me* corrigER, *je véux* changER *de vie*...

Quand un verbe est placé après un autre verbe qui n'est ni *avoir* ni *être*, et qu'il en complète le sens, on l'écrit à l'infinitif.

249e Dictée ou Copie.

Dans ces dictées, séparer les terminaisons des verbes, dont on indiquera abréviativement le nombre et la personne, et qu'on unira à leurs sujets.

Venez, Alix et Léon, et je vous dicterai quelques lignes imitées du *Voyage dans l'île des Plaisirs*; ces folies nous amuseront encore, je pense. Le voyageur continue : Nous quittâmes l'île de sucre que je vous décrivis, et voulûmes passer dans une autre, car toutes les douceurs dont nous jouîmes au milieu des compotes et des sirops nous parurent bientôt fades : dans mon nouveau séjour je fis emplette de sommeil, des marchands vinrent m'en vendre, et je me couchai; mais à peine fus-je dans mon lit que j'entendis un bruit extraordinaire : j'eus peur, je me crus perdu; et l'on vint me dire que la terre s'entr'ouvrait ainsi toutes les nuits, pour vomir des ruisseaux bouillants de chocolat... Je sortis de ma couche, je fis une provision aussi ample que je le pus de ces douceurs, puis je repris mon sommeil; alors je crus voir en songe des hommes de cristal, qui se nourrissaient de parfums, et avaient des ailes et des nageoires.   (Imité de *Fénelon*.)

250e Dictée ou Copie. — A peine fus-je éveillé qu'il vint un marchand d'appétit : je convins de prix avec lui, j'en achetai beaucoup, et je jouis d'abord largement de mon privilège; mais dès le premier jour je fus las de tant de mets : le lendemain je ne me nourris que de bonnes odeurs, et la nuit j'eus une indigestion; alors le jour suivant je jeûnai;... lorsque j'eus recouvré toutes mes forces, nous partîmes pour une ville singulière, où l'on est servi par des souhaits; on me mit dans une petite chaise toute garnie de plumes; quatre oiseaux, grands comme des autruches, et ayant des ailes proportionnées à leurs corps, y furent attelés; ils prirent leur vol, je conduisis les rênes du côté de l'Orient, et en une heure nous arrivâmes dans cette ville si renommée.

(Imité de *Fénelon*.)

8.

2° REMARQUES SUR LES TERMINAISONS DES VERBES

AU SINGULIER DU PASSÉ PÉRIOD. (DÉFINI) INDICATIF (GR. 7e), — DU PRÉS. INDIC. (GR. 3e), — DE L'IMPÉRATIF (GR. 4e), — ET DU PRÉSENT OU FUTUR SUBJONCTIF (GR. 6e).

(SUITE DE LA TRENTE-DEUXIÈME LEÇON.)

Faire apprendre les nos 214, 215, 222, 223, de : ÉLÉMENTS, etc.; — et faire copier le verbe *avoir*, n° 222.

Nota. Beaucoup de mots du singulier du gr. 3e, du 4e, et du 7e des verbes non en *er* font entendre à la fin le même son que des mots du gr. 3e, du 4e, ou même du 6e des verbes en *er*; mais toujours ils doivent se terminer d'une manière différente.

LES PHRASES-TYPES suivantes :

1° Hier { je gémis de douleur, ... et { maintenant on veut que } je balbutie des excuses.

2° Hier { tu pris une médecine, . . . et { maintenant il faut que } tu pries ta mère de ne plus t'en donner, prie-l'en bien (je te le conseille).

3° Hier { le héros sut éviter cet affront, { maintenant il ne convient pas qu' } on le hue.

sont destinées à nous rappeler que :

1° Les terminaisons du singulier du passé périod. indicat. (gr. 7e) des verbes *non en er,* — et — les terminaisons du présent indicatif (gr. 3e) des verbes *non en er,* sont :

S, S, T

2° La terminaison du singulier de l'impératif (gr. 4e) des verbes *non en er* est **S.**

1° Les terminaisons du singulier du présent indicat. (gr. 3e) des verbes en *er,* — et — les terminaisons du futur ou prés. subj. (gr. 6e) de tous les verbes, sont :

E, ES, E

2° La terminaison du singulier de l'impératif (gr. 4e) des verbes en *er* est **E.**

Il faut donc, pour être sûr de donner au mot-verbe qu'on écrit la terminaison qui lui convient, rechercher toujours comment finit l'infinitif dont il dépend, et à quel groupe il est employé.

Nº 5, son é.	—	Nº 9, son i.	—	Nº 15, — oi
Nº 8, e (e muet.)	—	Nº 12, son u.	—	Nº 17, son in.

206ᵉ Thème.

Copier et déchiffrer ; — puis indiquer, après chaque mot-verbe déchiffré l'infinitif
dont il est formé, et le numéro du groupe auquel il appartient ; — enfin séparer
les terminaisons.

Je me m-9 hier à travailler (V. JJ, page 179) de bonne heure.

Dès que tu *appr-9* le résultat du concours ne *f-9*-tu pas compliment à
Michel sur son bonheur ? — Oui, et il *feign-9* de l'ignorer (JJ).

La frayeur m'*ém-12* violemment hier, mais je me *cont-17* pour ne pas
le manifester (JJ); t'en *aperç-12*-tu, maman?

On *conv-17* que sans tarder (JJ) tu étudierais une *symphon-9*.

207ᵉ Thème.

Je vous *d-9* maintenant que je veux être le maître chez moi, et que je
vous *suppl-9* de ne plus m'importuner.

Je *grad-12* pour toi les *difficult-5* d'orthographe; toi, de ton *côt-5*, tu
contin-12 à t'appliquer beaucoup : j'en *concl-12* que c'est par ces
deux causes *réun-9* que tu fais des progrès aussi rapides.

Tu *r-9* souvent sans cause, Euphémie, et tu me *contrar-9* ainsi ; oui,
cela m'*ennu-9* et *fin-9* par m'humilier, *pens-8-s*-y bien.

Ah! Christian, j'*oubl-9* de te dire que je *f-9* hier une *jol-9* promenade !

208ᵉ Thème.

Fu-9 l'enfant qui manque de *docilit-5* aux ordres de son père, et ne te
l-9 jamais avec lui.

Habit-12-toi, Léonard, à conserver les amis que tu *s-12* te faire.

V-15 cette rivière, mon cher Népomucène; elle *distrib-12* ses eaux sur
nos *prair-9* par cent canaux divers : chacun en *concl-12* que le génie
et l'*activit-5* de l'homme aident puissamment à la nature; *concl-12*-
en la même chose, et *devi-17* actif.

Empl-15 ton intelligence à te rendre compte de tout ce que tu *v-15*.

209ᵉ Thème.

Arthur, n'*env-9* point les *prospérit-5* des méchants, les *j-15* de l'homme
impie; *su-9* toujours la droite. *v-15*.

Ma bonne petite *Mar-9*, il faut que tu *sanctif-9* toutes tes œuvres,
même les plus simples, par la *puret-5* d'intention; et que tu t'*ha-
bit-12* à chercher dans toutes tes actions uniquement à plaire à Dieu.

| N° 4, son *è*. | —— | N° 9, son *i*. | —— | N° 13, son *ou*. |
| N° 5, son *é*. | —— | N° 12, son *u*. | —— | N° 15, — *oi*. |

Avant-hier je *v*-9 une charrette renverser (*V.* ll, page 184) et écraser un magnifique chien de Terre-Neuve; cet accident me *f*-9 mal, il faut que je l'*av*-13, je *sent*-9 mon cœur défaillir.

210ᵉ Thème,

Où sont entremêlés des mots des groupes 3, 4, 6, 7.

Entend-9-tu mes frères chanter (ll) en chœur de saints cantiques ?
Je te *suppl*-9 de ne pas manger de fruit vert, cela n'est pas sain.
Je te *d*-9, Gérard, que les capucins ont les reins ceints d'une corde.
Je *pr*-9 Ernest de rester dans le sein de sa famille avec Alexis.
Il faut que tu *pr*-9 Horace de te conduire dans la *prair*-9 où tu *v*-9 hier cinq magnifiques bœufs afin que tu les y *v*-15 encore.
Savinien, le notaire *m*-9 ou apposa hier son seing sur ton contrat.

2IIᶜ Thème.

Maintenant tu te *f*-9 à Théodore, n'est-ce pas? faut-il que j'en *concl*-12 qu'il le mérite, *d*-9-le-moi? faut-il que je le *cr*-15 ?
Hier, je *pr*-9 un looch blanc pour mon rhume, comme tu me *pr*-9 chaque jour de le faire, ma bonne Adélaïde.
Je n'aime pas qu'on *sour*-9 à la *v*-12 d'un *insens*-5.
Clément, *dépl*-9 cette lettre, et *l*-9-la-nous tout haut.
Ma foi, sur l'avenir est bien fou qui se *f*-9 ! *d*-9 l'homme léger.
Pr-9 et travaille, mon bon *am*-9, et *fu*-9 toujours l'*oisivet*-5.

2I2ᵉ Thème.

Il faudra que tu te *l*-9 avec ces amis des beaux-arts.
Je *v*-9 hier Joachim donner (*V.* ll, page 184) des arrhes au marchand, en à-compte sur le payement de son bahut.
L-9 mes fagots avec cette hart, et *rempl*-9-en ta hotte.
Il faut que l'on *appu*-9 ce mur par des arcs-boutants.
Habit-12-toi à supporter des *contrariét*-5, ma chère Adeline.
Je *pr*-9 et je *suppl*-9 en vain ma grand'mère de m'emmener à ces Champs-Élysées où tu *v*-9 hier de si *jol*-9 choses.

2I3ᵉ Thème.

Le cheval de Symphorien *henn*-9 et *r*-12; cela m'*effr*-4.

Hier tu ne *s*-12 pas ta leçon de géographie; Théodose, au contraire, *s*-12 parfaitement son histoire; *habit*-12-toi, Rupert, à bien étudier.

Je t'en *pr*-9, *excl*-12 Jacqueline de chez toi; il faut que tu l'*excl*-12, et que personne ne te *pr*-9 en sa faveur.

Ton père *s*-12 à grosses gouttes, *essu*-9-lui le visage, je t'en *pr*-9.

Marthe, *déf*-9-tu sans peine hier tous les nœuds qu'Esther *f*-9 ?

Est-il possible que tu te *déf*-9 des intentions d'Alphée ?

214ᵉ Thème.

Je *faill*-9 tomber sur la *jet*-5, à Dieppe.

Il faut que Judith se *souc*-9 bien peu de mon *amiti*-5 pour agir de la sorte, qu'en *d*-9-tu, Alphonse?

Enfin Hermance *l*-9 couramment, et elle *écr*-9 en fin, *d*-9-tu.

Alexandre-le-Grand *p*-12 contraindre ses ennemis à l'admirer, lors même qu'il les *déf*-9.

Si tu veux que Jeannette *l*-9 ces dahlias, *d*-9-le-lui.

Dans le péril, *conf*-9-toi à un vieil *am*-9.

251ᵉ Dictée ou Copie.

Dans toutes ces dictées, séparer les terminaisons des verbes; — indiquer par un numéro le groupe auquel chacun des mots-verbes appartient, — et unir les verbes à leurs sujets.

Hippolyte se tut hier pendant un quart d'heure, et le seul souvenir de cette contrainte l'ennuie encore; le silence le tue.

Que Léonie et Estelle rient de moi et de ma simplicité, qu'elles me plaisantent et me bafouent même, peu m'importe : je me ris d'elles; et, comme je le leur dis hier, on se soucie fort peu de leurs railleries, et des contes, des faussetés qu'elles publient.

Pendant que tu copies ces vers, je relis la lettre que Philippe écrivit à Aristote lorsque naquit Alexandre.

Je me fie peu à Jérôme; malgré les remontrances que je lui fis et tout ce qu'il promit à ses maîtres, il se livrera encore à son humeur, je le crains.

Prie Dieu afin que la médecine que tu pris hier te guérisse.
Cruelle alternative que celle du malheureux soldat auquel
on dit : Meurs ou tue ! — Il faut donc qu'il meure ou qu'il
tue !

252ᵉ Dictée ou Copie. — Je te défie bien de me prou-
ver qu'Alexandre-le-Grand, ce roi de Macédoine qui mit fin
à l'empire des Perses, défit le nœud gordien ; il le coupa, te
dis-je : demande-le, je t'en prie, à ton professeur d'histoire;
tu en seras sûr, alors ; à moins que tu ne te fies pas à ce qu'il
dit : mais te dire comment cela se fit, c'est ce que je ne puis
faire ; prie un plus savant de te l'expliquer.

Conclus cela de notre dernière conversation , mon Anto-
nine : tout influe sur la perfection des devoirs ; ainsi pour que
l'orthographe soit correcte , il faut, comme Armand sut fort
bien me le dire hier, qu'on accentue régulièrement et avec
beaucoup d'exactitude : il faut également que l'on ponctue
bien pour rendre clair le sens de ses phrases.

253ᵉ Dictée ou Copie. (*Vers.*)

Une femme mourut (à Joppé) qui pratiquait l'aumône ;...
A saint Pierre aussitôt le peuple vint l'apprendre...
Il se mit à genoux et pria. Sur la sainte
            La grâce de Dieu descendit :
Levez-vous, lui dit-il : la morte l'entendit,
Et tous crurent en Dieu dans la funèbre enceinte
            Quand l'apôtre la leur rendit.....

Tandis que mes sœurs à de nouvelles fêtes
            Vont peut-être se préparer,
Moi je veille, et je prie,.. et ne dois pas pleurer...

                                    (*A. Guiraud.*)

254ᵉ Dictée ou Copie. (*Vers.*)

Un milan vint se poser un jour sur le nez d'un roi, et
L'oiseau garda son poste, on ne put seulement

Hâter son départ d'un moment :
Son maître le rappelle, et crie, et se tourmente,
Lui présente le leurre et le poing ; mais en vain :
On crut que jusqu'au lendemain
Le maudit animal, à la serre insolente,
Nicherait là malgré le bruit.
Il quitte enfin le roi qui dit : Laissez aller
Ce milan, et celui qui m'a cru régaler ;
Je les affranchis du supplice.   (*La Fontaine.*)

255e Dictée ou Copie. (*Vers.*)

Sentant son cœur faillir, elle (*Jeanne d'Arc*) baissa la tête,
Et se prit à pleurer.
Ah ! pleure, fille infortunée ;
Ta jeunesse va se flétrir
Dans sa fleur trop tôt moissonnée ! (*C. Delavigne.*)

Qu'un sultan rie, en bonne foi
Je n'ose l'affirmer, mais je tiendrais un roi
Bien malheureux s'il n'osait rire :
C'est le plaisir des dieux. Malgré son noir souci,
.....Le peuple immortel rit aussi.....

256e Dictée ou Copie. (*Vers.*)

Ma mère, tu m'as dit, quand j'ai fui ta demeure :
Pars, grandis, et prospère ; et reviens près de moi !
Hélas ! et tout petit faudra-t-il que je meure
Sans avoir rien gagné pour toi?
Non, l'on ne meurt point à mon âge :
Quelque chose me dit de reprendre courage...
Eh que sert d'espérer, que puis-je attendre, enfin?
J'avais une marmotte, elle est morte de faim...

(*Alexandre Guiraud.*)

N° 2, son *a*.   ——   N° 5, son *é*.   ——   N° 18, son *on*.

33ᵉ LEÇON. — DE L'ORTHOGRAPHE DES MOTS DU VERBE *ÊTRE*.

Faire encore écrire de mémoire le verbe *être* avec ses participes ; — faire copier le verbe *avoir* n° 222 ; — et faire faire les verbes *déjouer*, *ravir* ; — enfin faire repasser ou apprendre les n°ˢ de 216 à 221 de ÉLÉMENTS, etc.

En place de thèmes, l'élève écrira sans faute tous les mots du verbe *être* qu'on lui indiquera de cette manière :

Écrivez la 2ᵉ pers. du sing. du présent indicatif (*gr.* 3ᵉ) d'*être*. — Tu *es*.
—   la 3ᵉ pers. du sing. du passé ou fut. subj. (*gr.* 8ᵉ) d'*être*. — Qu'il *fût*.
—   la 3ᵉ p. du plur. du prés. ou fut. subj. (*gr.* 6ᵉ) d'*être*, etc. — Qu'ils *soient*.

257ᵉ Dictée ou Déchiffration.

(Mots du singulier du futur indicatif, *groupe* 1ᵉʳ, etc.)

1   Je *ser*-5 bon enfant, je vous ressemblerai.
     Ser-5-je donc toujours satisfait à demi ?

2   Tu *ser*-2 châtié (MM) de ta témérité.
         Dieu d'Israel,
   Des larmes de tes saints quand *ser*-2-tu touché ?

3   Quand *ser*-2 le voile arraché (MM) ?...
   Ce melon *ser*-2 bon aujourd'hui ; *ser*-2-t-il bon demain ?... et s'il est mauvais, *ser*-2-ce ma faute ? je vous *ser*-5 fort obligé si vous me le dites.

258ᵉ Dictée ou Déchiffration.

(Pluriel du futur indicatif, *groupe* 1ᵉʳ, etc.)

4   Si nous rentrons de bonne heure, nous *ser*-18 seuls.

5   Vous *ser*-5 mon peuple et je *ser*-5 votre Dieu, dit le Seigneur, ne *ser*-5-vous pas heureux ?
     Les tourments qu'ils me causeront

6   *Ser*-18 encor des biens pour mon âme ravie.
   Ne *ser*-18-ce pas là mes plus grandes jouissances ?

(MM) PHRASE-TYPE. *Je suis* perdU *d'honneur* (dit Vatel)...

Le mot venant d'un verbe et qui est placé après un mot du verbe *être* (ou du verbe *avoir*) est toujours un *adjectif-participe*, — et jamais il n'est un infinitif ; on doit donc le terminer par *é*, *ée*, *és*, *ées* ; — *i*, *ie*, etc. ; — *u*, *us*, etc., etc. (jamais par *er*).

N° 2, son *a*.	——	N° 5, son *é*.	——	N° 18, son *on*.
N° 4, son *è*.	——	N° 9, son *i*.	——	

259e Dictée ou Déchiffration.

(Futur conditionnel, *groupe* 2e, etc.)

1   Si je négligeais mon éducation, je *ser*-4 bien coupable ;

2   tu *ser*-4 malheureuse, bonne mère, et malheureuse à cause de moi : *ser*-4-je excusable après cela ?

3   Quand le malheur ne *ser*-4 bon
Qu'à mettre un sot à la raison,
Toujours *ser*-4-ce à juste cause
Qu'on le dit bon à quelque chose.

4   Nous *seri*-18 exaucés si nous priions avec assez de foi.
Petits princes, videz vos débats entre vous,

5   De recourir aux rois vous *seri*-5 de grands fous !

6   Les Sarrasins se *ser*-4 probablement emparés (MM) de la France sans la valeur de Charles-Martel, mais s'y *ser*-4-ils maintenus (MM) ? Dieu ne l'eût point permis.

260e Dictée ou Déchiffration.

(Singulier du présent indicatif, *groupe* 3e, etc.)

Le cheval remercie

1   L'homme son bienfaiteur, disant : Je *su*-9 à vous.
Qui *su*-9-je pour oser pénétrer dans ces lieux ?
N'y *su*-9-je donc venu (MM) que pour braver les dieux ?
C'est moi qui *su*-9 Guillot, berger de ce troupeau.

2   Quand tu 4 seul, songe à tes défauts ; quand tu 4 en en compagnie, oublie ceux des autres.
O toi qui 4 chargé de jours, 4-tu un roi ou un prêtre ?

3   C'4 d'un roi que l'on tient cette maxime auguste
Que jamais on n'4 grand qu'autant que l'on 4 juste.
Qui t'a dit qu'une forme 4 plus belle qu'une autre ?
4-ce à la tienne à juger de la nôtre ?
— Qu'4-ce que le hasard ?

N° 2, son *a*.	——	N° 9, son *i*.	——	N° 26, — *m*.
N° 4, son *é*.	——	N° 15, — *oi*.	——	N° 34, — *t*.
N° 5, son *è*.	——	N° 18, son *on*.		

261ᵉ Dictée ou Déchiffration.

(Présent indicatif, *groupe* 3ᵉ, etc.)

3   Oh ! dit-il, qu'4-ce-ci ? ma femme 4-elle veuve ?
Jamais la guerre avec tant d'art
Ne s'4 faite parmi les hommes,

4   Non pas même au siècle où nous *so*-26.
Eh ! *so*-26-nous en temps de guerre ?...

5   N'*é*-34-vous pas souris ? parlez sans fiction :
Oui, vous l'*é*-34, ou bien je ne *su*-9 pas belette.

6   Les sots *s*-18 un peuple nombreux,
      Trouvant toutes choses faciles.
    S-18-ils arrivés ? *s*-18-ce des religieux ? *s*-18-ce des
prêtres ? *s*-18-ce des chrétiens ?

262ᵉ Dictée ou Déchiffration.

(Futur impératif, *groupe* 4ᵉ, etc.)

2   *S*-15 en tout semblable à ta mère, mon Henriette.
S-15 juste, et tu *ser*-2 honoré (мм), et tu *ser*-2 chéri.
S-15 bonne avec tous, même avec les méchants, et tu
plairas à Dieu.
S-15 colimaçon dans le conseil, oiseau dans l'action.

4   *Soy*-18 bons, et puis nous *ser*-18 heureux.
      Ne *soy*-18 pas trop difficiles,
Les plus accommodants ce *s*-18 les plus habiles.

5   *Soy*-5 complaisante, ma nièce, sans faire valoir vos
complaisances.

263ᵉ Dictée ou Déchiffration.

(Passé simultané indicatif (ou *imparfait indicatif*) *groupe* 5ᵉ, etc.)

1   J'*ét*-4 couché mollement, n'*ét*-4-je pas un peu sybarite ?

N° 4, son *è*. —— N° 5, son *é*. —— N° 12, son *u*. —— N° 15, — *oi*.
N° 18, son *on*.

2   Étourdi que tu *ét*-4 par le hennissement des chevaux,
l'aboiement des chiens, le rugissement des lions, n'*ét*-4-tu
pas sur le point de t'enfuir?
3   Il *ét*-4 une vieille ayant deux chambrières;
Qu'*ét*-4-ce que cette femme? la fable n'en dit rien.
4   Nous *éti*-18 allés avant-hier dans le pré où vous *éti*-5 ce
5 matin, mes amis; qu'*éti*-5-vous allés y faire, vous?
6   Jadis l'Olympe et le Parnasse
Et-4 frères et bons amis... Qu'*ét*-4-ils?

Dans une chambre étroite *ét*-4 assises, travaillant de
leurs mains, une femme à cheveux blancs et sa jeune fille :
elles s'aimaient et s'entr'aidaient; n'*ét*-4-elles pas heureuses?

264e Dictée ou Déchiffration.

(Futur ou présent subjonctif, *groupe 6e*, etc.)

1   Crois-tu, Clément, que je *s*-15 assez faible, penses-tu que
je m'intéresse assez peu à ton avenir pour permettre que tu
2 *s*-15 rebelle à mes ordres?
Il faut que tu *s*-15 bien attentive à tes leçons, Sidonie.
Qu'4-ce-ci? mon char marche à souhait :
3   Hercule en *s*-15 loué (MM) !
S-15 assis quand tu sièges, pourvu que ton jugement
s-15 droit, et que l'équité *s*-15 ton seul guide.
4   La charité exige que nous *soy*-18 les protecteurs des fai-
bles, elle défend que nous *soy*-18 leurs tyrans.
5   Roch, je ne me souviens pas que vous *soy*-5 venu ici.
6   Qu'ils *s*-15 couverts de honte ceux qui apostasièrent.

265e Dictée ou Déchiffration.

(Passé périodique indicatif (ou *passé défini*) groupe 7e, etc.)

1   Je *f*-12 dans une grande anxiété à l'approche des prix,

N° 4, son *è*.	——	N° 18, son *on*.	——	N° 30, — *r*.
N° 5, son *é*.	——	N° 26, — *m*.	——	N° 32, — *s*.
N° 12, son *u*.	——		——	N° 34, — *t*.

2   tu *f*-12 inquiète aussi, ma bonne mère, mais le *f*-12-tu jamais autant que moi ?

3   Il (*Henri IV*) *f*-12 de ses sujets le vainqueur et le père. Comment Henri IV *f*-12-il payé (MM) de sa tendresse ?

4   Une tempête qui dura sept jours nous déroba la vue de toutes les terres, nous *f*-12-26 trop heureux de nous réfu-gier vers l'embouchure du Simoïs. A peine nous *f*-12-26-nous abrités que la tempête redoubla.

5   Vous *f*-12-34 hier loué par des gens fort sensés, Hector.

6   Les élans que fit le lièvre *fu*-30 vains ; la tortue arriva la première : ce *fu*-30 rarement des efforts d'un moment qui donnèrent la victoire.

266ᵉ Dictée ou Déchiffration.

(*Passé ou futur subjonctif* (ou *imparfait subjonctif*) *groupe* 8ᵉ, etc.)

1   On voudrait que je *fu*-32 le compagnon des jeux de
2   Paulin, et que tu *fu*-32 aussi son ami ; mais il faudrait
3   pour cela qu'il *f*-12 plus aimable qu'il ne l'-4 : *f*-12-il duc, *f*-12-il prince du sang même, personne ne supporte-rait ses inégalités d'humeur.

4   Ne croyez pas que nous *fussi*-18 heureux alors.

5   Si vous *fussi*-5 tombé, l'on s'en *f*-12 pris à moi. *Fussi*-5-vous au fond des abîmes, la main de Dieu *ser*-4 assez puissante pour vous en tirer.

6   Je voudrais qu'Eusèbe et Sosthène *fu*-32 avec nous à Saint-Malo, ou à Naples ; *fu*-32-ils harassés de fatigue, ils y resteraient en extase à contempler la mer.

34e LEÇON. — DE L'ORTHOGRAPHE DES MOTS DU VERBE *AVOIR*.

Faire revoir les n°ˢ 222 et 223 de ÉLÉMENTS, etc.; — faire écrire de mémoire le verbe *avoir* avec ses participes; — et faire faire les verbes *nuancer, fendre*. En place de thèmes, l'élève écrira sans fautes tous les mots du verbe *avoir* qu'on lui indiquera ainsi :

Écrivez : la 3e pers. du plur. du prés. indicatif (*gr.* 3e) d'*avoir*.— Ils *ont*.
  — la 1ʳᵉ p. du pl. du pass. ou fut. subj. (*gr.* 8e) d'*avoir*.— Que nous *eussions*.
  — la 2e pers. du sing. de l'impératif (*gr.* 4e) d'*avoir*. — *A ie*.
  — la 3e pers. du sing. du prés. ou fut. subj. (*gr.*6e) d'*avoir*, etc.— Qu'il *ait*.

267e Dictée ou Déchiffration.

(Mots du singulier du futur indicatif, *groupe* 1ᵉʳ.)

1   Le porc à s'engraisser *coûter*-2 peu de son...
J'*aur*-5, le revendant, de l'argent bel et bon.
   Si je fais exactement et avec soin tous mes devoirs, qu'*aur*-5-je pour ma récompense? — Ma chère Aménaïde, tu *aur*-2 de ta mère deux bons baisers; n'*aur*-2-tu pas sujet d'être joyeuse?
3   Remuez votre champ dès qu'on *aur*-2 fait (NN) l'oût.
Quand ma fille *aur*-2-t-elle assez de confiance en Dieu?

268e Dictée ou Déchiffration.

(Pluriel du futur indicatif, *groupe* 1ᵉʳ.)

4   Mon ami, lorsque nous *aur*-18 retrouvé (NN) ton crayon, nous le taillerons et te le rendrons.
5   Vous *aur*-5 toujours des pauvres parmi vous, mais vous ne m'*aur*-5 pas toujours (*dit N.-S. J.-C.*).
   Qu'*aur*-5-vous à donner à votre mère pour sa fête?
6   Ne donnez pas aux enfants tout ce qu'ils *aur*-18 paru (NN) souhaiter, vous les rendriez exigeants; l'humeur et

---

(NN) PHRASE-TYPE. (*Je suis perdu d'honneur*) *deux rôtis ont* manqu**É**.

Le mot venant d'un verbe qui est placé après un mot du verbe *avoir* (ou du verbe *être*) est toujours un *adjectif-participe*, et jamais il n'est l'infinitif; on doit donc le terminer par *é, ée, és*, etc.; — *i, is*, etc.; — *u, us*, etc., etc. (jamais par *er*).

l'impatience habituelles de Célestine *aur*-18 bien suffisamment prouvé cette vérité à ses parents.

269ᵉ **Dictée** ou **Déchiffration.**

(Futur conditionnel, groupe 2ᵉ, etc.)

1   Je n'*aur*-4 jamais, quant à moi,
    Trouvé (NN, *voir* p. 197) ce secret, je l'avoue.

2   Adalbert est bavard et indiscret : tu l'*aur*-4 vainement
3   exhorté (NN) à se taire; lors même qu'il t'*aur*-4 promis
de garder ton secret, il l'*aur*-4 divulgué.

4   Nous *auri*-18 voulu (NN) vous mener aujourd'hui au
5   bois de Boulogne : vous y *auri*-5 vu de beaux chevaux, et
de riches équipages; mais le temps est trop incertain.
    N'*auri*-5-vous pas mieux fait (NN)
De le laisser (*l'argent*) chez vous dans votre cabinet?...

6   Les chiens et les gens — Firent plus de dégâts...
    Que n'en *aur*-4 fait en cent ans
Tous les lièvres de la province.

270ᵉ **Dictée** ou **Déchiffration.**

(Singulier du présent indicatif, groupe 3ᵉ.)

1   La tourterelle dit : Seule ici-bas j'-5 des vertus,
Aussi pour ennemi j'-5 tout ce qui respire;
Et qu'-5-je fait pourtant?... Que t'-5-je fait?

2   Mon Sylvestre, tu 2 envie d'herboriser, avoue-le.
    Tu n'-2 qu'à passer ce torrent...
    Tu te vantais d'être si vite,
    Qu'2-tu fait (NN) de tes pieds?

3   Chaque peuple à son tour 2 brillé (NN) sur la terre.
    Il n'-2 pas une âme ingrate.....
Qui vous 2 pu plonger dans cette humeur chagrine?
2-t-on, par quelque édit, réformé (NN) la cuisine?

271e Dictée ou Déchiffration.

(Pluriel du présent indicatif, *groupe* 3e.)

L'abeille dit à la guêpe :

4 Nous *av*-18 une arme pareille,
Mais pour des emplois différents.
Qu'*av*-18-nous de nous-mêmes? nous n'*av*-18 pas une seule bonne pensée si Dieu ne nous l'inspire.

5 Vous *av*-5 des défauts que je ne puis céler.
Qu'*av*-5-vous décidé (NN, p. 197)? quel parti prenez-vous?

6 Ils 18 séduit, pleuré, lancé des traits de flamme;
Et les voilà (*ces yeux*) sans feux, sans larmes, sans regard.
Qu'18 épargné les vers dans ces vieux manuscrits?
Achille et Camille, les rayons solaires n'-18-ils pas été décomposés avec le prisme d'Adrien?

272e Dictée ou Déchiffration.

(Futur impératif, *groupe* 4e.)

2 4 bon courage, ô toi que le malheur afflige ! et Dieu for-fortifiera ton cœur, et le bonheur renaîtra pour toi.
N'-4 aucune crainte des loups-garous, Théophile, ils n'existèrent jamais; n'-4 pas plus de peur des revenants.

4 *Ay*-18 toujours le courage de dire la vérité, et n'*ay*-18 jamais d'arrière-pensée, mou cher Juste.

5 *Ay*-5 du naturel; ne songez point à avoir de l'esprit, n'en *ay*-5 point; *ay*-5 toujours un langage simple, et un ton de vérité.

273e Dictée ou Déchiffration.

(Passé simultané indicatif (ou *imparfait indicatif*) groupe 5e.)

1 J'*av*-4 franchi les monts qui bornent cet état,
Et trottais comme un jeune rat...

Qu'*av*-4-je à faire de mieux?

2 Bérengère, n'*av*-4-tu pas encore la semaine passée toutes
3 les jolies images que ton oncle Maxime et ta tante Georgina t'*av*-4 données (NN, p. 197)?
4 Lorsque nous nous quittâmes, un secret pressentiment attristait nos cœurs; nous *avi*-18 l'air de nous dire un
5 dernier adieu; ne l'*avi*-5-vous pas remarqué? Béatrix et
6 Florence *av*-4 bien aperçu notre malaise.

274ᵉ Dictée ou Déchiffration.

(Futur ou présent subjonctif, *groupe* 6ᵉ).

1 Georges! mon frère! le seul ami que j'-4 possédé (NN)!
il semble que je n'-4 qu'à former des souhaits pour que tu les exauces.
2 Quelques maux que tu m'-4 faits, ils seront oubliés.
Cet homme est le coupable, avoue-le, Stanislas, à moins que tu n'-4 promis de garder le secret.
Il ne faut jamais
3 Vendre la peau de l'ours qu'on ne l'-4 mis par terre.
Je crains que Zozime n'-4 le dessein de vous nuire.
4 On veut que nous *ay*-18 des chevaux arabes (mais que
5 nous n'en *ay*-18 que deux); que vous *ay*-5 une jument
6 anglaise, et que nos pauvres cousins n'-4 que des ânes et des mulets, vieux et laids.
Les gens mous et inappliqués, quelque génie qu'ils 4, se rendent imbéciles, et se dégradent eux-mêmes.

275ᵉ Dictée ou Déchiffration.

(Passé périodique indicatif (ou *passé défini*) *groupe* 7ᵉ.)

1 J'-12 hier le malheur de perdre la jolie montre que ma grand'mère m'*av*-4 léguée (NN); qu'-12-je pu perdre de

son *d.*	—	Nº 18, son *on.*	—	Nº 30, — *v.*	
son *m.*	—	Nº 28, — *m.*	—	Nº 32, — *z.*	
			—	Nº 34, — *t.*	

tus précieux? et n'-12-je pas un trop juste motif d'afflic-
tion? tu n'en 12 jamais un plus grand.

Le premier 12 raison, le second 12-il tort?

L'automne dernier, nous 12-26 en Champagne le temps
le plus sec, n'12-34-vous pas de la pluie dans la Beauce?
n'en 12-on pas beaucoup dans le Beaujolais?

Généreux Clovis, dès que vous 12-34 vaincu les Allemands à Tolbiac, vous abandonnâtes le culte des faux dieux;
ces Gaulois qui 12-30 le bonheur de vous voir chrétien
n'-12-30-ils pas grand sujet de louer le Seigneur?

216ᵉ Dictée ou Déchiffration.

(Passé ou futur (imparfait) subjonctif, groupe 8ᵉ.)

Il faudrait qu' j'-12-32 une pelisse, que toi, tu 12-32 un
manchon, et que maman 12 un vitchoura pour que nous
sortissions par un froid aussi intense.

L'attaquer (*le chien*), le mettre en quartiers,
Sire loup l'-12 fait volontiers.

Qu'-12-*ssi*-18-nous gagné (NN, p. 197) à discuter avec
cet homme? vous nous 12-*ssi*-5 blâmés vous-mêmes.

… Le financier se plaignait
Que les soins de la Providence
N'-12-32 pas au marché fait vendre le dormir,
Comme le manger et le boire.

9

N° 1, son *á* (*a grave*). —— N° 9, son *i*.

35ᵉ LEÇON. — ORTHOGRAPHE DES MOTS DÉRIVÉS ou ANALOGUES.

Faire étudier tout le § 1ᵉʳ du chap. X, et les n°ˢ 224, 225, de : ÉLÉMENTS, etc.

Faire faire les verbes *tordre, redevoir, décharger, être*, — et dans toutes les dic-tées de cette 35ᵉ leçon, faire mettre S sous chaque substantif, ou pronom, sujet d'un verbe.

PHRASE-TYPE: *Dieu seul est grand! sa grandeur est sans bornes.*

REMARQUE.

Il y a parfois à la fin des mots substantifs, adjectifs, etc., des lettres qu'on n'entend pas.

RÈGLE XXXVIIᵉ: **On doit en général mettre à la fin d'un mot une lettre** (*quand même on ne l'y entendrait pas*) **lorsqu'on entend cette lettre dans un autre mot qui a une ressemblance de si-gnification avec celui qu'on veut écrire.**

On met un *D* à la fin de l'adjectif *grand* parce qu'on entend ce *D* dans *grande* (1) *grandeur, grandir*, etc., mots qui lui ressemblent pour le sens.

On met un *P* à la fin du substantif *drap* parce qu'on entend ce *P* dans *drapier, draper, draperie*, etc., qui lui ressemblent pour le sens.

On met un *L* à la fin de l'adjectif *gentil* à cause de *gentille, gentillesse*, etc. où le *L* s'entend, et qui lui ressemblent pour le sens, etc.

277ᵉ Dictée ou Déchiffration.

Après chaque mot déchiffré, mettre entre parenthèses le dérivé dans lequel se trouve la lettre muette dont il fait connaître l'existence; *Ex.* : quel *fracas* (fra-casser); — il est produit (produite); — il est en bas (basse); etc., etc. — (Remarquer que ce dérivé figure dans chaque phrase des dictées 277, 278, 279.)

Ma *petite* Victoire, lorsque tu te montreras *soumise*, ton pet-9 (petite) frère sera soum-9 (soumise).

Le *drapier* est celui qui fabrique ou vend le dr-1 ( ).

Pour *fusiller* on se sert de l'arme appelée fus-9 ( ).

On a *ébruité* cette nouvelle, le bru-9 ( ) en est parvenu jusqu'à nous.

_____

(1) Si un mot ayant plusieurs dérivés a un féminin, ce féminin est le dérivé qui aide le plus sûrement pour l'orthographe.

N° 1, son *à* (a grave).	N° 9, son *y*.	N° 17, son *in*.
N° 2, son *a* (a aigu).	N° 15, — *oi*.	N° 18, son *on*.
N° 4, son *e*.	N° 16, son *an*.	N° 30, — *r*.
N° 5, son *é*.		

Elfride est très-*spirituelle*, son *espr*-9 nous charme tous.

Aloïs, la *froideur* de ton accueil me glace plus que le *fr*-15 le plus rigoureux ne le ferait.

La *lassitude* est presque une maladie, et je suis bien *l*-1 aujourd'hui, j'ai promené Edgar trois heures entières.

278e Dictée ou Déchiffration.

À faire comme la 277e.

La *soldatesque* est déchaînée, chaque *sold*-2 (*soldatesque*) devient un rebelle qui mérite la *mo*-30 (*morte*).

Rentre dans la *bergerie*, et dis au *berg*-5 de venir.

La *perversité* de ce renégat est au comble; je n'ai jamais vu d'homme ni plus *adr*-15, ni plus *perve*-30.

Êtes-vous venu *pédestrément* de Saint-Cloud ? — Oui, je suis venu à *pi*-5 avec Augustin, Tiburce et *Lou*-9.

Julienne, *pr*-16 (1) ma *chocolatière* et *f*-4 (2)-moi du *chocol*-1 ; ce mets est fort *stomachique* ; oui, il est fort bon pour l'*estom*-2.

279e Dictée ou Déchiffration.

Quelle belle *crinière* a votre cheval ! quel beau *cr*-17 !

Ton mouchoir est tout *ensanglanté*, Victorine, oh ! vois donc comme ton *s*-16 coule !

J'assistai hier à une jolie fête *champêtre*, la simplicité des *ch*-16 eut toujours des charmes pour moi.

Je ne puis rien *nommer* si ce n'est par son *n*-18.

Le *pontonnier* perçoit le droit qu'on paie pour traverser un *p*-18.

(1) *Pr*-16 doit s'écrire avec *en*, puisqu'il est formé de prendre, qui s'écrit par *en*.

(2) *F*-4 prend *ai* (puis *s*) à cause de faire, de façon, été., qui lui ressemblent pour le sens, et qui s'écrivent avec un *a*.

Nº 1, son â (a grave).	Nº 10, son ô (o grave).	Nº 16, son *an.*
Nº 4, son é.	Nº 12, son *u.*	Nº 17, son *in.*
Nº 5, son ê.	Nº 14, — *oû* (grave).	Nº 18, son *on.*
Nº 9, son *i.*	Nº 15, — *oi.*	

Tu *bondis* comme un jeune faon, quel *b*-18 tu fais !

280ᵉ Dictée ou Copie.

Après chaque mot qui a un dérivé, faire écrire ce dérivé entre parenthèses lorsqu'il peut aider pour l'orthographe. — Il faudra d'abord aider un peu l'élève ; et bientôt, si on l'habitue à raisonner, il trouvera de lui-même presque tous les dérivés qui lui seront utiles.

Vois-tu ce *joli (jolie)* (1), *gentil (gentille)* (1) *berger (ber-gère) normand (normande) tout (toute) vêtu (vêtue)* de *gris (grise)* ? Comme ce *petit (petite) enfant (enfantillage)* poursuit avec ardeur un *mouton (moutonnier)* qui s'enfuit ! — Ah ! le fugitif vient de sauter d'un seul *bond (bondir)* dans le *champ (champêtre) voisin (voisine)* ; notre pauvre *berger* ( ) a jeté un *cri* ( ) *aigu* ( ) ; il se lamente ; qu'il paraît *intelligent* ( ) ! j'ignore son *nom* ( ), mais je le crois un bien *gentil* ( ) *petit* ( ) *enfant* ( ).

281ᵉ Dictée ou Déchiffration.

Remplacer les chiffres par les lettres voulues, et après chaque mot déchiffré écrire son dérivé entre parenthèses. — Ne pas oublier la marque du pluriel.

Le pauvre *pet*-9 ( ) *berg*-5 ( ) que tu vois si *gr*-1 et si *jouffl*-12 ne *pr*-16 pourtant pas trop de *rep*-10, car il se lève de *gr*-16 *mat*-17 ; dès le *po*-17 du jour il conduit ses *mout*-18 dans les *ch*-16 ; bien souvent il a *f*-17 (*famine*), et ce n'est qu'à la *f*-17 (*finir*) de la journée qu'il peut avoir un morceau de *p*-17 (*panetier*) *b*-9 bien sec avec un peu de *l*-4 (*laitière*) (2) caillé : s'il a *fr*-15, ou s'il est *l*-1, il ne trouve souvent d'autre *t*-15 et d'autre *matel*-1 que le firmament, et les feuilles tombées dans le *b*-14 ; et pourtant l'air résonne toujours de ses *ch*-16 joyeux.

---

(1) Si le mot déchiffré a un féminin, ce féminin est le dérivé que l'élève doit mettre entre parenthèses.

(2) *Lait* a encore pour dérivés *lactation*, voie *lactée*, etc., qui indiquent l'*a* du commencement du mot.

N° 4, son é. —— N° 19, son un.

282e Dictée ou Copie.

Mettre désormais entre parenthèses le dérivé de tout mot qui est ici terminé par un chiffre, — ou écrit en caractère penché.

Emmanuel, as-tu vu sur le boulevard *Saint (Sainte)* (1) *Denis, (Denise)* ou sur le boulevard *Saint* ( ) *Martin, (Martine)* un *marchand* ( ) *ambulant* ( ) *vêtu* ( ) en *musulman* ( ) qui *vend* ( ) aux *passants* ( ) des pastilles du sérail, des dattes et de l'*encens* ( )? qu'il est mal *mis* ( ) et mal *bâti* ( )! et que ses *parfums* ( ) sont *communs* ( )!

Armand ( ), lorsque tu récites une fable, lorsque tu lis, lorsque tu parles même, aie soin que chaque *son* ( ) sorte bien *distinct* ( ) de tes lèvres.

Faire étudier dans : ÉLÉMENTS, etc., la partie du chapitre X intitulée SUPPLÉMENT; y faire apprendre les nos 226, 227, 228, 229, 230, 231, puis faire conjuguer *déblayer, dégarnir, concevoir, avoir.*

283e Dictée ou Copie. (Vers.)

D'un carrosse en *tournant* ( ) il accroche une roue,
Et du choc le renverse en un *grand tas* ( ) de boue;
Quand un autre à l'*instant* ( ) s'efforçant de passer
Dans le même *embarras* ( ) se vient embarrasser.

(*Boileau.*)

Sur le *bord* ( ) d'un puits très-*profond* ( ),
Dormait, *étendu* de son *long;*
Un *enfant* alors dans ses classes.
Tout est aux *écoliers* couchette et *matelas :*
Un honnête homme en pareil *cas (casuel)*
Aurait fait un *saut* de *vingt* brasses. (*La Fontaine.*)

284e Dictée ou Déchiffration. — La reine Brunehaut fut, sans *auc-19* ( ) *resp-4* ( ) pour son sexe et

(1) *Saint* a encore pour dérivés *sanctification, sanctifier,* etc., qui indiquent l'e du commencement du mot.

N° 1, son á (a grave).	—— N° 9, son í.	—— N° 16, son an.
N° 4, son è.	—— N° 10, son ô (o grave).	—— N° 17, son in.
N° 5, son é.	—— N° 12, son u.	—— N° 18, son on.
	—— N° 14, — oá (grave).	

pour son r-16 ( ), condamnée par le roi Clotaire son neveu
à être attachée à la queue d'un cheval indompté, m-9 ( ) au
gr-16 gal-10 ( ) à force de coups de fou-4, et à être traî-
née une nu-9 entière sur des cailloux aig-12. Cette reine
d'un caractère si ferme et si alti-5, ayant les br-1, les m-17
et les pi-5 meurtr-9 et ensanglantés même (inv.), remplit
l'air de ses cr-9 déchir-16 qu'elle entremêlait de sangl-10;
ses douleurs durent être bien aiguës; cependant elles ne peuvent être comparées à celles de s-17 Laprent m-9 viv-16 sur
un gr-9 qui couvrait des charb-18 ard-16.

285ᵉ Dictée ou Copie. (Vers et prose.)

Si vous êtes las ( ) (dit le berger),
Reposez-vous, gardez-mes vaches à ma place,
Et j'irai faire votre chasse;
Je réponds ( ) du chevreuil! — Ma foi! je le veux bien;
Tiens, voilà mon fusil (répond le garde-chasse), prends avec
toi mon chien... (Florian.)

Certain ( ) renard gascon, d'autres disent normand,
Mourant presque de faim, vit au haut d'une treille
Des raisins mûrs apparemment,
Et couverts d'une peau vermeille;
..... Ils sont trop verts, dit-il. (La Fontaine.)

Le dard du mépris perce l'écaille de la tortue.
(Proverbe indien.)

286ᵉ Dictée ou Déchiffration. (Vers.)

Seul auprès du gr-16 b-14 je gardais le troup-10;
Le loup vient, emporte un agn-10 (dit Mouflar),
Et tout en fuy-16 le dévore;

Nº 5, son é,	— Nº 10, son ô (o grave).	— Nº 17, son in.
Nº 9, son i.	— Nº 16, son an.	— Nº 30, — r.

Je cours, j'atteins le loup qui, laissant son *fest*-17,
    Vient m'attaquer ; je le terrasse,
    Et je l'étrangle sur la place.
C'était bien jusque-là : mais, pressé par la *f*-17,
De l'*agn*-10 dévoré je regarde le reste ;
J'hésite, je balance... A la *f*-17 cependant
    J'y porte une coupable *d*-16...   *(Florian.)*
    Des *bo*-30 où l'aurore se lève
    Aux *bo*-30 où le soleil achève
    Son *cou*-30 tracé par l'Éternel...
La riche mer de Tyr, les *dése*-30 d'Arabie
    Adorent le Dieu d'Israel.   *(Lamartine.)*

36ᵉ LEÇON. — PRINCIPES GÉNÉRAUX.
DE L'ACCORD DES PARTICIPES PASSÉS.

Faire revoir les nᵒˢ 226 à 231 de : ÉLÉMENTS, etc., faire apprendre le nº 232 ;—enfin faire faire chaque jour les participes de deux verbes dans toutes leurs formes.

Le participe passé pouvant être employé, soit avec un mot du verbe *être*, soit avec un mot du verbe *avoir*, nous subdiviserons cette leçon en deux paragraphes.

§ 1ᵉʳ Du participe employé avec ÊTRE.

PHRASE-TYPE. *Tous les maux sont venus de la triste Pandore.*

RÈGLE XXXVIIIᵉ. **Le participe passé employé avec un mot du verbe** *être* **est toujours du même genre et du même nombre que le sujet du verbe** *être.*

215ᵉ Thème.

Copier et déchiffrer comme dans les précédents ;—mettre sous chaque substantif, ou pronom, sujet du verbe *être* : suj. m. pl. ou suj. f. s., etc.

La vertu est *respect*-5 des impies eux-mêmes.

Oscar, viendrez-vous Dimanche admirer avec nous les merveilles qui sont *réun*-9 dans le musée céramique de Sèvres ?

N° 5, son *é*. —— N° 9, son *i*. —— N° 12, son *u*.

L'homme n'a point été *cré*-5 pour la solitude; la femme a été *cré*-5 pour être son guide, son appui, sa consolation.

Les Français ont été bien rarement *vainc*-12.

216ᵉ Thème.

Que les Alpes sont belles lorsqu'elles sont *éclair*-5, lorsqu'elles sont *empourpr*-5 par les derniers reflets du soleil à son déclin; lorsqu'elles sont, par eux, *nuanc*-5 de toutes les couleurs de l'arc-en-ciel!

O palais, sois *bén*-9! sois *bén*-9, ô ruine!

Que la volonté de Dieu soit toujours *consult*-5!

217ᵉ Thème.

Les Athéniens et les Français doivent être *plac*-5 au premier rang parmi les nations qui ont été le plus *polic*-5.

Que fussent *deven*-12 toutes nos bonnes résolutions si la grâce de Dieu ne les eût *rend*-12 efficaces?

Bons et fidèles serviteurs par qui la vigne du Seigneur est *soign*-5 chaque jour, vos travaux ne seront point *perd*-12; vous serez *récompens*-5 de vos peines.

287ᵉ Dictée ou Copie.

Dans cette dictée et dans les trois suivantes mettre sous chaque substantif, ou pronom, sujet du verbe *être* : *suj. f. pl.*— ou *suj.m. s.*, etc., etc.

Nota. Devant un participe on doit toujours trouver un mot du verbe *être*, ou un mot du verbe *avoir*.

Venez, Théobald et Nancy, je vous dicterai le récit que nous fit un jour une vieille vendéenne d'une première communion dans la Vendée au temps de la Révolution.

« Pendant ces jours à jamais néfastes dans nos annales où la France était privée de l'exercice public du culte, où les églises étaient fermées, où les cérémonies sacrées étaient abolies, où les chrétiens fidèles étaient suspectés, [étaient] dénoncés (*), poursuivis (*); où les prêtres du Seigneur, incar-

* Quelquefois le mot du verbe *être* est sous-entendu devant un participe : on écrit alors le participe comme on l'écrirait s'il était précédé d'un mot du verbe *être* et du sujet de ce verbe.

cérés (*), bannis, ou dévoués à la mort, étaient dans l'impossibilité d'exercer le sacré ministère, la religion était en général enseignée par les mères, et dans le secret du foyer domestique : c'est ainsi que, ma sœur et moi, nous fûmes préparées à notre première communion ; d'autres enfants du voisinage y avaient été préparés également : lorsque nous fûmes suffisamment instruits, un bon prêtre qui vivait [étant] caché dans une chaumière assez rapprochée (*) de notre demeure voulut bien sortir de sa retraite pour nous administrer l'auguste sacrement; et pour que la vie du ministre du Christ ne fût point exposée par cet acte de charité chrétienne, il fut décidé que la cérémonie sainte serait célébrée dans les champs aux premières lueurs de l'aurore.

288ᵉ Dictée ou **Déchiffration** (*suite*). — La prairie qui fut *chois*-9 pour être le théâtre de la cérémonie auguste était *éloign*-5 de toute habitation ; *situ*-5 (*) au fond d'une gorge *ignor*-5 de tous ; *entour*-5 de tous côtés par des landes *rempl*-9 de genêts, de bruyères et d'ajoncs épineux ; et *cach*-5 à tous les regards par des haies impénétrables *form*-5 d'aubépines et de cerisiers sauvages : —deux chênes séculaires étaient *plac*-5 au milieu : ce fut sous leur dôme de verdure qu'un autel fut *improvis*-5 : une planche *cach*-5 par une nappe fut *assujett*-9 entre leurs troncs noueux, et *orn*-5 par nos soins de guirlandes de lierre, d'églantines et de bluets; cette humble et champêtre décoration fut *complét*-5 par des chandeliers rustiques, et un modeste crucifix : la nuit était calme et sereine, la lune à demi-*voil*-5 projetait sa lumière argentine sur les prairies *émaill*-5 de blanches pâquerettes et d'éclatants boutons d'or : les oreilles étaient *réjou*-9, les âmes étaient *élev*-5 vers le Créateur par les harmonieux cantiques du rossignol ; la nature entière semblait, comme nos âmes, *absorb*-5 dans un hymne d'amour.....

* Voir la note, page 208.

289e **Dictée** ou **Copie** (*suite*). — Toutes les familles chrétiennes du voisinage avaient été prévenues : l'heure, le jour et le lieu leur avaient été indiqués ; et pendant que les premiers arrivés étaient tout occupés à improviser un temple rustique pour le Maître du ciel et de la terre, de nombreux fidèles arrivaient à la file de tous les côtés ; peu à peu la prairie fut remplie de chrétiens de tout âge et de toute condition : femmes à la mante noire, jeunes filles à la blanche coiffe, garçons au teint frais, aux bras vigoureux, hommes chargés d'armes nouvellement fourbies, anciens soldats de Lescure et de Cathelineau ; tous recueillis, absorbés dans des pensées pieuses; tous animés de sentiments d'amour et de reconnaissance : comme notre temple et ceux dont il était rempli devaient être cachés aux regards des blasphémateurs, et préservés de toute surprise, des sentinelles avancées furent placées à chacune des issues de la vallée, et toutes les hauteurs en furent couronnées ; alors le prêtre revêtit ses habits sacerdotaux, un religieux silence s'établit.....

290e **Dictée** ou **Déchiffration** (*fin*). — Le moment où la prairie commença à être *éclair*-5 par les premières lueurs de l'aurore nous trouva tous *prostern*-5 devant l'autel, y confondant nos pleurs et nos prières : tous étaient *ém*-12 également, car les joues de ces hommes vigoureux qui étaient *plac*-5 sur les hauteurs, tenant d'une main leur fusil et leur chapelet de l'autre, étaient comme nos visages *inond*-5 de larmes délicieuses ; oui, ces hardis champions de la foi dont les âmes étaient *endurc*-9 au rude spectacle de la guerre étaient là près de nous tremblants, *anéant*-9 devant la majesté du Dieu vivant.

Enfin, l'auguste victime qui était *descend*-12 sur l'autel au moment où le prêtre prononça les paroles *consacr*-5 fut *dépos*-5 sur nos lèvres tremblantes... oh ! de quelles ineffables délices nos âmes furent *inond*-5 alors !...

N° 5 son *é.* — N° 9 son *i.*

La cérémonie étant *termin-5*, le TE DEUM d'actions de grâces fut *entonn-5* en même temps par des centaines de voix; — puis, *recueill-9* dans la possession de notre Dieu, nous regagnâmes nos demeures, emportant dans nos âmes, *embras-5* d'un feu tout divin, un souvenir qui ne s'effacera jamais de nos mémoires. »

36e LEÇON (SUITE). — ACCORD DU PARTICIPE.

Dans : ÉLÉMENTS, etc., faire repasser du n° 226 au n° 232 compris; et faire apprendre les n°s 233 et 234; — puis faire faire chaque jour, comme précédemment, des participes dans toutes leurs formes.

Nota. Avant de faire passer l'élève à l'étude du participe employé avec *avoir*, il faut l'habituer à distinguer facilement le COMPLÉMENT du verbe. — On devra l'y exercer en lui faisant mettre dans quelques dictées tr. sous chaque verbe transitif (les verbes transitifs seuls pouvant avoir un complément) et c. sous chaque substantif, ou pronom, complément d'un verbe transitif.

291e Dictée ou Copie. (Modèle pour l'analyse du complément.)

Nota. Les verbes transitifs et les participes présents des verbes transitifs ont toujours un complément (exprimé ou sous-entendu.)

Chacun **se** (c*) *trompe* (*tr.*) ici-bas. —
On *voit* (*tr.*) courir après l'ombre
Tant (c*) de gens qu'on n'en *sait* (*tr.*) pas
La plupart du temps le **nombre** (c*) :
Au chien dont parle Ésope il faut **les** (c*) *renvoyer* (*tr.*) :
Ce chien *voyant* (part. pr. d'un v. tr.) sa **proie** (c) en l'eau représentée
La (c) *quitta* (*tr.*) pour l'image, et pensa **se** (c.) *noyer* (*tr.*);
La rivière devint tout d'un coup agitée :
A toute peine il *regagna* (*tr.*) les **bords** (c.),

---

* Faire faire quelques dictées analogues, et faire exercer l'élève verbalement.
N.B. Le complément est généralement un substantif absolu quand il est après son verbe, mais lorsqu'il est placé avant son verbe, il est presque toujours un substantif relatif, ou pronom.

| Nº 5, son é. | — | Nº 9, son i. | — | Nº 12, son u. |

Et n'*eut* (*tr.*) ni l'**ombre** (*c.*) ni (il n'*eut**, *tr.*) le
corps (*c*)]. (*La Fontaine.*)

§ 2ᵉ. — **Du participe passé employé avec AVOIR.**

PHRASES-TYPES. 1º *Vous riez. Écrivez qu'elle a ri.*
2º *et* 3º *J'ai* dompté *la* nature, *et ne*
l'ai pas détruite.

RÈGLE XXXIXᵉ. **Le participe employé avec un**
mot du verbe *avoir* **(exprimé ou sous-entendu)**
est toujours du même genre et du même
nombre que le *complément* **du verbe, — toutes**
les fois que ce complément est placé avant
le participe.

N. B. Le mot du verbe *avoir* et le participe qui le suit forment à
eux deux un seul verbe; — ainsi, j'*ai dormi* est une forme du verbe
dormir; j'*eus répondu* est une forme du verbe *répondre,* etc.

218ᵉ Thème,
Dans lequel il n'y a pas de complément exprimé pour le verbe.

N. B. Le participe s'écrit toujours au m. s. lorsque le complément
du verbe n'est pas exprimé.

Lorsque le complément n'est pas exprimé, mettre (*c**) entre parenthèses après
chaque participe.

Copier et déchiffrer.

Les sauterelles ont *pass*-5 (*c**) sur ces terres, et partout les grains
et les fruits y ont *dispar*-12 (*c**).

Édithe, connais-tu les noms des cris des animaux ? Sais-tu qu'on dit :
Les chevaux ont *henn*-9 (*c**); — les chiens ont *aboy*-5 (*c**); — les chats
ont *miaul*-5 (*c**); — les bœufs ont *mug*-9 (*c**); — les loups ont *hurl*-5 (*c**);
— les lions ** *rug*-9 (*c**); — les renards ** *glap*-9 (*c**), etc., etc.

---

* Le verbe transitif peut être sous-entendu; — le complément peut être
sous-entendu également.
** Quelquefois le mot du verbe *avoir* est sous-entendu devant le participe; dans
ce cas on écrit le participe comme on l'écrirait si le verbe était exprimé.

219ᵉ Thème,

Dans lequel le complément n'est exprimé qu'après le participe.

N. B. Le participe s'écrit toujours au m. s. lorsque le complément du verbe n'est placé qu'après le participe.

Dans ce thème et dans les suivants mettre *c. m. pl.*,—*c. f. s.*, etc., sous le complément du verbe dont le participe fait partie.

Lorsque j'ai *contempl*-5 la voûte (c. f. s.) étoilée, j'ai *sent*-9 (c*) combien est grand celui qui a *cré*-5 toutes ces choses (c. f. pl.).

O patience, affabilité, politesse, dont j'ai tant *vant*-5 les charmes (c. m. pl.) puissants; petites et précieuses vertus, j'ai 12 grand besoin (c. m. s.) de vous lorsque tout ce qui m'entourait a *exerc*-5 ma patience (c. f. s.), a *m*-9 à l'épreuve ma douceur (c. f. s.), *expos*-5 (*) ma charité (c. f. s.) à faire naufrage.

220ᵉ Thème,

Dans lequel le complément du verbe étant placé avant le participe, celui-ci doit toujours s'accorder avec lui en genre et en nombre.

Par la foi que (c. f. s.) tu as si sincèrement et si fermement *reten*-12 au milieu de l'idolâtrie, par la pureté que (c. f. s.), comme une belle fleur, tu as *soign*-5 et *conserv*-5 (**) au milieu de la corruption, reçois la couronne que (c. f. s.) tu as *mérit*-5.

Les vertus humbles, semblables à de modestes violettes, embaument ici-bas le foyer domestique; et elles formeront peut-être un jour un diadème de gloire pour la femme qui les (c. f. pl.) aura *aim*-5, *honor*-5, *cultiv*-5 constamment.

221ᵉ Thème.

Récapitulation des trois précédents ; — mettre toujours, selon la circonstance, (c*), — (c. f. s.), — (c. m. pl.), etc.

Maman nous a *apport*-5 hier, à mes cousins et à moi, trois délicieuses meringues : ces meringues qu'elle avait *achet*-5 chez Félix

---

* Voir la note *, page 212.
** Voir la note **, page 212.

étaient parfaitement bonnes : nous les avons *mang*-5 au moment même
où maman nous les a *donn*-5, et nous les avons *savour*-5 avec délices :
nous avons *par*-12 un peu friands peut-être ; mais on nous a, j'espère,
pardonn-5 notre gourmandise : ces meringues étaient si bonnes !

222ᵉ Thème.

Ceux qui n'ont point *ferm*-5 les yeux à la lumière, ceux dont les
pensées n'ont point *err*-5 au hasard ont *admir*-5 avec enthousiasme les
œuvres de la création : ces astres que Dieu a *sem*-5 avec profusion dans
la voûte céleste ; ces plantes qu'il a *répand*-12 sur notre globe où elles
se reproduisent après avoir *abandonn*-5 leur semence à la terre dont
elles sont *deven*-12 la parure ; ces animaux qu'il a *dou*-5 d'un instinct
admirable ; par-dessus tout l'homme *dot*-5 d'une âme immortelle par
laquelle il s'élève à la connaissance, et à l'amour du Créateur qui lui a
réserv-5 une béatitude éternelle.

292ᵉ Dictée ou Copie.

Dans toutes les dictées de participes, mettre les abréviations précédemment indi-
quées : *suj.* si le participe est employé avec *être*,—ou s'il est employé avec *avoir*,
cˋ, ou *c. m. s.*, — ou *c.-f. pl.*, etc., selon la circonstance.

FLEURS DU CIEL.

Dioclétien avait quitté la pourpre, mais la persécution n'a-
vait point cessé après son abdication, et Galérius avait conti-
nué l'œuvre de destruction que son prédécesseur avait com-
mencée. A Césarée en Cappadoce vivait une jeune et belle
chrétienne, la vierge Dorothée : (elle) ayant été dénoncée,
elle fut appelée devant le préfet Sapricius, confessa la foi de
Jésus-Christ, et fut jetée par les satellites du préfet dans une
obscure prison où avaient langui déjà d'autres chrétiens qui
ne l'avaient quittée que pour aller gagner la palme du martyre. Un jour que seule dans sa prison Dorothée était absor-
bée par la prière, son nom prononcé d'une voix douce la
tira de son extase. Levant les yeux elle vit devant elle deux
femmes élégamment vêtues : la plus âgée avait mêlé à ses
cheveux d'ébène des perles éblouissantes de blancheur, l'autre
était enveloppée de voiles que la main d'une ouvrière habile

avait tissu**s** de soie et brodé**s** (*) d'or. —Dorothée, dirent-elles, nous réconnais-tu?

293ᵉ Dictée ou **Déchiffration** (*suite*).—Reconnaissant ses mystérieuses compagnes, Dorothée leur dit : Je vous ai *conn*-12 autrefois, et je vous ai *aim*-5 comme mes sœurs en Jésus-Christ, ô Christès et Callista! mais depuis quelques jours vous avez *céd*-5 à la peur, vous avez *reni*-5 la vraie foi; je ne vous connais plus! — Il est vrai, dit Christès, que nous avons *offe*-30 aux idoles quelques grains d'encens qui n'étaient *d*-12 qu'à Dieu... Mais, interrompit Callista, si comme nous tu avais *v*-12 tout *prépar*-5, les peignes de fer avec lesquels on nous eût *déchir*-5, si tu avais *v*-12 les lampes ardentes avec lesquelles on nous eût *brûl*-5 les flancs, tu nous aurais *imit*-5; tu aurais, ô Dorothée, *ag*-9 certainement comme celles que tu blâmes en ce moment : d'ailleurs, nous n'avons pas *renonc*-5 à adorer Jésus-Christ; seulement, nous renfermons dans notre cœur le secret de nos adorations; et pour prix de notre soumission apparente le proconsul nous a magnifiquement *récompens*-5, et il nous a *prom*-9 d'illustres et riches alliances. Imite-nous, tu seras *combl*-5 de richesses, et tu deviendras l'épouse fortunée de l'illustre rhéteur Théophile qui aspire au bonheur d'obtenir ta main.

294ᵉ Dictée ou **Copie** (*suite*).—O vierges infortunées que le démon a perdu**es**, s'écria Dorothée, qui vous a envoyé**es** ici pour me séduire et me perdre? Allez, s'écria-t-elle transporté**e** d'une sainte fureur, allez dire à ceux qui vous ont député**es** vers moi que ni crainte ni promesses ne me feront renoncer à l'amour de Jésus. — Les deux vierges infidèles se sentirent troublé**es**. Dorothée poursuivit : O mes sœurs d'autrefois, que l'Agneau avait convié**es** à ses noces, avez-vous donc oublié les chastes liens qui vous unissaient à

_____

(*) Voir la note **, page 213.

Jésus-Christ? Il vous eût soutenues si vous l'aviez invoqué avec confiance : et comment avez-vous abandonné à d'autres fronts la couronne que le divin époux vous avait préparée?—Crois-tu donc, dit Callista avec mélancolie, crois-tu, Dorothée, que la pensée de la bonté de Dieu et celle de notre ingratitude ne nous aient pas souvent troublées au milieu de nos plaisirs? — Obéissez-donc à la voix du divin Pasteur, ô brebis égarées! dit la fidèle servante du Christ : obéissez, et rentrez au bercail!

Dieu rendit efficaces ces simples paroles de Dorothée, et les deux sœurs, touchées de la grâce, souffrirent la mort pour Jésus-Christ.

295ᵉ Dictée ou **Déchiffration** (*suite*). — Christès et Callista ne furent pas seules *entraîn*-5 vers le ciel par la sainte martyre.

Lorsque Dorothée avait été *tir*-5 de sa prison, et *amen*-5 devant Sapricius, le rhéteur Théophile avait *suiv*-9 ses pas; il avait *entend*-12 la voix perfide du préfet, cherchant à ébranler la sainte, lui offrir pour prix de sa soumission odieuse toutes les richesses que Christès et Callista avaient *abandonn*-5 pour des trésors bien plus précieux : craignant, quoique païen, que Dorothée ne faiblît, il l'avait *entend*-12 s'écrier : « Que me font tous les trésors de la terre, à moi « qui, après la victoire, irai me reposer à jamais dans ces « jardins célestes où les lis n'ont jamais *perd*-12 leur blan- « cheur, où les roses toujours fraîchement *épanou*-9 sont « constamment brillantes et *parfum*-5! » Il avait *entend*-12 la sentence de mort *prononc*-5 contre la vierge courageuse, il l'avait *v*-12 radieuse!... Il la suivit dans sa marche vers le lieu du supplice, et *cach*-5 dans la foule, il lui cria : « Doro- « thée, si le Dieu pour lequel vous avez *abandonn*-5 tous les « biens de la terre, et *sacrifi*-5 votre existence, est le Dieu « véritable, envoyez-moi de ces fleurs dont vous avez *parl*-5! »

N° 5, son *é*.   —   N° 9, son *i*.   —   N° 12, son *u*.

296ᵉ Dictée ou **Copie** (*suite*). — A peine la hache eut-elle brillé dans les airs, à peine les cris féroces de ceux qui entouraient le lieu du supplice eurent-ils averti la multitude du départ de l'âme de la sainte, que Théophile vit apparaître devant lui un enfant d'une beauté ravissante. Il lui présentait trois pommes colorées d'ambre et d'incarnat, et un bouquet de roses fraîches épanouies, et embellies encore des pleurs de la rosée. « Dorothée te salue, » dit à Théophile le bel enfant, « et elle t'envoie ces fleurs et ces fruits qu'elle-« même a cueillis dans le jardin de son céleste époux. »

Théophile saisit avec empressement ces fruits qui n'avaient point poussé sur notre pauvre globe, ces fleurs que nulle tige terrestre n'avait portées : — tressaillant de surprise, il jeta ses regards autour de lui ; la terre était cachée sous les frimas, les montagnes étaient couvertes de neige ; son œil n'apercevait pas une de ces fleurs que l'enfant avait apportées, pas un de ces fruits délicieux que Théophile avait reçus il n'y avait qu'un instant ; la froide saison avait frappé de mort ou de léthargie toute végétation : depuis longtemps rien n'avait poussé que dans la région de l'éternel printemps où l'âme de Dorothée avait été élevée par le martyre.

297ᵉ Dictée ou **Déchiffration** (*fin*).— «O Dorothée! « vierge fidèle ! vierge admirable ! où es-tu maintenant ? »s'écria Théophile éperdu : « Dans la patrie des Chrétiens, » dit l'enfant jeune et beau ; il avait *prononc*-5 ces mots à peine, que déjà la vision avait *dispar*-12.

Théophile, un moment à son terrestre amour, avait *press*-5 d'abord sur sa poitrine ces fleurs merveilleuses et *bén*-9; mais bientôt, *domin*-5 par la grâce qu'il avait *sent*-9 descendre en lui, après avoir *refoul*-5 en un instant toutes les pensées de fortune, ou de gloire mondaine, il s'écria : « Je suis chrétien ! »

Le soir même ayant *purifi*-5 son âme par les tourments qu'il avait *endur*-5 avec une constance invincible, Théophile

N° 5, son *é*.   ——   N° 12, son *u*.

eut la tête *tranch*-5, et alla rejoindre dans les régions célestes et Dorothée qu'il avait *imit*-5 dans son généreux sacrifice, et les saints confesseurs de la foi qui les avaient *devanc*-5 l'un et l'autre dans la gloire, et étaient *parven*-12 avant eux à l'éternel bonheur.

FIN.

Nota. On pourra faire continuer l'application de ces principes dans **l'Orthographe du participe enseignée par la pratique**, par Madame Charrier, ouvrage où sont présentées méthodiquement dans 150 dictées *graduelles* toutes les difficultés que peut offrir l'orthographe du participe passé, et les remarques qui doivent aider à vaincre ces difficultés.

TABLE DES MATIÈRES.

N. B. Les remarques P, Q, R, etc., etc., sur l'orthographe maté-
rielle de certains mots se trouvent, en notes, aux pages 124, 127, 129,
134, 137, 139, 144, 147, 149, 153, — 154, 155, 156, 160, 163, 164,
168, 169, 172, 179, 184, 192 et 197.

FIN DE LA TABLE DES MATIÈRES.

Coulommiers. — Imprimerie de A. MOUSSIN.

A LA

PITTOR

DÉPARTEM

PAR

AVEC UNE

IN-FOLIO DE 122 PAGES ET

Coulommiers. — Imprimerie de A. MOUSSIN, — 1858.

www.ingramcontent.com/pod-product-compliance
Lightning Source LLC
Chambersburg PA
CBHW062220270326

41930CB00009B/1801